Simányi · Julius Graf Andrássy

»Die Geschichte wiederholt sich«

meinem lb. Freund

Markus

zum 30. Geburtstag

herzlich dediziert!

Tibor Simányi

JULIUS GRAF ANDRÁSSY

Baumeister der Doppelmonarchie
Mitstreiter Bismarcks

ÖBV

Umschlaggestaltung:
Tino Erben unter Verwendung einer Zeichnung von József Marastoni
Satz: Times 10/11 Punkt
Gedruckt auf Gardapat 115 g
Druck und Bindung: Wiener Verlag, Himberg bei Wien
ISBN 3-215-**07480**-X

Inhaltsverzeichnis

Von Staatslenkern, Dichtern und Leuten

Ruhe war nach dem Erdbeben eingekehrt, und man nannte sie Frieden. Ausgehandelt wurde er auf dem legendär glanzvollen Wiener Kongreß, von den Staatsmännern, die auf dem bekannten Stich des Jean-Baptiste Isabey in einer Verhandlungspause sich ihrer und der nachfolgenden Welt präsentierten – im Hintergrund, aus einem Nebenraum, blickt die alternde Maria Theresia von einem Porträt etwas verwundert zu der Männerver-

Die zweiundzwanzig Repräsentanten von acht Staaten auf dem Wiener Kongreß, 1814/15

sammlung herüber, auf dem Gemälde an der Wand erkennt man Franz II. im Krönungsornat der römisch-deutschen Kaiser – seit elf Jahren schon Franz I. von Österreich – und rechts, in der Ecke, eine Büste des Staatskanzlers Maria Theresias, des Fürsten Wenzel Kaunitz. Jene zweiundzwanzig Männer hatten den Frieden im Namen von acht Staaten ausgehandelt; diese waren, in der Reihenfolge ihrer Repräsentanten von links nach rechts: England, Portugal, Schweden, Frankreich, Österreich, Rußland, Preußen und Spanien. Sie repräsentierten Europa.

Der Kampf um die Vorherrschaft in Deutschland war schon längst, bereits im vorangegangenen Jahrhundert auf den Schlachtfeldern des Siebenjährigen Krieges entschieden und der Machtdualismus zwischen Österreich und Preußen durch den Frieden von Hubertusburg, 1763, gefestigt worden. Entschieden worden war durch den Frieden von Paris im selben Jahr auch der Kampf um die Vorherrschaft auf dem nordamerikanischen Kontinent, auf dem indischen Subkontinent und auf den Ozeanen, und den Kampf hatte Großbritannien gewonnen. Nun galt es, Europa nach dem napoleonischen Erdbeben, das die herrschenden Ideen, die bestehenden Staaten und die aufeinander abgestimmten Interessen durcheinandergebracht hatte, wieder zu ordnen. Es galt, die Interessen der Staaten neuerlich aufeinander abzustimmen, auf daß ein Gleichgewicht entstehe, und das Interessengefüge vor einem Aufflackern der französisch-revolutionären Angriffslust zu schützen. Sah man eine solche Gefahr auch noch nach der Verbannung Napoleons auf St. Helena wetterleuchten? Vielleicht im Untergrund. Denn das offizielle Frankreich konnte nichts dergleichen denken, nicht Ludwig XVIII. und auch Talleyrand nicht, der ja das meiste erreicht hatte, was zu gewinnen gewesen war: ein innerhalb seiner vorrevolutionären Grenzen souveränes und in der künftigen europäischen Ordnung mitredendes königliches Frankreich. Ein solches lag allerdings auch im Interesse des Zaren Alexander I., dessen Reich an Preußen und Österreich angrenzte – darum wies er das Begehren des preußischen Gesandten Stein, das Elsaß Preußen zuzuschlagen, überaus freundlich und ebenso entschieden ab. Denn das wieder bourbonisch gewordene Frankreich konnte und wollte auch Rußland nicht mehr bedrohen – doch vielleicht in Deutschland das mit einigen Ländern und Landstrichen angereicherte Preußen (das mochte ein ahnungsvoller Gedanke des Zaren gewesen sein). Preußen hatte zwar auf seinen Anteil an Polen von 1795 wieder verzichten müssen, und Alexander verleibte ihn als ein Sicherheitsvorfeld seinem Reich ein. Da aber Preußen als Siegermacht über mindestens ebenso viele „Seelen" wie vor der katastrophalen Niederlage von 1806 herrschen mußte, sah man sich nach einer entsprechenden Entschädigung in Deutschland um. Man fand sie im Rheinland, das nun außerhalb der französischen Grenzen lag und dessen aus der illusionären Reichsherrlichkeit herrührende Verfassung doch schon zu veraltet war, um sie wieder in Kraft zu setzen. So erfuhren die Rheinländer, daß sie Preußen geworden waren; auch die Hälfte Sachsens, aber wirklich nur die Hälfte, die westliche, wurde plötzlich preußisch. Die Minister Humboldt und Hardenberg, besonders aber Alexanders Waffenbruder Friedrich Wilhelm III. hätten sich gerne mit dem ganzen Sachsen „entschädigt", doch auch hier hatte Alexander ein freundliches Machtwort gesprochen. Der junge Gneisenau, scheint's, hat den ahnungsvollen Gedanken des Zaren in seiner wahren Tragweite erfaßt, denn nur drei Tage nach der für Stein so enttäuschenden Begegnung mit Alexander, am 17. August 1815, schrieb er an Ernst Moritz Arndt: „Wenn Rußland eine solche Sprache führt, so begreift sich das durch dessen selbstsüchtige Politik, die nicht will, daß Preußen und Österreich gefahrlos in ihren westlichen Grenzen dastehen, und an Frankreich einen immer bereiten Bundesgenossen sich zu erhalten gedenkt." (Von Relevanz ist die zweite Hälfte des Zitats.)

Von den Küsten der Ostsee bis an die französische Nordostgrenze zog sich also langgedehnt jener Staat hin, der im 19. Jahrhundert das deutsche und, von ihm untrennbar, das europäische Geschick mit höchster Intensität mitbestimmt – er spielt auch in der nun zu erzählenden Geschichte die vornehmste Rolle. So richtig deutsch ist er durch die Zuführung der „Rheinprovinz" und der „Provinz Sachsen" geworden. Auch stark genug, um einem Wiederaufleben der französischen Gefahr zu begegnen. Dieses Ziel stand auch in der Geburtsurkunde des neuen „Königreichs der Niederlande", zu dem Belgien und Holland vereinigt worden waren.

Und Österreich, das am längsten gegen Napoleon gekämpft hatte? Das Haus Österreich stellte den Kaiser des jungen „Kaiserthums Österreich", den apostolischen König von Ungarn und den König von Böhmen, einem alten Reichsglied, es führte auch manch andre Herrschertitel und war eher auf seine europäischen Interessen bedacht denn auf seine früheren deutschen Besitzungen. In den Würden des Herrschers manifestierte sich die gemeinsame Staatlichkeit vieler Völker, wie sie im 16. Jahrhundert unter dem mit der Vernichtung drohenden Druck des Osmanischen Reiches entstanden und dann 1723 in der Pragmatischen Sanktion verankert worden war; sie sollte 1867 in der neu zu formulierenden Gemeinsamkeit der Entscheidungs- und Verwaltungsinstanzen ihre letzte Ausdrucksform finden – auch das wird Gegenstand unsrer Erzählung sein.

Also stand Österreich als eine siegreiche Großmacht da. Es behielt seine norditalienischen Besitztümer, die man Lombardo-Venetien nannte, und Parma, Modena, Toskana, und es schloß mit Großbritannien und Frankreich einen „Geheimvertrag" (3. Januar 1815), der dem Titel nach zwar auch gegen Rußland gerichtet war, in Wirklichkeit aber eher gegen Preußen. Die drei Vertragschließenden nahmen in ihm handfeste Interessen wahr: Denn es ließen sich nun nach der Aufhebung der von Napoleon errichteten Kontinentalsperre, mit der der Kaiser Großbritannien vom Festland abgedrängt hatte, Zolltarife einführen, und diese machten Frankreich und das halbe Europa zu einem willfährigen Markt der britischen Industrieprodukte; dem listenreichen Talleyrand gelang es, das besiegte Frankreich mit zwei Siegermächten erster Ordnung auf die gleiche Stufe zu stellen und so die frankreichfeindliche Koalition endgültig aufzubrechen; Österreich wiederum sah sich abgesichert gegen den Machtzuwachs Preußens in Deutschland, gegen den schon ein halbes Jahrhundert zuvor Kaunitz gekämpft hatte und der auch seine beiden Vertragspartner etwas beunruhigte.

Nun ist es Zeit, daß der Name Metternich fällt.

Doch vorher sei noch von einem Phänomen die Rede, das sich mächtig zu artikulieren begann, und „artikulieren" ist hier wörtlich gemeint: Es war dies das nationale Empfinden, das die französischen Revolutionsarmeen in den Völkern nur noch gesteigert hatten und das diese dann gegen die Napoleonische Fremdherrschaft auf die Barrikaden rief. Es artikulierte sich mit starken Worten in den 1807 bis 1814 entstandenen zwanzig Bänden des Tirolers Joseph von Hormayr: „Österreichischer Plutarch oder Leben und Bildnisse aller Regenten des österreichischen Kaiserstaates“, in welchen er seine Landsleute einlud, sich auf einstige Größe zu besinnen, auf daß ein österreichisches Staatsbewußtsein entstehe. Es artikulierte sich in den 1813 geschaffenen fiebernden Versen des Ernst Moritz Arndt, die zwölf Jahre später eine einnehmende Vertonung fanden und ein „ganzes Deutschland“ begehrten:

Was ist des Deutschen Vaterland?
Ist's Preußenland? Ist's Schwabenland?
Ist's wo am Rhein die Rebe blüht?
Ist's, wo am Belt die Möwe zieht? . . .
O nein, o nein!
Sein Vaterland muß größer sein!
Das ganze Deutschland soll es sein!

Und es artikulierte sich 1822 im „Hymnus“ des Ferenc Kölcsey, der, zwanzig Jahre danach vertont, heute noch die ungarische Nationalhymne ist und eher wie ein Gebet denn wie ein Kampflied tönt:

Gib dem Volk der Ungarn, Gott,
Frohsinn, Glück und Segen,
Schütze es in Kriegesnot
Vor des Feindes Schlägen.
Ihm, das lange Schmach ertrug,
Schenke wieder Freuden,
Denn es büßte hart genug
Schuld für alle Zeiten.

Auch das österreichische Volkslied des Lorenz Leopold Haschka klang wie ein Gebet, herrlich in Musik gesetzt von Joseph Haydn und – wie bezeichnend! – von der Regierung angeregt. Tief und ehrlich war die Rührung des „Volkes“ wie des Monarchen, als es am 12. Februar 1797, zu Franz' Geburtstag, zum erstenmal gesungen wurde: „Gott erhalte Franz den Kaiser, Unsern guten Kaiser Franz“ (später dann verallgemeinernd: „Gott erhalte und beschütze Unsern Kaiser, unser Land“). Die Kaiserhymne wurde zum „Volkslied“, weil vor allen anderen Völkern des Habsburgerreiches die Österreicher sich mit der Kaiserwürde aufs innigste identifizierten, die in ihnen jenes Staatsbewußtsein heraufbeschwor, das auch Hormayr zu seinem „Österreichischen Plutarch“ inspirierte und das sie der französischen revolutionär-nationalen Begeisterung entgegensetzen konnten. Das in jedem menschlichen Herzen schlummernde Empfinden der nationalen Zugehörigkeit manifestierte sich in den Herzen der Österreicher – durchaus „deutsch“, das aber damals noch ein geistiger, nicht tagespolitischer Wert war! – im Glauben an den Kaiserstaat.

Erst viel später, zu Beginn der unruhigen vierziger Jahre des 19. Jahrhunderts, greift Hoffmann von Fallersleben nach der Haydnschen Melodie, er knüpft im Geist bei Arndts Vision eines „ganzen Deutschland“ an: „Deutschland, Deutschland über Alles, Über Alles in der Welt . . .“, und faßt sogleich die Vision in einen geographischen Rahmen: „. . . Von der Maas bis an die Memel, Von der Etsch bis an den Belt . . .“ Vom 1. September 1841 an konnte man „Das Lied der Deutschen“ bei den beiden heute noch bekannten Verlagen Hoffmann und Campe in Hamburg und Paul Neff in Stuttgart für „2 Groschen“ erwerben. Und bald schon, nach der niedergeschlagenen Empörung der Völker in ganz Europa, im Jahr 1854, findet die zu verwirklichende Vision in einem wahren Kampflied Ausdruck – in stilistischer Hinsicht geradezu ein Amoklauf –, wenn der Krefelder Musiklehrer Karl Wilhelm „Die Wacht am Rhein“ des Max Schneckenburger aus Tuttlingen vertont und sie „Deutsche“ im „Preußenland“ wie im „Schwabenland“ schwärmerisch singen: „Zum Rhein, zum Rhein, zum deutschen Rhein, Wir woll'n des Strom's Befreier sein! . . . (erst nach 1871 heißt es dann: „. . . Wer will des Stromes Hüter sein . . .?“) – die letzte Strophe des Poems aber ist beinahe schon der indoktrinierend-propagandistische Auftakt zum preußisch-französischen Krieg von 1870/71:

Wenn frei des Stromes Woge rinnt
Und Siegesfahnen weh'n im Wind,
Wenn alle Gaue wieder frei,
Das alte Lied gesungen sei:
Lieb Vaterland, magst ruhig sein,
Fest steht und treu die Wacht am Rhein!

So auch in Ungarn. Das hymnische Gebet von 1822 mündet 1848 in das vom Kampfgeist getragene „Nationallied“ des Sándor Petőfi: „Auf, die Heimat ruft, Magyaren, Zeit ist's, euch zum Kampf zu scharen ..." (Daß das erste Kampflied der Epoche, das heißeste und zündendste, die „Marseillaise" der Franzosen war; daß die Briten ihr „Rule, Britannia" schon seit einem Jahrhundert nicht minder kampfbereit über die Ozeane hinweg in alle Welt posaunten; daß Verdis Name und der Chorgesang aus seinem „Nabucco" das Symbol der italienischen nationalen Einigungssehnsucht geworden, sei nur in Klammern erwähnt, um die variierenden Ausdrucksformen des in ganz Europa erwachenden Nationalgefühls aufzuzeigen.)

Was Metternich mit all dem zu tun hatte? Und Andrássy? Bismarck? Viel, sehr viel. Denn sie waren, wenn auch Staatslenker von Großmächten und so deren vitalen Eigeninteressen verpflichtet, doch Menschen ihrer Epoche und so auch deren Gedankengut verpflichtet. Oder sie widersprachen ihm, konnten ihm aber niemals gleichgültig gegenübertreten oder es ignorieren. Verpflichtet waren sie auch dem jeweiligen Herrscherhaus, dem sie dienten, denn der Staat manifestierte sich in der dynastischen Würde. Metternich widersprach dem nationalen Gedankengut, denn er dachte in gesamteuropäischen Dimensionen. Er argwöhnte, daß die Nationalismen die Trennung der Völker voneinander und also von ihren Staaten heraufbeschwören würde – und hier sei an das berühmte Wort des österreichischen Dichters Franz Grillparzer erinnert von dem Weg „der neueren Menschheit", der „von der Humanität durch die Nationalität zur Bestialität" führe; ein Dichter übrigens, der Österreich als eine von Deutschland getrennte Ganzheit ansah, durch und durch habsburgisch, welchem Eigenschaftswort er nationalen Inhalt verlieh.

Es war Metternich, der die Ruhe, die nach dem napoleonischen Erdbeben eingekehrt war, zum Frieden gestaltete, und die Ergebnisse des Wiener Kongresses waren vernünftig, weil sie, eher mehr als minder, den wirklichen Kräfteverhältnissen entsprachen. Im nationalen Hochgefühl verdammen dann die Liberalen, die Enttäuschten in deutschen Landen jenen Frieden, weil man in ihm die „Freiheiten" der Völker mißachtet habe, die Grenzen habe man willkürlich gezogen und Millionen „Seelen", ohne daß sie ihren Willen hätten äußern können, diesem oder jenem Staat zugeschlagen (allerdings konnten die Verdammer, als sie auf den Frieden des Wiener Kongresses zurückblickten, nicht ahnen, daß man 1919 und 1920 den stupidesten

Frieden in der Geschichte Europas stiften würde und den rücksichtslosesten und barbarischsten 1945).

Metternich glaubte nicht an die Zukunft, ja er mochte geradezu Angst vor ihr haben, darum wollte er bloß das Erreichte beibehalten, das Festgefügte noch fester fügen. Er wollte nicht erneuern, sondern konservieren und hüten und war darin ein negatives Gegenstück zu seinem Groß-Schwiegervater (er hatte eine Enkelin Kaunitz' geheiratet), denn der Staatskanzler Maria Theresias und Josephs II. war ein Erneuerer gewesen.

Mystisches Gehabe lehnte Metternich ab, und mystischen Vorstellungen entsprang die „moralische Manifestation", welche Zar Alexander I., den pietistischen Predigten seiner heiligmäßigen Seelenfreundin Barbara Juliane von Krüdener lauschend, Franz I. und Friedrich Wilhelm III. aufnötigte und welche unter dem Namen „Heilige Allianz" in das historische Schrifttum einging. Die drei Herrscher bekannten sich in den drei Artikeln des Vertrags zur Restauration und dazu, daß das staatliche Leben Moralprinzipien unterworfen sei: „. . . Daß es notwendig ist, die von den Mächten in ihren gegenseitigen Beziehungen einzunehmende Haltung auf die erhabenen Wahrheiten zu gründen, die uns die ewige Religion Gottes des Heilandes lehrt . . .; daß der gegenwärtige Akt keinen anderen Zweck hat, als vor aller Welt ihre unerschütterliche Entschlossenheit zu bekunden, zur Regel ihres Verhaltens sowohl in der Verwaltung ihrer eigenen Staaten wie in ihren politischen Beziehungen zu jeder anderen Regierung allein die Gebote dieser heiligen Religion zu nehmen, die Gebote der Gerechtigkeit, der Menschenfreundlichkeit und des Friedens, die, weit davon entfernt, nur für das Privatleben zu gelten, im Gegenteil unmittelbar auf die Entschlüsse der Fürsten Einfluß üben und alle ihre Schritte lenken sollen, da sie das einzige Mittel sind, die menschlichen Einrichtungen zu befestigen und ihren Unvollkommenheiten abzuhelfen . . ." Metternich nannte die Manifestation ein „lauttönendes Nichts", änderte sie ab und hauchte ihr politischen Charakter ein, so daß sie fortan geeignet schien, das „System" von „Kongreß-Europa" zu stützen. Ihre Durchführung in der Schreckensherrschaft der schnüffelnden polizeilichen Bürokratie und der engstirnigen Zensur lebt fort im Bewußtsein späterer Generationen als ein böses Merkmal der Epoche – sie wurde zum charakterisierenden Gemeinplatz.

In diesem „System“ lebten auch manch Änderungen fort, welche die Revolution und dann der Kaiser der Franzosen, etwa auf den Thronen Europas, bewerkstelligt hatten. Und allmählich verlor es an Kraft, in den Beziehungen der Mächte zueinander ebenso wie im inneren Gefüge der Staaten. Die letzte Phase des Kampfes gegen den „Usurpator“ Napoleon und der endliche Sieg über ihn waren ein britisch-russisches Gemeinschaftsunternehmen gewesen, ein weltpolitisches Joint-venture, zu dessen Gelingen auch viele andere Mächte beigetragen hatten. Darin hatten sie alle ihr gemeinsames Interesse erblickt. Nun aber traten die natürlichen Interessengegensätze zutage. Irgendwann in den frühen zwanziger Jahren des 19. Jahrhunderts verlor das britisch-österreichische Einvernehmen an Vitalität, und das österreichisch-russische verflüchtigte sich zusehends auf dem Balkan, in der Frage der griechischen Unabhängigkeit. Hier wurde gerade jene Kluft zwischen den beiden Mächten neuerlich sichtbar, die sich schon im vorangegangenen Jahrhundert aufgetan hatte, da Rußland, als berufener Schirmherr der Balkanchristen sich gebend, gegen das Osmanische Reich vorgegangen war und das Habsburgerreich in seinem Osten, dem Karpatenkranz, zu umklammern gedroht hatte. Die imperialen Bestrebungen Rußlands hatten bereits bei der Zusammenkunft Josephs II. und Kaunitz’ mit Friedrich II. von Preußen im September 1770 eine gewisse Gemeinsamkeit in den außenpolitischen Interessen der beiden Mächte gezeigt. Nein, die Geschichte „wiederholt sich“ nicht, aber manche geopolitische Gegebenheiten müssen ganz einfach die Denkweise der Staatslenker auch über die momentane Interessenlage hinweg bedingen, sie bürden der Politik Leitsätze auf. So etwa war ein unabdingbarer Leitsatz der britischen Politik die Freiheit der Seeverbindung mit Indien, und auf dem Festland, die Mächte durch das Gleichgewicht ihrer Kräfte in Schranken zu halten. Die „Balkanfrage“, welche zur Zeit unsrer Erzählung, aber auch noch im 20. Jahrhundert, eine so eminente Rolle spielte, hatte ihre festen Wurzeln im 18. Jahrhundert – ja, vielleicht noch tiefer, in den dunklen Jahrhunderten des osmanischen Vorstoßes gegen Ungarn und Österreich. Doch nun erblickten die Wiener Politiker im alternden Sultansreich ein gegebenes Gegengewicht zu den russischen Machtbestrebungen im Zeichen des „Sammelns“ der slawischen Völker. Das taten die Londoner und die Pariser auch, wenn auch ihre und Rußlands Interessen eher auf den Ozeanen aufeinanderprallten. Doch Österreich hatte ja gemeinsame Grenzen mit den Osmanen und mit Rußland; und ebenso hatte Preußen sie mit dem Zarenreich.

Ein „ganzes Deutschland" gab es allerdings nicht einmal mehr nominell. Nach der Auflösung des Heiligen Reiches – sie wurde am 6. August 1806 auf dem Wiener Platz Am Hof durch einen Herold verkündet – und nach dem Kongreß zu Wien gab es ein dreigeteiltes Deutschland, es bestand aus Österreich, Preußen und – so respektlos es auch klingt – aus anderen Reichs-Überbleibseln, denn eifersüchtig wachten die deutschen Staaten über ihre Souveränität. Daß es zwischen ihnen dennoch überwiegend Verbindendes gab, bedarf keiner weiteren Beweisführung, es fand seinen sichtbaren Rahmen im Deutschen Bund, der das Festgefügte auch lieber erhalten denn erneuern wollte und der trotz der Fährnisse des Jahres 1848 bis 1866 andauerte – und gerade das ist die Zeit, in der unser Titelheld den entscheidenden Schritt in die internationale Politik macht.

Das Reich des hl. Stephan von Ungarn war das größte und älteste Königreich im habsburgischen Imperium, im Norden und Osten umrandeten es die Karpaten, im Süden verliefen seine Grenzen entlang der Donau und im Südwesten bis hin zur Adria (das Königreich Kroatien war seit 1091 ein Land der Stephanskrone, mit Ungarn in Personalunion verbunden); neben dem staatsbildenden magyarischen Volk lebten hier Deutschstämmige, Slawen und Rumänen. Böhmen, 1212 vom Staufenkaiser Friedrich II. zum Königreich erhoben, ein altes Glied des Sacrum Imperium, mit der Kurwürde ausgestattet, hatte, wie auch die ungarischen Stände nach der in ihren Folgewirkungen so katastrophalen Schlacht von Mohács, 1526, in der der letzte Jagiellonenkönig der beiden Königreiche gefallen war, Ferdinand von Habsburg, den jüngeren Bruder Karls V., zum König gewählt. Seitdem herrschte das Haus Habsburg in den beiden Königreichen. Die Sprache der Dynastie war Deutsch, und die dynastische Würde galt als regierendes Prinzip. Deutsch sprachen auch die höheren Beamten und die höheren Offiziere der Armee, deutsch sprach man in der Residenzstadt Wien. Metternich trennte das habsburgische Staatsgefüge vom übrigen Deutschland, die österreichische Reichshälfte zumal, wirtschaftlich durch Zölle und geistig durch die Zensur, wahrscheinlich, um alles unversehrt hinüberzuretten. Hinüber – wohin? Auf die Frage gab der Staatskanzler keine Antwort.

Eine Literatur von hohem Rang suchte geflissentlich nach der Antwort. Von Grillparzer war schon die Rede. Der Zensor plagte auch ihn, das Unverständnis des Publikums zwang ihn in die Resignation, konnte ihn aber nicht dazu bewegen, daß er sich anbiederte. Scharf blieb sein Blick weiterhin, mit dem er die Risse in der Gesellschaft sah, scharf auch seine Reime; 1839 fauchte er den Staatskanzler an, daß er zuletzt „seine eigenen Lügen glaubte". Und Nestroy! Was er auf die Bühne stellte, das war die Stadt, unvergänglich in ihrer Art, das waren die Gassen und die Vorstädte, die hineinreichten in das Land rundum und weiter. In den Bühnenkulissen sprachen, spaßten und sangen in ihrem Mutterdialekt die gleichen Figuren, welche auch den Naschmarkt bevölkerten und Neulerchenfeld, dann Ottakring, Hernals, das waren die „Leute" innerhalb und außerhalb der „Linie", die ihren „Schmäh" versprühten, diese unvergleichliche Mischung aus Angeberei und Hoffnungslosigkeit, aus marktschreierischem Witz und herb-zynischer Selbstironie – der „Schmäh", an dem jegliche polizeiliche Spitzelei scheiterte. Nestroy – das war eine wienerische Commedia dell'arte, ein Gemeinschaftsspiel des Dichters, der Schauspieler und des Publikums, gemeinsam schufen sie etwas, das gleichzeitig kleinbürgerliche Kultur und Widerstand war, aufblitzendes Augenzwinkern und derbe Grimasse. Mehr als Hormayr mit seinem „Österreichischen Plutarch", mehr auch als Grillparzer mit seinen hochsprachlichen Dramen, verkörperten Nestroy und die anderen, Raimund etwa und Bauernfeld, das unüberhörbar, das spezifisch Österreichische.

Anders in Ungarn. Das Land der Magyaren litt an Bewußtseinsspaltung. Sie war durch die Türkenherrschaft hervorgerufen worden, dadurch, daß das Volk herausgerissen worden war aus der europäischen Entwicklungsgemeinschaft der Völker. Bis zum Schicksalsjahr 1526 waren die Magyaren ein mitgestaltendes Glied gewesen, darauf war eine anderthalb Jahrhunderte währende Nacht gefolgt, in der sie fast jede Berührung mit dem Okzident verloren hatten. Nun wachten sie auf aus der Ohnmacht. Die heute so geläufigen Begriffe Holocaust und

Genozid kannte man in der ersten Hälfte des 19. Jahrhunderts nicht, doch langsam wurde man sich des biologischen Verlustes bewußt – daß es zu Beginn des 16. Jahrhunderts noch viereinhalb Millionen Magyaren gegeben hatte (das Stephansreich von damals hatten zu 80 Prozent Magyaren bevölkert; zum Vergleich: Heinrich VIII. von England hatte über vier Millionen Untertanen geherrscht) und die erste Volkszählung nach Abzug der Türken nur noch etwas mehr als zwei Millionen Seelen auswies. Das war Holocaust gewesen, Genozid. Tagelang konnte man in den verödeten Landstrichen unterwegs sein, ohne einem Menschen zu begegnen. Maria Theresia und Joseph II. hatten fremde Volkselemente ansiedeln müssen, um die landwirtschaftliche Produktion und die Manufaktur wieder in Gang zu setzen, um überhaupt Leben ins Land zu bringen. Man erschrak, als man plötzlich erkannte, daß kaum noch Magyaren im einst so herrlich blühenden Reich lebten, und prägte den Spruch: Es gibt unser so wenige, daß selbst einem Vatermörder vergeben werden muß. Dies Aufwachen aus der Ohnmacht war die mächtigste Triebkraft des gerade sich entfaltenden magyarischen Nationalismus – die Triebkraft auch, alles, Gewesenes und Gegenwärtiges, Fremdes und Heimisches, hastig in das erwachende Magyarentum aufzunehmen und zu integrieren. Das gespaltene Bewußtsein heilte man mit der traumatischen Erkenntnis, daß es das Magyarenvolk gewesen war, das den Osmanensturm auf die übrige christliche Welt mit seinem Leib aufgefangen hatte.

Mit aller Kraft das notgedrungen Versäumte nachzuholen, den Anschluß an die europäische Entwicklung wieder herzustellen durch die Erneuerung der Institutionen, der Sprache, des Lebensgefühls, empfand man als heilige patriotische Pflicht.

Was haben wir auf dieser Welt zu schaffen?
Nach Kräften für das Edelste zu kämpfen.
Denn vor uns steht das Schicksal unsres Volkes.
Wenn wir es aus dem Abgrund freigekämpft
Und in dem reinen Strahl der Geisteskämpfe
So hoch gestellt, wie wir nur reichen können,
Dann sagen wir am Ende unsrer Tage:
Dir, Leben, danken wir die Segensgaben!
Es war Genuß und Mannesarbeit auch!

– so formulierte es ein Dichter dieser „Reformepoche“, Mihály Vörösmarty, ein Poet von hohem Rang, im Schlußwort seiner „Gedanken in einer Bibliothek“. Und dann seine selbstquälerische Beschwörung eines wunden Daseinsgefühls im „Aufruf“ an die Nation:

Die weite Welt gibt anderswo
Nicht Raum noch Heimat dir,
Hier mußt in Segen oder Fluch
Du leben, sterben, hier.

Nur daß die Dichter die Bewußtseinsspaltung der Nation, ohne deren Kenntnis aber so manches nicht zu verstehen war, der nichtmagyarischen Welt nicht mitzuteilen vermochten. Diese sah das Aufrührerische nur, das Kecke, das Verrückte. Allein, es gab auch andere große Geister, die sehr wohl um das Gebot des Miteinander wußten: Andrássy zum Beispiel, dann Eötvös, Széchenyi. Auch von ihnen wird noch die Rede sein.

Man nannte die Welt nach dem Wiener Kongreß eine biedere. Zaghaft begann sie an die Unfehlbarkeit der Wissenschaft zu glauben, an die Evolution, den Primat des Geistes. Es war eine schlichte Welt. Die Gebrauchsgegenstände, die Wohnungseinrichtungen waren zweckmäßig, die kleinen hellen Wohnungen behaglich. Ein klein bißchen war das eine in sich gekehrte Welt, voll stiller und aufrichtiger Gemütsregungen. Das Heroische und Pathetische blieb draußen vor der Tür. Und sie war sittenstreng. Einst hatte die Kirche die Sexualität dämonisiert, und lüstern hatten die urteilenden Männer hinter der Maske der gottgewollten Sittenreinheit die Zuckungen der entblößten Hexenleiber auf der Folter begafft. Aber im 18. Jahrhundert hatte man nicht mehr daran glauben wollen, daß Lust der Teufel sei, nein, man hatte sie, in Frankreich zumal, wie ein Fundstück aus alten Zeiten wieder freigelegt, Nonnen und Mönche höhnend in schamlosen Lagen dargestellt, von den Bildern Kupferstiche verfertigt und in hunderten und tausenden Exemplaren von Hand zu Hand gereicht. Die fleischliche Lust in ihrer vollen Brutalität war zum Gaudium der Zuseher geworden – eine Entgegnung auf alles, woran man früher zu glauben und das man zu verehren gehabt hatte. Und nun, während der „Restauration“, war die Sexualität wieder verpönt wie auch manch anderes, das die ruhelosen und hochtrabenden Jahrzehnte davor charakterisiert hatte. Also entschwanden aus der biederen Welt die voyeuristischen Stiche des Rokoko mit der Darstellung graziöser Obszönitäten und unter der gepuderten Perücke ausgeübter Perversitäten. Deren Platz nahm, besonders im Habsburgerreich, in Deutschland, das Liebliche ein. Der Aufbruch schlug hier um ins Biedere. Man entwickelte im Verkehr miteinander wieder Formgefühl, feine Zurückhaltung und Stilempfinden.

Ja, der Stil. Goethe. Sein Stil ist Widerstand gewesen gegen alle stillose Empörung der vergehenden Zeit, er ist Widerstand geblieben in der anbrechenden Zeit der Nationalismen. Denn er wußte, daß es „patriotische Kunst“ und „patriotische Wissenschaft“ nicht gibt (und „völkische“ schon gar nicht). Darum ist sein Werk zeitlos lebendig geblieben. Der alternde Goethe erlebte die Wiederbegegnung mit Lotte in Weimar, erlebte die Marienbader Elegie und vollendete mit „Der Tragödie zweitem Teil“ sein Lebenswerk. Im Jahr 1823 erhielt er einen Brief aus Wien, von dem Herrn van Beethoven, in dem der Musiker seine Exzellenz um Fürbitte beim Herzog von Weimar ersuchte, denn er habe eine „Messe“ komponiert (es war die „Missa solemnis“) und möchte dafür 50 Dukaten Honorar bekommen: „. . . Ich weiß, daß eure Exzellenz meine Bitte nicht abschlagen werden . . .“ Dann wandte er sich einem alten Vorhaben zu, und es entstand die 9. Symphonie, deren letzter Satz mit Schillers Lied an die Freude schließt. Ein andrer Wiener, äußerlich ein Abbild des biederen Bürgers, schuf in jenem Jahr 1823 die „Müllerlieder“, die Opern „Rosamunde“ und „Fierabras“ – Franz Schubert. Welche wunderbare Fülle von Höchstleistungen! In diesem Jahr 1823 erblickten im fernen Ungarn zwei Dichter das Licht der Welt, deren Werk zu immerwährendem Bestandteil des magyarischen Bewußtseins wurde: Imre Madách und Sándor Petőfi.

In der ehrwürdigen Stadt Kassa, zu deutsch Kaschau, im ungarischen Oberland wurde am 3. März 1832 Gyula Graf Andrássy geboren.

Jüngling und Rebell

Alt ist das Geschlecht der Andrássy, so alt, daß seine Herkunft sich im Nebel der Legenden verliert. Die Legende erzählt von einem Stammesfürsten der Urmagyaren namens Andorás, der seine Sippe gegen Ende des 9. Jahrhunderts über einen der Karpatenpässe ins Landesinnere geführt habe. Fest steht nur, daß es sich dabei um ein „székely" (sprich „ßehkäj"), also um ein Székler Geschlecht handelt, und die Székler wollen Abkömmlinge der Hunnen sein, jenes Hunnenstammes, dessen sagenumwobener Fürst ein nicht verifizierbarer Sohn Attilas gewesen wäre: Csaba (sprich „Tschobo"). Seit uralten Zeiten siedelten die Székler in Erdély (sprich „Ärdehj"), das heißt Siebenbürgen, das sie als ihr angestammtes, vom Königssohn Csaba beschütztes Land ansahen. Sie machten die Provinz zusammen mit jenen Sachsen, die König Géza II. Mitte des 12. Jahrhunderts ins Land gerufen hatte, urbar. Während des Tatarensturms 1240/41 und während der anschließenden Herrschaft des kriegerischen Mongolenvolkes, der „Goldenen Horde" am Schwarzen Meer, erst recht zur Zeit der osmanischen Eroberungszüge im 16. und 17. Jahrhundert strömten große Scharen Flüchtlinge aus der benachbarten Walachei nach Siebenbürgen, sie ließen sich dort nieder, bildeten Gemeinden, pflegten ihre Religion und ihre Sprache. Seit jeher sind die Székler, der Sprache nach Magyaren, ein selbstbewußter Stamm gewesen, stolz haben sie über ihre ethnische Eigenständigkeit gewacht, sich in der Kriegskunst geübt, nach eigenem Sittenkodex gelebt.

Die Andrássy führten das alte széklersche Adelsprädikat „csikszentkirályi". Aus dem Nebel der Legende tritt in der zweiten Hälfte des 16. Jahrhunderts eine kämpferische Gestalt hervor, Peter Andrássy, der nach einer mißglückten Empörung im Dienste Maximilians II. – als König von Ungarn der erste dieses Namens – gegen den Princeps (Fürsten) István Báthori, später König von Polen, ins habsburgische Ungarn flüchten mußte. Es war die Zeit der Dreiteilung Ungarns: Den größeren mittleren Teil hielten die Türken besetzt, Siebenbürgen verwaltete sich selbst als ein dem Sultan tributpflichtiger Staat unter einem gewählten Fürsten, der den Titel „Princeps Transsylvaniae" führte, der schmale Rest rundum des türkisch besetzten Teils huldigte dem habsburgischen König. Von ihm erhoffte man die Befreiung des Landes.

Peter Andrássy erhielt als Entschädigung für den Verlust seiner Güter in Siebenbürgen, auch als Zeichen der königlichen Gunst, im Oberland die Burg Krasznahorka, die er als deren „Kapitän" für sich und seine Familie in Besitz nahm. Seitdem führten die Andrássy als zweites Adelsprädikat „krasznahorkai" (das Suffix „-i" entspricht dem deutschen „-er"). In den Grafenstand wurde erst der Urgroßvater unsres Helden erhoben, ein hoher General Maria Theresias. Die verhältnismäßig späte Erhebung in den Grafenstand einer so alten Familie bedarf einer kurzen Erklärung. Die Fürsten- und Grafentitel wurden in Ungarn, das ja nicht Glied des Heiligen Römischen Reichs war, erst durch die Habsburger eingeführt. Viele alte Adelshäuser führten aber weiterhin bloß das Prädikat nach ihren Besitzungen mit dem Suffix „-i" (das heute noch mit dem Reichstitel „von" verwechselt und als solcher auch mißbraucht wird), sie gaben ihr Geschlecht nach ihrem Ahnherrn – „de genere" – an und waren stolz darauf, einem älteren „genus" zu entstammen als so manche Grafen und Fürsten.

Graf Karl, der Vater von Gyula – hier von nun an wie in allen späteren Dokumenten Julius genannt –, war ein „fescher" Mann, ein „Beau" und Liebling der Damenwelt, nicht besonders reich, aber wohlhabend, ein hervorragender Reiter und Tänzer, ein Herzensbrecher, ausgestattet also mit all den Eigenschaften, die man bei einem Angehörigen der "Jeunesse dorée" voraussetzte, von ihm erwartete oder ihm auch nur andichtete. Er heiratete eine reiche Erbin, die Gräfin Etelka Szapáry, und bald stellte es sich heraus, daß Graf Karl gar nicht nur der leichtlebige junge Herr war, für den ihn alle Welt hielt. Er war hochgebildet, sprach mehrere Sprachen und widmete sich begeistert Fragen des öffentlichen Lebens. Er unterhielt eine lebhafte Korrespondenz mit Joseph von Hormayr, den er hoch schätzte, er veröf

„Gf Andrásy Gyula“ –
gezeichnet von József Marastoni am 15. August 1861 in Pest

fentlichte mehrere Aufsätze, einen, anonym, 1833 in London: „Umrisse einer möglichen Reform in Ungarn im Geiste des juste milieu“ (des „goldenen Mittelweges“). Viele Denker, Politiker und auch dilettierende Hochadlige publizierten ihre Schriften außerhalb der Reichweite der Metternichschen Zensur, in England, Deutschland, Frankreich. Und aus aller Munde tönte das Wort „Reform“.

Von 1812 bis 1825 hatte Metternich zu verhindern gewußt, daß König Franz I. seiner im Krönungseid feierlich beschworenen Verpflichtung, den Reichstag in regelmäßigen Abständen einzuberufen, nachkomme. Denn Ungarn, das – darauf sei noch einmal hingewiesen – niemals ein Glied des Sacrum Imperium gewesen ist, hat sich durch einen Zeitraum von achthundert Jahren unter konstitutionellen Formen entwickelt, wenn auch die aus dem Mittelalter herrührende Verfassung Mängel aufwies, deren größter es war, daß sie auf einen kleinen, adligen Kreis beschränkt blieb. Aber sie veranschaulichte die Nation, deren Ganzheit und Souveränität, und so ist es nur zu verständlich, daß die im Reichstag vertretenen Stände seit jeher und hartnäckig auf ihrer Konstitution beharrten. Dem aber stand mit gleicher Hartnäckigkeit die Idee des Gesamtstaates gegenüber, wie sie bereits in der ersten Hälfte des 18. Jahrhunderts Prinz Eugen formuliert und später Joseph II. mit besonderer Konsequenz verfolgt hatte. Im Krönungseid beschworen zwar die Herrscher die „Freiheiten der Nation“, die Verfassung also – Joseph II. ließ sich nicht krönen, um eben diesen Eid nicht leisten zu müssen –, aber die Wiener Regierungen suchten den Wirkungskreis des Reichstages, dessen Pflicht und Recht, Gesetze zu erlassen, stets einzuschränken. Die konstitutionelle Selbständigkeit Ungarns und das Gebot der Errichtung eines Gesamtstaates, wie das aus der Stellung des Herrschers folgen mußte, waren antagonistische Postulate, welche nur durch einen verständnisvollen Kompromiß aufeinander abgestimmt werden konnten. Eine gemeinsame Ausgangsbasis sollten die nie angezweifelten legitimen Rechte der Dynastie sein. Aber nur zu oft dachte man in Wien bloß darüber nach, was man für oder gegen Ungarn tun könnte, und vergaß dabei gerade den Gesamtstaat gleichsam als gemeinsames Interessenbündel. Das war, kurz umrissen, die politische Situation vor der Reformepoche. Selbst Metternich hielt es endlich für angebracht, den Rechten der ungarischen Stände zu entsprechen, und riet dem König, die bisherige starre Haltung aufzugeben und eine neue Stellung innerhalb der Verfassung einzunehmen. Also wurde 1825 der Reichstag einberufen, er wird als der Auftakt der Reformepoche angesehen.

Graf Karl war Präsident der „Gesellschaft für die Regulierung der Theiß“ und brachte für das so notwendige Projekt auch persönliche finanzielle Opfer. Er mußte aber bald erkennen, daß Metternichs Regierung nicht einmal ein so unpolitisches Vorhaben unterstützen wollte, mehr noch, sie war bereit, um einen raschen wirtschaftlichen Aufschwung in Ungarn zu unterbinden, sogar den Palatin Erzherzog Joseph zu desavouieren – zumindest meinte Graf Karl in einem Brief an Hormayr vom 29. Juli 1845: „... Wenigstens zeigt unser Palatin den besten Willen und will, glaube ich, zeigen, daß er nicht Schuld habe, daß in seiner 52jährigen Administration sowenig geschehen.“ Im selben Brief bedauerte er sehr, daß die Wiener „Allgemeine Zeitung“ fortfahre, gegen Ungarn Stimmung zu machen, denn er selbst hatte ein Jahr zuvor in der Zeitung einen Artikel publiziert, in dem er die Überzeugung bekräftigte, die „auf Billigkeit“ beruhende Verbindung Österreichs und Ungarns sei von natürlicher Notwendigkeit: „. . . Auf Billigkeit, sage ich – denn jedes andere Übereinkommen hat die Geschichte aller Zeiten als undauerhaft und keinen Segen bringend bezeugt.“ Und so fand man Graf Karl in den Reihen der Opposition und im von Lajos Kossuth gegründeten „Schutzbund“ zum Schutze der heimischen Industrie – denn die Überlegungen der Metternichschen Regierung zielten auch darauf ab, Ungarn als gegebenen Absatzmarkt für die österreichischen und böhmischen Industrieprodukte zu erhalten.

Diese kleinen Beispiele mögen die Stichworte liefern zu den geistigen Einflüssen, unter welchen Julius heranwuchs. In seiner Familie und im Freundeskreis wurde niemals angezweifelt, daß Österreich und Ungarn aufeinander angewiesen seien und aufgrund natürlicher Bande zusammengehörten – auch nicht die gleichfalls natürliche Aufgabe, ja Pflicht, im Land, das sich in einem nicht mehr zu bremsenden Aufbruch befand, den so schmerzlich lange unterbrochenen Zivilisationsprozeß wieder einsetzen zu lassen.

Graf Karl verstarb 1845 in Brüssel. Julius fand einen väterlichen Freund in einem um 32 Jahre älteren Mann, den man in der Geschichtsschreibung als „den Größten“ unter den Magyaren apostrophiert und der in unsrer Erzählung eine Rolle spielen wird: István Graf Széchenyi. Er habe ihn, sagte Julius später, von der notwendigen Zusammengehörigkeit Österreichs und Ungarns überzeugt.

Auch ein andrer Mann übte tiefen, doch letztlich nicht anhaltenden Einfluß auf Julius aus – der Mann, der kraft seiner Rednergabe, seiner volksnahen Logik und seines dramatisierenden Darstellungsvermögens einen Sturm der elementaren Begeisterung heraufzubeschwören wußte und das ganze Land mitriß in einen opfervollen Kampf, der die von Einsicht und Vernunft getragenen Verständigungsversuche für lange Zeit unterbinden sollte. Es war Lajos Kossuth. Und sogleich sei ein absurder Tratsch verworfen, der wissen wollte, daß Julius Andrássy ein natürlicher Sohn des Lajos Kossuth gewesen sei. Kossuth, Jahrgang 1802, führte nach Beendigung des Jusstudiums ein gutgehendes Anwaltsbüro und war Rechtsberater des Hauses Andrássy. Aber Gräfin Etelka mochte ihren Anwalt nicht und sagte es auch offen. Auch die intensiv gelebte biedere Atmosphäre der Zeit, ihre Ideale und Bekenntnisse, schließen eine solche Verbindung aus – ganz abgesehen davon, daß nicht einmal die Spur eines Indizes, geschweige denn eines Beweises je aufgefunden wurde. Nein, der Tratsch sollte eher Julius treffen, ihn kompromittieren, als er sich später von Kossuth abwendet.

Doch zunächst stürzte er sich voller Begeisterung in die oppositionelle Politik, wie sie in den späten dreißiger und erst recht in den vierziger Jahren die provinzialen Stätten der Verwaltung, die Landtage der Komitate also, heftig bewegte und diese zu immer begründeterer Verneinung der gesamtstaatlichen Regierung anspornte. Denn diese forderte ihre Ablehnung geradezu heraus mit den restriktiven Verordnungen, welche die lokale Verwaltung knebelten, und vergaß dabei, daß Politik in Ungarn mindestens in ebensolchem Ausmaß und mit fast gleicher Wirkung in den Komitaten gemacht wurde wie auf dem Reichstag in Preßburg. Die Delegierten der Komitate wurden auf den jeweiligen Landtagen gewählt, sie erhielten ihre Instruktionen von den dortigen höchsten Beamten, an deren Spitze der hochadlige Obergespan stand, und waren ihnen auch verantwortlich. Von den Komitaten, den 63 Verwaltungseinheiten des Stephansreiches, hing die Durchführung der Gesetze ab, und es kam schon vor, daß sie die Anordnungen der obersten Stellen im eigenen Interesse beugten, mißachteten, umdeuteten – besonders dann, wenn sie es mit gutem Gewissen etwa als patriotisches Gebot tun zu müssen glaubten. Und in den beiden Jahrzehnten vor dem Revolutionsjahr 1848 hat sich das, was man heute „öffentliche Meinung“ nennen würde, mit besonderer Selbstbesinnung in den Komitatshäusern, dem jeweiligen Hauptsitz der Verwaltung, artikuliert, dann in den Schlössern der Grundbesitzer und in den alten, muffig-urwüchsigen Landhäusern der Gentry, die sich später die „historische Mittelklasse“ nennt. Doch artikuliert hat sich in diesen Jahrzehnten auch noch etwas anderes, das das Antlitz der Epoche gewaltig mitprägte: die Reformbedürftigkeit gerade jener jahrhundertealten Verfassung, über welche der Hochadel in der Magnatentafel und die Delegierten der Komitate so eifersüchtig wachten. Denn die Millionen Leibeigenen, die alle Steuerlast trugen und im Krieg das Gros der Armeen stellten, waren ohne Recht. Es war Andrássys väterlicher Freund István Széchenyi, der an der Spitze der zu durchgreifenden Reformen Entschlossenen in drei Büchern den Weg der Erneuerung vorzeichnete: „Hitel“ erschien 1830 in Pest und im selben Jahr in Leipzig in deutscher Sprache mit dem Titel „Über den Kredit“; dann 1832 „Világ“, zu deutsch „Licht oder aufhellende Leuchtstücke und Berichtigungen einiger Irrtümer und Vorurteile“, und endlich „Stadium“. Die Antwort war Entrüstung. In einigen Komitaten ließen jene, die sich als Bewahrer heiligster Traditionen sahen, die Bücher des Pester Grafen sogar verbrennen. Doch Széchenyis Erkenntnisse drangen bald in das Bewußtsein aller ein.

Der junge Andrássy, aufgeweckt und lebenslustig, wie ihn so manche überlieferten Histörchen zeigen, erhielt die in adligen Kreisen übliche Ausbildung: als Konviktuale in einem Piaristengymnasium einer urbanen Provinzstadt, dann als Jusstudent an der Pester Universität und schließlich als junger Kavalier auf der Studienreise, die ihn nach Frankreich, England und Spanien führte. „Ausbildung“ bedeutete zugleich auch „Bildung“, die Sprachkenntnisse und die Kenntnis anderer Länder mit einschloß, und ein Politiker, der über die Grenzen seines Komitats hinaus wirken wollte, ein Diplomat sogar, mußte außer seiner Muttersprache zumindest Deutsch und Französisch in ausdrucksstarker Vollkommenheit beherrschen. Die treffsichere Formulierung wog beinahe ebensoviel wie die Richtigkeit der Argumente. Andrássy beherrschte auch Englisch. Im Herbst 1844 trat er zum erstenmal als Redner hervor: auf dem Landtag seines Komitats Zemplén, für das auch die deutsche Schreibweise Zemplin verwendet wurde und das im Osten an Galizien angrenzte. Dank dem pflichtschuldigen Fleiß der Polizeispitzel wurde ein Ausspruch des 21 Jahre alten angehenden Politikers der Nachwelt überliefert – er ist in der Beilage zum Bericht des Polizeiministers Josef Graf Sedlnitzky vom 10. Oktober 1844 nachzulesen. Also meinte Andrássy auf dem Landtag: „Wenn es um die Wohlfahrt geht, darf man nicht provinziellen Gesichtspunkten huldigen, denn so mag man zwar ein guter Zempliner sein, aber niemals ein guter Patriot.“

Daß diese öffentlich kundgetane Binsenweisheit des jungen Mannes für gewichtig genug befunden wurde, im Bericht des

Präsidenten der Obersten Polizei- und Zensurhofstelle in Wien erwähnt zu werden, zeigt nicht nur das Spitzelsystem in seiner unsäglich kleinlichen Stupidität, sondern es offenbart auch die hoffnungs- und hilflose Verstrickung des Regierungssystems selbst in seiner ganzen restaurativen Erstarrung, seine stumpfe Unbeweglichkeit, die ihm sogar die etwaige Bereitschaft untersagte, die Bestrebungen und die Sehnsüchte der beherrschten Völker auch nur begreifen zu wollen. Das Erschreckende war dabei, daß die leitenden Beamten der Polizeistellen keiner gezielten Bösartigkeit und keiner niedrigen Beweggründe geziehen werden konnten, noch waren sie Bösewichte von historischer und schon gar nicht shakespearescher Größe – ein Richard III. fand sich nicht unter ihnen –, nein, sie waren ganz einfach von unfaßbarer Beschränktheit. Eduard von Bauernfelds Bemerkung über den Grafen Sedlnitzky kennzeichnet sowohl den Mann als auch das System, dem er vorstand und das letztlich die Metternichsche Art zu regieren repräsentierte: „Er war kein verächtlicher Charakter, besaß gewisse bürgerlich-romantische Rechtlichkeit, war aber im Grund ein bornierter Kopf, mit viel Routine, ohne literarische Bildung.“ Und Metternich selbst? „Die Zensur“, meinte er, „ist das Recht, die Manifestation von Ideen zu hindern, die den Frieden des Staates, seine Interessen und seine gute Ordnung verwirren.“ Die zeitlose Gültigkeit der Definition ist nicht zu leugnen.

Doch nicht nur mit der Zensur versuchte die Regierung, die „Manifestation von Ideen“ zu hindern, sondern – im Hochgefühl gottgewollter amtlicher Obrigkeit, die besonders heftige Haßgefühle heraufbeschwor – auch mit Polizeigewalt. So ließ man Kossuth, nun schon auf dem Reichstag tätig, 1837 zusammen mit anderen Oppositionellen gefangennehmen und zu fünfjähriger Haft verurteilen. Ein Sturm der Entrüstung war die durchaus vorhersehbare natürliche Reaktion. Die von Kossuth redigierten Reichstagsberichte wurden eingestellt. Und doch: Der Reichstag von 1840 zeigte, daß König und Nation – so die gängige Redewendung – durchaus gewillt waren, einen Kompromiß einzugehen, wenn nur nicht andere Kräfte, befangen in einer gefährlich blinden Vorstellung von der erstarrenden Gesamtstaatsidee, sich dazwischenschalteten. Sie taten es. Kaum waren die politischen Gefangenen amnestiert, da führte man 1845 das „Administratorensystem“ ein: Zu den Obergespanen, die nicht im Geist der Regierung verfuhren, bestellte man sogenannte Administratoren, man gab ihnen Militärgewalt zur Seite, um in den Komitaten – manche waren Hochburgen der Opposition – jeglichen Widerstand im Keim zu ersticken. Eine Hochburg war auch das Komitat Zemplén, sein Landtag wählte im Oktober 1847 Andrássy zum Reichstagsdelegierten. Bald wurde er zur führenden Persönlichkeit der Opposition.

Und bald befand er sich in Gegnerschaft zu seinem väterlichen Förderer István Széchenyi. Dieser hoffte nach wie vor, es würde ihm gelingen, eine mehrheitliche Regierungspartei von liberaler Gesinnung zu bilden und so manche sich kompromißlos gebärdenden Oppositionellen in die politische Bedeutungslosigkeit hinabzudrängen. Denn schon erklangen hie und da ultramagyarische Töne, schrille Töne, die ihn unruhig aufhorchen ließen. Allein, Andrássy ließ sich anders vernehmen. Er war durchdrungen von liberalen Ideen, wie die Zeit sie postulierte, in England etwa, dann in Belgien; er forderte mehr Rechte für die Städte, die alle zusammen auf dem Reichstag nicht so viele Stimmen besaßen wie ein Komitat. Er trat für ein breiteres Wahlrecht ein, wenn auch nicht für das allgemeine, und folgte dabei den Gedankengängen von Lord Russel, dem Haupt der britischen Opposition. Unbeugsam trat er aber für die Verfassung des Landes ein, wobei er – und darin folgte er manch andren hellen Köpfen im Lande – in der Verfassungstreue keinen Gegensatz zum gekrönten König sah. „. . . Die konstitutionelle Entwicklung Ungarns kann Österreich nicht schaden, im Gegenteil, in wirren Zeiten kann die Dynastie am ehesten auf Ungarn zählen, das außer seinen Grenzen auch noch etwas anderes zu verteidigen hat: seine Freiheit“, meinte er auf einer Reichstagssitzung im November 1847.

Der 15. März 1848 – in Wien der 13. März – brachte den Sturz Metternichs, seines absolutistischen Regimes, und die Hoffnung auf ein Zusammenfinden von König und Nation, wie es dann durch die Bildung eines parlamentarischen, verantwortlichen Ministeriums und die Verabschiedung von liberalen Gesetzen zur Wirklichkeit wurde. Kaiser Ferdinand I., als König von Ungarn der V., unterzeichnete am 11. April das im Lichte der Restaurationszeit wahrhaftig fortschrittliche Gesetzeswerk: Man hob die Leibeigenschaft auf, man vereinte das Großfürstentum Siebenbürgen wieder mit dem Königreich, die provisorische Regierung sollte Parlamentswahlen ausschreiben; das passive Wahlrecht knüpfte man allerdings an die Beherrschung der magyarischen Staatssprache. Im April ernannte die neue Regierung Andrássy zum Obergespan des Komitats Zemplén.

Voller Hoffnung lief das Jahr 1848 an, auch die Leute in Buda und Pest waren voller Hoffnung, und sie hatten allen Grund dazu. Denn nach einer Bauzeit von sechs Jahren sollte nun ein Meisterwerk dem Verkehr übergeben werden: die Kettenbrücke. Ihre Errichtung hatte Andrássys alter Freund, der nunmehrige Verkehrsminister Széchenyi angeregt, sie geplant und den Bau ausgeführt hatten die beiden englischen Ingenieure Tierney und Adam Clark. Am 15. Juli sollte das letzte Glied der Kette hochgezogen werden – und stürzte ins Wasser. Doch bald schwebte die Brücke graziös zwischen den beiden Ufern der Donau, und alles Volk strömte aus den drei Stadtteilen Alt-Buda, Buda und Pest zusammen, um sie zu bestaunen, auch aus dem Ausland kamen Wißbegierige, denn sie galt als eines der Wunder der Zeit.

Und an einem der darauffolgenden Tage trug sich zu, daß Széchenyi, nun schon siebenundfünfzig Jahre alt, am Budaer Brückenaufgang mit wahrer Todesverachtung auf die Kette stieg und im schwindelerregenden Auf und Ab der Kettenführung hinüberspazierte ans Pester Ufer. Sapperlot! – riefen die jungen Herren der hohen Gesellschaft aus und meinten, diesem Beispiel der Mutbezeugung folgen zu sollen. Einige der Jeunesse dorée, so auch der fünfundzwanzigjährige Andrássy, gaben sich ein Rendezvous am Brückenzugang am Pester Ufer. Sie sprangen auf die breite Kette und kletterten, kletterten scheinbar todesmutig – hinauf bis zum ersten Pfeiler. Dort verließ sie der Todesmut, und sie kehrten zurück, Andrássy mit ihnen, ob er wollte oder nicht, denn er marschierte in ihrer Mitte. Doch wieder am Ufer, drehte er sich um und stieg, nun ohne Begleitung, hinauf zum Pfeiler, dann wieder hinunter und wieder hinauf bis zum nächsten, dem Budaer Pfeiler, und kam am andren Ufer wohlbehalten an. – Das Histörchen mag ein Zeugnis von jugendlicher Unbekümmertheit oder auch von Mannesmut sein, auf jeden Fall offenbart es einen Zug im Charakter des künftigen Staatsmannes: die Fähigkeit – oder das berechnende Streben? –, vor aller Augen rasch eine spektakuläre Entscheidung zu treffen.

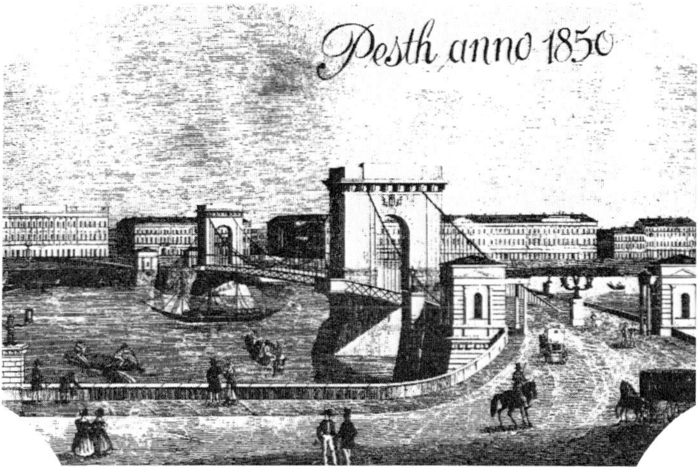

Pest im Jahr 1850, von Buda aus gesehen, im Vordergrund die 1848 fertiggestellte Kettenbrücke

Bald aber bedurfte es der Auseinandersetzung mit ganz andren Gefahren. Metternich und seine Mitstreiter hatten den Völkern und Ländern der Monarchie Ordnung verschrieben, Stillhalten, Ruhe, und Unbewegliches war entstanden, gehätscheltes Althergebrachtes, Evolutionsloses. Fragen der modernen Staatsstrukturen hatten von Amts wegen nicht gestellt zu werden, hatten gar nicht erst existieren dürfen, während sie anderswo zumindest diskutiert wurden: in Belgien, Frankreich, Italien, ja selbst in Preußen. Dort hatte sich mit der Thronbestei gung Friedrich Wilhelms IV. 1840 ein Generationenwechsel vollzogen, ein Wechsel von großer Tragweite, anfänglich begeistert begrüßt. Der Thronwechsel in Österreich 1835 hatte nicht einmal den Anschein eines Richtungswechsels gebracht, unbeirrt hatte hier das Metternichsche System weiterregiert. Und obwohl Metternich 1848 nominell nicht mehr Inhaber der Macht war – er war nach England geflüchtet –, wirkte doch der Geist seines absolutistischen Regimes weiter, in Österreich ebenso wie in Ungarn. Hier wie dort gab es Männer, die insgeheim gegen die liberale Gesetzgebung intrigierten, auch gegen das einem Parlament verantwortliche Ministerium, die an einer Restauration von Ruhe und Ordnung und Althergebrachtem werkten. Der in allen Völkern der Monarchie keimende Nationalismus gab ihnen eine Waffe in die Hand, und sie waren entschlossen, sie auch zu gebrauchen. Den Vorwand dazu lieferte ihnen der südslawische Illyrismus.

Dieser Begriff veranschaulichte die ethnische und sprachliche Gemeinsamkeit der südslawischen Völker, wenn auch die Kroaten darunter etwas ganz anderes verstanden als die anderen Südslawen. Das Eigenschaftswort „kroatisch“ konnte nicht Bindestoff zwischen den zersplitterten Teilen des nationalen Territoriums sein, es kennzeichnete die Sprache eher denn das Volk. Illyrismus bedeutete jedenfalls eine Erneuerungs-, eine Einigungsbestrebung. Das Wort „illyrisch“ stieß aber nicht nur in Ungarn auf Ablehnung, sondern auch im Fürstentum Serbien. Denn das nationale Eigenschaftswort „serbisch“ war schon von so starkem Selbstbewußtsein getragen, daß man im Fürstentum das Wort „illyrisch“ nicht einmal für die Bezeichnung der Gemeinsamkeiten annehmen wollte. Und in Ungarn witterte man Gefahr, das Königreich Kroatien könnte von der hl. Stephanskrone abfallen, wiewohl die illyrische Bewegung in der „Nationalen Partei“ bis zum Jahr 1848 auf die Aufrechterhaltung und den weiteren Ausbau der kroatischen Staatlichkeit innerhalb des Stephansreiches hinarbeitete.

Es gab auch Gegner der illyrischen Bewegung unter den Kroaten, man nannte sie „Magyaronen“. Die Zersplitterung der Südslawen schien unüberwindbar. So schrieb Ljudevit Gaj, der Schöpfer des Illyrismus, Ende 1839, ehe der serbisch-kroatische Streit um das Eigenschaftswort „illyrisch“ voll entbrannte: „. . . Der Serbe wird nie zum Kroaten oder Krainer, und diese, da sie es nicht sind, können keinesfalls zu Serben werden.“ Eine klare politische Definition der Bewegung gab es also nicht, und selbst Serbien, zumal damals noch unter der Oberhoheit des Osmanischen Reiches, vermochte auch 1848 und 1849 keine deutliche Linie einer südslawischen Einigungspolitik zu verfolgen: Das reale Kräfteverhältnis erlaubte es nicht. Und so sprach sich auch Gaj bloß für eine freie politische Tätigkeit der fortschrittlichen Südslawen aus. Man nannte diese Politik „Austroslawismus“, eine Politik, deren Verfechter die sichere Zukunft ihrer kleinen Völker am ehesten innerhalb eines fortbestehenden Habsburgerreiches gewährleistet sahen – gesichert vor dem etwaigen Zugriff eines zwar bloß in der Vorstellungswelt deutscher Patrioten geisternden, von den Südslawen dennoch gefürchteten „Großdeutschlands“ wie auch des von missionarischem Eifer getragenen Zarenreiches.

Doch gar nicht von sich aus, nicht etwa durch die Mechanik einer seit langem lebendigen Volksbewegung entstand der „Austroslawismus“, eher durch die Ereignisse, dadurch nämlich, daß Ungarn unter dem Einfluß Kossuths und seiner Mitstreiter und unter dem schmerzlichen Eindruck des opfervollen Krieges mit Österreich aus dem Habsburgerreich auszuscheren drohte. Darin aber erblickten die Südslawen des Stephansreiches eine Gefahr für ihre Völker. Denn noch das Programm der kroatischen nationalen Bewegung vom 25. März 1848, in dem sehr konkrete Forderungen gestellt worden waren, hatte nicht einmal einen Gedanken an die Trennung von Ungarn enthalten. Als aber der ultramagyarische mittlere Adel, Kossuth an der Spitze (wir werden es sehen), auf der historischen Illusion eines einheitlichen – magyarischen – Staatskörpers beharrte (und sich dann auch noch von Habsburg lossagen wollte), keimte bei den Kroaten und den Serben in Ungarn, etwa seit Ende April 1848, der Gedanke heran, sich vom Stephansreich zu trennen und doch noch untereinander eine politische Verbindung einzugehen. Und obwohl der Illyrismus 1848/49 schließlich Mißerfolg erlitten hatte, stellte der Versuch, wenigstens die Südslawen der Habsburgermonarchie in einer politischen Gemeinschaft zusammenzufassen, doch eine neue Etappe auf dem Weg zur Verwirklichung der Vision eines südslawischen Staates dar.

Dieser Rundblick und das kurzatmige Vorpreschen waren notwendig, um die bewegenden Momente der späteren Geschichte zu verstehen. Denn die reaktionären Wiener Kreise wiesen zwar die Kroaten offiziell an, die bestehende Verbundenheit mit Ungarn zu wahren, insgeheim jedoch sagten sie den „Illyrischen“ Unterstützung zu, wenn sie es doch nicht täten. Ohne bei der gerade gebildeten Pester Regierung anzufragen, auch gegen den Willen des Palatins Erzherzog Stephan (der Palatin war der höchste Würdenträger des Königreichs, Stellvertreter des Königs und Mittler zwischen diesem und der Nation), ja, auch gegen den Einwand des Leiters der ungarischen Hofkanzlei ernannte man im März 1848 den Oberst Joseph Jelačić zum Ban (Statthalter) von Kroatien – eine Ernennung, die zweifellos in die Kompetenz der Pester Regierung fiel. Zudem war Jelačić als Anhänger der illyrischen Bewegung bekannt, auch als willfähriger Streiter für jenes restaurative Gedankengut, das auf die Abschaffung der jungen liberalen Gesetze abzielte. Denn die Kroaten, dann auch die Serben und die Rumänen erklärten, von Wien insgeheim dazu ermutigt, nur der Krone untertan zu sein, und lehnten nacheinander die gesetzgeberische und die administrative Gewalt der Pester Regierung ab. Die Wiener Kamarilla konnte daher umso mehr auf Erfolg hoffen, als die frischgebackene Regierung in Pest anarchische Zustände vorgefunden hatte: Ohne Geld und ohne Armee mußte sie sich Autorität verschaffen, nicht nur nach außen hin, sondern auch gegenüber dem Gegner im Lande. Eine nicht zu bewältigende Aufgabe. Zumindest nicht mit der kompromißbereiten Zuvorkommenheit eines Széchenyi und nicht mit der konzilianten, ehrlichen Offenheit eines Ferenc Deák, Justizminister der Regierung und Baumeister der späteren Versöhnung mit dem Haus Österreich. Andrássys nachträgliche Erkenntnis, daß nicht die liberalen Gesetze von 1848 den Aufruhr und den Freiheitskrieg heraufbeschworen hätten, sondern deren Nichtdurchführung, ergeben im Rückblick den Sinn jenes Sommers und Herbstes 1848.

Denn die unmittelbare, mit einigem Einfühlungsvermögen sogar vorhersehbare Folge der Politik der Wiener Kamarilla, die freilich auch in Pest ihre Anhänger hatte, mußte eine nationale Entgegnung sein. Deren leidenschaftlicher Anführer war Lajos Kossuth. Mit mächtigem Wort wußte er die Massen anzusprechen, Emotionen, die Tränen in die Augen trieben, hochzupeitschen – Tränen der Erbitterung, auch der Erinnerung an den früheren ruhmvollen Opfergang in den endlosen Kämpfen gegen die Türken. Der magyarische Nationalismus schlechthin stand auf – und stieß auf den nicht minder harten Nationalismus der Mitvölker im Stephansreich. Der Nationalismus war heiliges Gut, hier wie dort, dem man sich voll Begeisterung hingab. Ein gigantischer Kampf der Nationalismen im Karpatenraum war entbrannt.

Man stampfte eine Honvédarmee aus dem Boden, organisiert war sie nicht, auch nicht gerüstet, und verlor einen der ersten Zusammenstöße mit der kaiserlichen Armee. Dies geschah im Oktober 1848 bei Schwechat. Die Regierung hatte jedem Obergespan den Majorsrang verliehen, so auch Andrássy. Eine Abteilung Volkssturm – junge Menschen, nicht ausgebildet, ausgerüstet nur mit ihrer Begeisterung – stieß vor, wollte Wien „befreien“, sich mit den dortigen Revolutionären verbrüdern. Doch als die ersten Kanonenkugeln über ihre Köpfe hinwegflogen, warfen sie sich auf die Erde. Nur einige wenige blieben unerschrocken stehen. Einer von ihnen war Andrássy. Jelačić befehligte die kaiserliche Armee-Einheit.

Er war Alfred Fürst Windisch-Graetz unterstellt. Der Fürst ging methodisch vor: Im Juni hatte er den Prager Aufstand niedergeschlagen, dann den Wiener in mehreren Kämpfen vom 22. Oktober bis 1. November. In Olmütz bereitete er zusammen mit seinem Schwager Felix Fürst Schwarzenberg den dringend notwendig erscheinenden Thronwechsel vor – der achtzehnjährige Franz Joseph trat am 2. Dezember an die Stelle des sanften, willensschwachen Ferdinand des Gütigen – und marschierte dann an der Spitze von 44.000 Mann gegen Pest. Am 5. Januar 1849 zog er in die nichtverteidigte Stadt ein. Am Abend des 7. Januar erstrahlte das Parterre des Nationaltheaters im Glanz von Tausenden Kerzen und Hunderten Galauniformen. Man erwartete auch den Oberbefehlshaber Fürst Windisch-Graetz zur Festvorstellung.

Im süddeutschen Raum gibt es ein umgangsprachliches Wort: „Schneid“ – kecken Mut bedeutet es, ihm haftet Freches an, auch Forsches, Draufgängerisches, den Gegner Verblüffendes: Eigenschaften, die man einem Husarenmajor, zumal einem magyarischen, durchaus zutrauen konnte. Nun, im Dunkel einer Parterreloge des Nationaltheaters beäugte an jenem Festabend ein dunkelhaariger, fescher Husarenoffizier mit einem Operngucker das tuschelnde Publikum, auch schnappte er bedeutungsvoll hingemurmelte Worte höherer Offiziere auf. Jene, die ihn aus den Augenwinkeln wahrnahmen, meinten, es könnte Moritz Graf Pálffy sein, ein eifernder „Schwarzgelber“ und in ganz Ungarn bestens gehaßt. Doch da kam auch schon Windisch-Graetz, und mit ihm – Pálffy. Jetzt wollten einige Offiziere doch wissen, wer sie den ganzen Abend lang beobachtet hatte, und schickten sich an, die Loge des Unbekannten aufzusuchen. Sie fanden sie leer, Andrássy – denn er war es – warf sich gerade in den Sattel (ein Bub hatte das Pferd an einem Nebeneingang in Bereitschaft gehalten) und sprengte in Windeseile davon. Die herauslaufenden Offiziere sahen nur noch eine

Staubwolke. Andrássy jagte nach Gödöllö, etwa 30 Kilometer in nordöstlicher Richtung von Pest, wo ein Honvédstab lag, und berichtete, der Feind sei im Anmarsch. – Zeigen die beiden Begebenheiten bloß Klischeehaftes? Nachträglich tendenziös gezeichnete Züge? Nicht unbedingt. Mut zu bezeugen, war zwar eine zeitbedingte Pflichtübung der Männlichkeit, aber Andrássy bezeugte auch in späteren Jahren Mut. Und auch Schlagfertigkeit.

Der Kampf um die Durchführung der Gesetze vom 11. April mündete nicht etwa urplötzlich in einen allgemeinen Krieg, sondern er expandierte Schlag auf Schlag: Zunächst trat nicht die Wiener Regierung als Gegnerin auf, sondern die von ihr ermutigten Nationalitäten des Stephansreiches erhoben sich; und so begehrte die ungarische Regierung nicht gegen den Hof auf, sondern sie drohte den aufständischen Nationalitäten mit Waffengewalt. Die verzweifelten Bemühungen der Einsichtigen auf beiden Seiten – des jungen Palatins Erzherzog Stephan, des großen Reformers Széchenyi – schlugen fehl, sie mußten fehlschlagen, so verstockt waren die Konservativen auf der einen Seite, so unnachgiebig manch führende Köpfe auf der andren. Einen Zerfall des Stephansreiches, worauf die Trennungsversuche der Nationalitäten hinausliefen, konnten allerdings auch die gemäßigten Magyaren nicht hinnehmen: Das wäre einer Selbstvernichtung gleichgekommen. Széchenyi, der die Ursache allen Unheils in dem von ihm selbst initiierten Reformwerk sah, erlitt einen Zusammenbruch und begab sich in eine Döblinger Nervenheilanstalt. Schließlich löste die Wiener Kamarilla den ungarischen Reichstag auf und stellte das Königreich unter Kriegsrecht – daraufhin erklärte der Reichstag die Verordnung für verfassungswidrig. Der Krieg begann.

Die restaurativen Kräfte hinter dem jungen Herrscher Franz Joseph führten die gesamte militärische Macht des Reiches gegen Ungarn und erkämpften sich zunächst bedeutende Vorteile. Doch ihre Siege bewirkten nur, daß gerade die Radikalen an Boden gewannen. In Kossuths Reden, seinen kraftvollen Metaphern und bildreichen Vergleichen – Musterbeispiele hoher Redekunst – feierte das nationale Pathos wahre Orgien. Es setzte mächtige Kräfte frei. Ungarn errang auf den Schlachtfeldern einen Sieg nach dem andren. Im April und Mai 1849 schien das Kaiserreich dem Zusammenbruch nahe. Zudem ließ

Kossuth am 14. April in der kalvinistischen Kirche von Debrecen durch den „Rebellen-Convent" (so der Wiener Sprachgebrauch) die Absetzung des Hauses Habsburg-Lothringen beschließen und sich durch diesen Rumpf-Reichstag zum Reichsverweser des Königreichs wählen. Da erbat Franz Joseph vom Zaren Nikolaus I. Waffenhilfe.

Später, schon in der Emigration, verkündete Kossuth, der Kampf Ungarns sei, als Rußland intervenierte, zu einem „europäischen Kampf" geworden, zu einem Kampf Europas gegen den russischen Imperialismus, und das Magyarenvolk habe diesen Kampf, wie in der Vergangenheit jenen gegen die Osmanen, auf sich gestellt ausgetragen. Nur daß „Europa", das heißt die Mächte Großbritannien, Frankreich und Preußen, den Kampf nicht mitgetragen haben. Auch die Nationalitäten haben ihn nicht mitgetragen, und schon gar nicht traten sie für die Herauslösung Ungarns aus dem Habsburgerreich ein.

Diese letzte Bemerkung stimmt nicht ganz. Denn viele Angehörige der südslawischen und der slowakischen Minderheiten kämpften in den Honvédarmeen, und unter deren hohen militärischen Führern finden sich so manche slawische und deutsche Namen. Auch viele Berufsoffiziere und ruhmreiche Generale des polnischen Aufstandes von 1830/31 gegen Rußland eilten 1848/49 zu den Fahnen Ungarns.

Der Kampf war gigantisch. Das nationale Gefühl war ebenso Rüstzeug wie die Kanonen. Angehörige der verschiedenen Nationalitäten wetteiferten miteinander an Selbstaufopferung, die nationale Zugehörigkeit nahm auf der menschlichen Werteskala den höchsten Rang ein, und sie wollte unter Beweis gestellt werden. Hier eines der unzähligen Beispiele: Ein polnischer Offizier befehligt eine Abteilung Husaren, diese weichen vor dem Feuer der Ulanen zurück. „Husaren", ruft er in gebrochenem Ungarisch, „seid ihr Magyaren?" „Ja, noch dazu Bocskay-Husaren!" „Dann laßt uns sehen, wer der bessere Soldat ist – ich, der Pole, oder ihr, die Magyaren? Mir nach! Die Batterie müssen wir nehmen!" „Wir folgen Ihnen auch in die Hölle" – und sie nehmen die Batterie.

Indes, das von Kossuth beschworene Europa zeigte andere Züge. Wenn auch Zar Nikolaus zunächst nicht beabsichtigt hatte, in Ungarn, als dort die offenen Feindseligkeiten ausgebrochen waren, einzugreifen, sah er doch bald handfeste russische

Interessen gefährdet: zumal als so bekannte polnische Patrioten und Feldherren wie Henryk Dembinski und Józef Bem – bis dahin harmlos in Paris und Genf gegen das Zarenreich konspirierend – dem ungarischen „Vaterländischen Verteidigungskomitee" ihren Dienst anboten. Beide waren sie hervorragende Heerführer, beide wurden sie von den Honvéds vergöttert, Bem sogar mythologisiert (im Herbst 1956 entzündet sich in Budapest der erste Funke des Volksaufstandes bei einer Demonstration an Bems Denkmal). Und so mochte Nikolaus meinen, ein siegreiches revolutionäres Ungarn könnte die Fackel des Aufstandes nach Polen tragen, ja, dieses Ungarn könnte überhaupt eine Ausgangsbasis für Revolutionen in ganz Europa werden: „Die Symptome eines allgemeinen Komplotts gegen alles Heilige und insbesondere gegen Rußland sind im ungarischen Aufstand deutlich sichtbar", schrieb er am 7. Mai 1849 seinem polnischen Statthalter, dem Generalfeldmarschall Fürst Paskjewitsch. Und weiter: „An der Spitze des Aufstandes, als seine Hauptwerkzeuge, stehen unsere eigenen Feinde: die Polen." Das war der Augenblick, in dem Andrássy die erste diplomatische Mission anvertraut wurde.

Das war auch der Augenblick, in dem offenbar wurde, wie unvorbereitet das „Vaterländische Verteidigungskomitee", also Kossuths Regierung, in den Krieg gegangen war. In diesem Augenblick wurden auch grundlegende konzeptionelle Fehler bei der Herausführung des Landes aus dem habsburgischen Gesamtstaat offenkundig. Denn Ungarn hatte keine eigenen diplomatischen Vertretungen im Ausland, es besaß kein eigenes diplomatisches Korps, keine eigenen geschulten Diplomaten. (Die ungarischen Beamten im auswärtigen Dienst vertraten das gesamte Imperium, nicht aber einzelne Königreiche und Länder, und erhielten ihre Instruktionen aus Wien. Die noch von Kaunitz geschaffene Geheime Haus-, Hof- und Staatskanzlei war am 18. März 1848 in das „Ministerium des Kaiserlichen Hauses und des Äußeren" umgewandelt worden.)

Das bedeutete, daß Kossuths „Komitee" bei den europäischen Regierungen nicht einmal anklopfen konnte, um seine Gründe für die Absetzung des Hauses Habsburg darzulegen, um sie um die Anerkennung des „Komitees" zu bitten (ob es überhaupt von einer Regierung anerkannt worden wäre, bleibt eine offene, eher zu verneinende Frage), um ihnen seine Ziele verständlich zu machen. Und schon gar nicht konnte es eine regelrechte diplomatische Beziehung mit dem Ausland aufnehmen und sie pflegen. Man konnte viel weniger einen auswärtigen Dienst denn eine Armee aus dem Boden stampfen. Zudem wiesen die kaiserlichen Diplomaten die europäischen Regierungen pflichtgemäß und unermüdlich darauf hin, daß das neue ungarische „Vaterländische Verteidigungskomitee" eine illegale Staatsmacht sei.

Einem weltoffenen, mehrere Sprachen beherrschenden, gebildeten und politisch begabten Mann wie Andrássy eröffnete sich da eine neue Perspektive.

Erst nachdem der „Rebellen-Convent" in Debrecen seine Beschlüsse gefaßt hatte, ging Kossuth daran, eine diplomatische Körperschaft zu organisieren, um Ungarns Interessen an die fremden Höfe heranzutragen. So auch an die Hohe Pforte in Istanbul. Ihr maß man in Debrecen eine besondere Bedeutung bei, erhoffte von einer Fühlungnahme mit ihr greifbare, auch militärische Ergebnisse.

Im Mai 1849 schlug Kossuth dem Ministerrat vor, Andrássy bei der Hohen Pforte zu akkreditieren, am 22. Mai, zwei Tage nach der Rückeroberung Budas von den Kaiserlichen, brach der frischgebackene Botschafter, der am Winterfeldzug 1848/49 teilgenommen hatte, auf nach Konstantinopel. Er nahm zwei Begleiter, 3000 Golddukaten und zwei Instruktionen mit. Er sollte das Osmanische Reich, unterwegs auch noch Serbien, für Ungarns Sache gewinnen; und er sollte den britischen Botschafter bei der Pforte, Stratford Canning, überreden, seinem Chef, Außenminister Palmerston, nahezulegen, für Ungarn etwas zu tun. Gab es denn eine reale Grundlage zur Durchführung solcher Instruktionen? Ja, Serbien war durchaus bereit, in Österreich bei der Verwirklichung visionärer südslawischer Ziele einen Gegner zu sehen; auch die alte Feindschaft zwischen Rußland und dem Osmanenreich auf dem Balkan und am Schwarzen Meer war ein bekanntes Faktum, das man bei einem etwa gegebenen Anlaß in jeder europäischen Kanzlei in Erwägung ziehen würde. Aber Andrássy mochte eher auf seine Beredsamkeit, auf sein gewinnendes Auftreten als darauf rechnen, seine Gesprächspartner mit handfesten Argumenten zu überzeugen.

Die Reise war abenteuerlich, oft gefahrvoll, mitunter nicht

ohne groteske Zwischenfälle. In Belgrad traf er auf polnische Emigranten, die sich für ungarische Emissäre ausgaben und ohne jegliche Beglaubigung mit der serbischen Regierung und dem Pascha von Belgrad verhandelten. Andrássy wies sie in die Schranken. Im Haus des französischen Konsuls kam er mit dem serbischen Außenminister Ilja Garašanin zusammen, der durchaus ungarnfreundliche Ansichten äußerte. Der gutmütige Pascha von Belgrad, Hussein, empfing den Botschafter aufs liebenswürdigste, versicherte ihm, er dürfe in Istanbul auf freundliche Aufnahme zählen, bat ihn jedoch, seine Mission vorerst geheimzuhalten, weil die Pforte noch nicht in der Lage sei, vor aller Welt für Ungarn einzustehen (der italienische Konsul ließ Andrássy insgeheim wissen, der Pascha habe von seiner Regierung klare Instruktionen erhalten, den Botschafter wohlmeinend zu empfangen). Hussein ließ für Andrássy und seine beiden Begleiter auf Namen dänischer Kaufleute lautende Pässe ausstellen. Andrássy dankte, indem er dem Pascha eine Sendung Tokajer Weines versprach. Dies erfüllte den gläubigen Moslem mit großer Freude, denn der Tokajer, so meinte er, sei eine ausgezeichnete Medizin – gegen Cholera.

Dennoch zeichnete sich, wenn auch etwas verschwommen, ein gewisses Segment des europäischen Kräftefeldes bei den ersten Kontaktnahmen Andrássys ab: Die Feinde des Hauses Österreich begannen sich zu formieren, sie zeigten dem Botschafter einer aus Wiener Sicht illegalen Regierung, wenn auch flüsternd nur, wenn auch bloß hinter vorgehaltener Hand, ihr Wohlwollen. Es waren dies: Sardinien-Piemont, unter dessen König Viktor Emanuel II. ein einheitliches Italien entstehen sollte; Serbien, das die Befreiung von der osmanischen Oberhoheit, das Zurückdrängen Österreichs vom Balkan und die führende Rolle unter den südslawischen Völkern anstrebte; und schließlich Istanbul, das seine wacklige Position auf eben diesem Balkan zu festigen und den Erzfeind Rußland zu schwächen hoffte. Doch wieviel ihrer aller Wohlwollen – in diplomatischen oder sogar militärischen Beistand umgesetzt – wert war, das ließ sich nicht sagen. Und die anderen? Frankreich installierte eine napoleonische Restauration, indem es Ende Dezember 1848 den Prinzen Louis Napoléon zum Präsidenten wählte; in Deutschland schlugen österreichische und preußische Truppen Aufstände nieder. Nur am Rande des Kontinents gab es zwei

Ruhepole: Der eine, Rußland, griff allerdings schon in das mitteleuropäische Geschehen ein, der andre, Großbritannien, blickte lauernd über den Kanal hinweg zum Festland hinüber und schwieg.

Andrássy reiste am 12. Juni weiter, die Donau war neutral, also schiffte er sich ein. Der türkische Kommandant einer Inselfestung stellte ihm ein Boot mit fünf Mann Besatzung zur Verfügung, versorgte ihn und seine Begleiter mit Lebensmitteln und auch mit bequemen Polstern, so kamen sie nach Widdin, von dort nach Rustschuk und dann nach dreitägigem Ritt durch Bulgarien nach Varna am Schwarzen Meer, wo sie sich in einer Hafenspelunke endlich ausruhen konnten. Hier mußten sie aber erfahren, daß die türkische Schiffahrtsgesellschaft den Verkehr zwischen Varna und Istanbul eingestellt hatte, nur der Österreichische Lloyd hielt die Seeverbindung aufrecht; dem wollten sie sich aber begreiflicherweise nicht anvertrauen. Also schickte sich Andrássy an, weiter im Sattel zu reisen. Eine achttägige Reise stand bevor. Acht Tage! – und die Zeit drängte. Denn schon waren zwei Wochen vergangen, seit er Debrecen verlassen hatte, seit zwei Wochen schon war er ohne Nachricht aus der Heimat, ohne Nachricht vom Kriegsverlauf. Gerade wollte er die Pferde satteln lassen – da sahen sie ein Schiff vor Anker gehen, den Kapitän ans Ufer rudern. In diesem Kapitän, Poiret mit Namen, erkannte Andrássys Sekretär einen alten Bekannten wieder, der sich tatsächlich erbot, die kleine Gesellschaft nach Konstantinopel zu segeln. Ende Juni kam sie dort an.

In Istanbul trat Andrássy unter dem Pseudonym „Konrád" auf, um der kaiserlichen Gesandtschaft nicht aufzufallen, dennoch berichtete der österreichische Internuntius Stürmer bereits am 4. Juli nach Wien, sogar dem Fürsten Schwarzenberg persönlich, „ein Graf Andrássy" sei in Begleitung von vier Personen in der türkischen Hauptstadt eingetroffen.

Andrássy konnte nicht einmal sein Beglaubigungsschreiben der Pforte überreichen, nicht einmal im geheimen wurde er von den maßgeblichen Politikern empfangen, so sehr bedacht war die türkische Regierung darauf, nur ja nicht mit den westlichen Mächten in Konflikt zu geraten. Was war geschehen?

Während Andrássys langer Reise waren unter dem persönlichen Befehl von Fürst Paskjewitsch zwei russische Armeen, die eine von Norden, die andre von Osten, in Ungarn eingedrungen, und das Schicksal der Honvédheere war damit besiegelt: Gegen die erdrückende Übermacht vermochten sie nicht weiter anzukämpfen. Auch hatte Radetzky einen Sieg über den König von Sardinien erfochten, somit war die kaiserliche Autorität in Mitteleuropa wiederhergestellt. Und die übrigen Mächte? Der britische Geschäftsführer in St. Petersburg suchte gemäß seiner Instruktion den alten Nesselrode auf, der in lange zurückliegenden Jahren bereits mit Talleyrand Geschäfte getätigt, Rußland auf dem Wiener Kongreß vertreten hatte und nun als Kanzler des russischen Reiches dessen Geschicke leitete. Der Brite eröffnete dem Russen, für wie bedauerlich es London hielte, daß Österreich die Ordnung in Ungarn nicht aus eigenen Kräften wiederherzustellen vermocht habe. Nesselrode, der durch die Intervention Österreich an russische Interessen zu knüpfen und die Macht seines Landes zu demonstrieren suchte, lächelte bedauernd, nickte zustimmend und begriff, daß der britische Protest bloß diplomatische Pflichtübung war (im übrigen hatte er auch nichts andres erwartet). Die Bestätigung erhielt er von Palmerston selbst, als dieser, wiewohl durchaus sympathisierend mit den liberalen Zielen des ungarischen Aufstandes, am 22. Juli im Unterhaus erklärte: „Die Erhaltung des Habsburgerreiches“ müsse „jedem englischen Staatsmann am Herzen liegen . . .“ und seine Ansicht damit begründete: „Österreich liegt in der Mitte Europas, [es ist] eine Barriere gegen Übergriffe von der einen Seite und gegen ein Eindringen von der andren. In meinen Augen stehen und fallen die Unabhängigkeit und die Freiheiten in Europa mit der Erhaltung Österreichs als große europäische Macht.“ Eine klarere Definition der Rolle und der Berufung Österreichs unter den europäischen Mächten wie auch des britischen Interesses daran konnte es im Augenblick nicht geben. Damit aber verlor die Mission Andrássys jeglichen Sinn. Und die Haltung der Hohen Pforte wurde nur zu verständlich.

Im Westen Windisch-Graetz und Jelačić, im Süden serbische Freischärler, in Siebenbürgen vereinzelte rumänische und sächsische Truppen – und auch noch die 200.000 Mann Paskjewitschs: Der ungarische Oberbefehlshaber Arthur Görgey (der übrigens von der Konstantinopeler Mission Andrássys nichts gehalten hatte) streckte am 13. August 1849 bei Világos vor den Russen die Waffen und erhielt ehrenvolle Bedingungen. Kossuth, etwa 4000 seiner Anhänger und 800 Polen flohen ins

Osmanische Reich. Paskjewitsch berichtete nach St. Petersburg: „Ungarn liegt Eurer Majestät zu Füßen".

Rußland wieder im mittleren Europa? Wie seinerzeit, mehr als drei Jahrzehnte zuvor, als Alexanders I. Truppen Napoleon durch den Kontinent gejagt hatten und sogar in Paris eingezogen waren? Und der Zar sich wieder in Polen festgesetzt hatte? Lag denn das im Interesse Britanniens? Und der andren? Aber nein, Nikolaus wollte keine weiteren fremden Territorien annektieren. Er und Nesselrode hatten erreicht, was sie hatten erreichen wollen: Mit der Kapitulation Görgeys erlosch der letzte revolutionäre Funke in den unruhigen europäischen Ländern, auch in Polen kehrte Ruhe, Friedhofsruhe, ein – und nach diesem Sieg von Világos war Rußlands Ansehen wieder so beeindruckend wie seit 1815 nicht mehr; auch war der blutjunge österreichische Kaiser ihm, Nikolaus, persönlich zu Dank verpflichtet: eine politische Hypothek, die einzufordern sich vielleicht einmal Gelegenheit bieten würde. Und Nikolaus war durchaus bereit, huldvoll die Rolle des „Gendarmen Europas" zu spielen, eine Rolle, die seinen innigsten Neigungen, seinen bigotten Ansichten und seinem Charakter so sehr zusagte. Und spielen konnte er die Rolle, etwa in Warschau, seinen beiden absolutistischen „Brüdern" gegenüber: dem preußischen König und dem österreichischen Kaiser.

Was blieb denn unter diesen Umständen dem verhinderten Botschafter noch zu tun übrig? Das Osmanenreich zur Kriegserklärung gegen Rußland zu bewegen? Oder wenigstens zum Protest in Wien und in St. Petersburg? Das waren nur noch Wunschträume, die spätestens in dem Augenblick ausgeträumt waren, als Palmerston seine Erklärung abgegeben und Görgey kapituliert hatte. Die türkischen Paschas versicherten Andrássy ihres Mitgefühls, sie nickten betrübt, als er ihnen auseinandersetzte, wie gefährlich die Lage des Osmanenreichs nach dem Machtzuwachs Rußlands wurde. (Mitleidvolles Nicken ernteten auch die beiden anderen Emissäre: Ferenc Pulszky in London und László Graf Teleki in Paris.) Und doch, eine letzte Aufgabe sollte Andrássy noch wahrnehmen.

In weiser Voraussicht, daß die ungarischen Rebellen im Falle ihrer Niederlage von der Hohen Pforte politisches Asyl erhalten könnten, hatte man am Wiener Ballhausplatz bereits am 23. Januar 1849 die Personenbeschreibungen und die Bildnisse von Kossuth und seinen wichtigsten Mitstreitern dem Internuntius Stürmer übermittelt und ihn instruiert, darauf hinzuarbeiten, daß den Rebellen entweder das Asyl versagt werde und sie weiterfliehen mußten oder daß sie an Österreich ausgeliefert würden. Genau dies verlangte nun Wien. Erschwert wurde die Lage der Asylanten auch noch dadurch, daß Zar Nikolaus die Auslieferung von zehn polnischen Emigranten verlangte, unter ihnen namhafte Heerführer, die in Ungarn gekämpft hatten, und die Entsendung einer Armee von 50.000 Mann androhte, sollte sich die Pforte weigern. Andrássy, nachdem er zu guter Letzt doch noch gute Kontakte zu einigen türkischen Ministern hatte herstellen können, bot nun seine ganze Überredungskunst auf, seinen ganzen jugendlichen Enthusiasmus, um zu verhindern, daß die Exilanten ausgeliefert würden. Er erhielt auch die feierliche Zusicherung, daß die moslemische Gastfreundschaft ein heiliges, ein unverletzliches Gut sei. Aber der Druck auf die Pforte wuchs von Tag zu Tag, so daß sie nachzugeben drohte. Da kam Andrássy ein hoher Diplomat zu Hilfe.

Sollte sich nämlich die Pforte dem Willen Nikolaus' beugen, dann wuchs das moralische Gewicht des Zarenreiches auf dem Balkan, am Schwarzen Meer, am Goldenen Horn und vielleicht auch weiter im östlichen Mittelmeerraum ins Bedrohliche. Es war der englische Botschafter Sir Statford Canning, der augenblicklich erkannte, wie abträglich dies der Position und dem Ansehen Großbritanniens wäre. Er, Palmerston, besonders aber ein sogleich vor die Dardanellen beordertes britisches Geschwader verliehen dem Sultan und seinem Diwan eine machtvolle Rückendeckung. Die ungarischen und die polnischen Flüchtlinge wurden nicht ausgeliefert.

Ende 1849 verließ Andrássy die türkische Hauptstadt und gelangte über Marseille Anfang 1850 nach London.

„Der schöne Gehenkte“

Im alten Pest stand ein viereckiger Verwaltungskomplex, „Neugebäude“ genannt. An seiner Mauer wurden die Todesurteile vollstreckt. Am 22. September 1851 zogen dort berittene Gendarmerie und eine Abteilung Infanterie auf, es kamen drei Militärauditore (Richter bei einem Militärgericht) und der Henker hinzu. Sechsunddreißig zum Tode verurteilte ungarische „Rebellen“ sollten exekutiert werden. Allerdings nur „in effigie“, bildlich also, denn sie hatten es vorgezogen, zu ihrer Gerichtsverhandlung nicht zu erscheinen, und so hatte man sie „in contumaciam“, in Abwesenheit, zu Tode verurteilen müssen. Ein Galgen wurde aufgestellt. Die drei Militärauditore verlasen die Namen der Verurteilten, der Henker Both aus Brünn stand bereit, einer der Herren im Sattel forderte ihn auf: „Scharfrichter, tun Sie Ihre Pflicht!“ Sechsunddreißig schwarze Tafeln lagen auf. Der Henker Both nahm eine nach der andren – auf jedem Täfelchen stand mit weißen Buchstaben der Name eines solcherart Hinzurichtenden – und befestigte sie am Galgen. Damit war die „Hinrichtung“ vollzogen. Richter, Henker, Gendarmen und Infanterie zogen ab. Volk strömte herbei. Gemurmel kam auf, als man auch diese Namen las: Ludwig Kossuth, Julius Graf Andrássy u. a.

Von seiner „Hinrichtung“ erfuhr Andrássy in Paris – wohin er von London aus übersiedelt war –, aus der „Wiener Zeitung“ vom 25. September, und er nahm die böse Nachricht mit der ihm eigenen Nonchalance zur Kenntnis. Seine Mutter ließ ihm über verschiedene Kanäle genug Geld zukommen, so daß er in den tonangebenden Pariser Kreisen seinem Rang entsprechend auftreten konnte. Die Damen der hohen Gesellschaft waren dem gutaussehenden, charmanten jungen Mann, den auch noch ein Hauch von Abenteuer und Exotik umgab, zugetan, sie waren von ihm entzückt und begeistert. Sie fielen in

2. Julius Graf Andrásy, zu Wien geboren, bei 26 Jahre alt, katholisch, ledig, gewesener Obergespan des Zempliner Komitats und Mitglied des Oberhauses, am 1. Jänner 1850 wegen angeschuldeten Hochverraths ediktaliter citirt aber nicht erschienen, ist bei gesetzlich erhobenem Thatbestande durch rechtskräftige Zeugnisse überwiesen, trotz des Allerhöchsten Manifestes vom 3ten Oktober 1848 als Major der Nationalgarde des Zempliner Komitats an der Schlacht bei Schwechat am 30. Oktober 1848 Theil genommen, das schon vorher bekleidete Amt eines Obergespans des besagten Komitats in revolutionärer Richtung bis Ende März 1849 versehen, darauf von der revolutionären Regierung in der Eigenschaft eines Agenten die Mission nach Konstantinopel angenommen, als solcher auf dem Wege dahin im Monate Juni 1849 die Regierung des Fürstenthums Serbien zu einer feindseligen Haltung gegen Oesterreich und vorläufigen Rückberufung der Serben und des Generals Knitjanin zu bewegen gesucht und behufs sichern Gelingens dieses Planes zur Unterjochung der Kroaten und Serben der revolutionären Regierung die kühnsten und hinterlistigsten Vorschläge gemacht, in Konstantinopel selbst aber bis zur Unterdrückung der Rebellion Alles angewendet zu haben, um seine offizielle Anerkennung bei der Ottomanischen Pforte durchzusetzen und deren Regierungsorgane, wenn nicht anders, so durch ihre eigene Kompromittirung, wozu er Mittel der verwerflichsten Art bei der revolutionären Regierung in Antrag gebracht hatte, zum feindseligen Handeln gegen Oesterreich zu nöthigen.

Nachdem die Angeschuldigten, der in der dargestellten Thatgeschichte bei jedem Einzelnen angeführten Thathandlungen rechtlich überwiesen, ungeachtet des mit 31sten März vorigen Jahres abgelaufenen Citationstermines nicht erschienen sind, so wurde in dem über sie abgehaltenen Kriegsrechte durch Stimmeneinheit zu Recht erkannt: sie seien sämmtlich des Verbrechens des Hochverrathes schuldig, haben deshalb nach dem 5. Kriegsartikel und der Proklamation vom 1. Juli 1849 nebst dem Verfalle ihres Vermögens zum Ersatze für den durch die Rebellion verursachten Schaden, Michael

Offizielle Beschreibung Andrássys in der „Wiener Zeitung" vom 25. September 1851 (Wien als Geburtsort ist falsch); Todesurteil der

Horvath auch nebst dem Verluste der Temporalien, Kmethy, Meßaros, Splenyi, Stein und Vetter aber nebst Entsetzung von ihrer in der k. k. Armee bekleideten Charge, die Todesstrafe durch den Strang verwirkt, und es solle ihr Name auf den Galgen geschlagen werden.

Welches vom k. k. 3. Armeekommando bestätigte Urtheil heute kundgemacht und nach Vorschrift des Dienstreglements in Vollzug gesetzt worden ist.

Pesth, am 22. September 1851.

Vom k. k. Kriegsgerichte

Triest, 22. September. (Levantinische Post.)

Syra, 17. September. Gestern um 8 Uhr Früh hielt der Missisippi im Angesichte des Hafens, ohne Anker zu werfen. Drei Lootsen, welche aus Smyrna mit der Fregatte dahin gelangt waren, wurden ausgeschifft, worauf dieselbe ihren Kurs sogleich fortsetzte. Am Bord befanden sich nebst Kossuth noch Perczel und Graf Kasimir Batthiany. Dem Vernehmen nach wird der Missisippi in einem Sardinischen Hafen die Flüchtlinge einem andern Amerikanischen Dampfer übergeben, welcher dieselben nebst einigen Italienischen Emigranten nach Amerika bringen soll. Die Equipage des Missisippi beträgt 250 Mann; die Zahl der Flüchtlinge 55.

Pesth, 23. September. Die heutige „Pesth. Ztg." veröffentlicht folgende kriegsrechtliche Urtheile:

Kleine Chronik.

—* Se. Durchlaucht der Fürst Metternich mit Familie am 23sten hier mittelst Dampfschiff Linz aus angekommen.

—* In Rom wurden gegenwärtig mit Zustim Sr. Heiligkeit des Papstes die Gutachten des gesam ten katholischen Episkopats über das Mysterium unbefleckten Empfängniß, ausgesprochen in eigens den h. Vater gerichteten Schreiben, gesammelt in Druck gelegt. Von diesem wichtigen, 6—7 B stark werdenden Werke sollen nur 300 Exemplare gedruckt werden.

in effigie zu Hängenden; Korrespondentenmeldungen aus Triest und Pest; „Kleine Chronik" vermeldet Rückkehr Metternichs die modisch bedingte pflichtgemäße Ohnmacht, als in den Salons die Kunde von seiner „Hinrichtung“ die Runde machte, und nannten ihn fortan „Le beau pendu de 1848“, „Den schönen Gehenkten von 1848“, das richtige Datum, 1851, dabei großzügig übersehend. Seine vergnüglichen gesellschaftlichen Verpflichtungen hinderten aber Andrássy nicht einen Augenblick daran, auch seine andren Pflichten, die politischen, welche seinen Geist beherrschten und seinen Tatendrang anregten, wahrzunehmen. Denn die frühere, scheinbar ungetrübte Harmonie zwischen dem Hof von St. Petersburg und jenem von Wien war bereits empfindlich gestört. Und dies hatte auch etwas mit seiner „Hinrichtung“ zu tun.

Es hatte überhaupt mit den Hinrichtungen, den blutigen, in Ungarn zu tun, und nun muß der Name Haynau fallen. Er war der uneheliche Sohn des Kurfürsten Wilhelm I. von Hessen, Feldherr in österreichischen Diensten, ein krankhaft grausamer Mann, der sich bereits in Italien den Beinamen „Die Hyäne von Brescia“ erdient hatte. Im Mai 1849 war er zum Feldzeugmeister ernannt und mit dem Oberkommando in Ungarn betraut worden. Görgey und seine Offiziere hatten aber – im Hochgefühl des Stolzes, den der Unterlegene dem verachteten Sieger gegenüber oft empfindet – nur vor dem Fürsten Paskjewitsch, dem Zaren von Rußland also, die Waffen gestreckt. Nicht politische Vernunft hatte sie dabei geleitet, sondern eine Haltung, wie man sie an den Tag legt, wenn man sich schon jenseits allen irdischen Strebens wähnt.

Daraufhin hatte Haynau in Arad am 6. Oktober 1849 dreizehn Heerführer der Honvéd – Magyaren, Polen, Südslawen, Deutsche – nach einem unwürdigen Schnellgerichtsverfahren hinrichten, manche von ihnen hängen lassen – entgegen der allenthalben anerkannten Normen der Offiziersehre. Und es waren gerade die Generale gewesen, die sich dem Zaren ergeben hatten. Jene hingegen, die vor einem österreichischen General kapituliert hatten, waren begnadigt worden – auf Pulver und Blei.

Erhobenen Hauptes, in unbefleckter Uniform standen sie unter dem Galgen. Einer von ihnen, Ernő Pöltenberg, ein kleinwüchsiger Mann mit rotblondem Haar und feurigen Augen, sah seine Kameraden an und meinte: „Eine schöne Deputation geht zum Herrgott, um in der Sache der Ungarn zu repräsentieren.“

Denn sie durften wenigstens ihren ungebrochenen Mut offen zeigen, sie setzten der Schmach, die ihnen ein verachteter Gegner angetan: dem Tod durch den Strick, ihre unangetastete menschliche, männliche, soldatische Würde entgegen. (Ein Jahrhundert später, auf der letzten Etappe des von Grillparzer vorausgesehenen Weges, auf der Etappe der Bestialität, nehmen die Bolschewiken, dann die Nationalsozialisten und dann wieder die Bolschewiken jenem, den sie zum Tod bestimmt hatten, auch noch die letzte Würde, die des stolzen Sterbens; sie werfen dem Henker nur noch ein Stück gepeinigter, blutender, erniedrigter menschlicher Urmaterie hin. Denn es gibt zwischen sozialideologischer und nationalideologischer Bestialität keinen Unterschied.)

Mißtrauen erfaßte den Zaren, als ihm von den Hinrichtungen berichtet wurde, auch fühlte er sich in seiner Ehre gekränkt – schließlich hatten sich die Hingerichteten auf sein Wort hin ergeben –, und er mußte sich nun fragen, welchen Wert die überschwengliche Mitteilung Paskjewitschs: „Ungarn liegt Eurer Majestät zu Füßen", denn noch hatte? Er intervenierte, und Görgey wurde begnadigt und in Klagenfurt interniert.

Von nun an galt Haynau im Ausland als das abstoßende Symbol reaktionärer Gewalt, und sein Auftreten war dem Ruf Österreichs auf traurige Weise abträglich: Bei seinem Besuch in London 1850, schon als Privatmann, wurde er von Brauereiarbeitern verprügelt, in Brüssel, 1852, öffentlich bedroht.

Haynaus Beispiel mag die Atmosphäre spürbar machen, in der Andrássy wie auch die andren Emigranten – in Italien, in Frankreich, in England, auch in Amerika – sich veranlaßt sahen, ihre eigene politische Lage und die ihrer Heimat zu interpretieren. Die unter diesem politischen Druck entstandene Interpretation Andrássys ist von besonderer Bedeutung.

Sein Aufsatz erschien im November 1850 in der „Eclectic Review" in englischer Sprache – Andrássy war eigens deswegen von Paris nach London gereist – und hatte den Titel: „The Present Position and Policy of Austria" („Die gegenwärtige Lage und Politik Österreichs").

Worin lag die besondere Bedeutung seiner Aussage? Nun, in allen Ländern, in welchen sie sich niedergelassen hatten, versuchten die ungarischen Emigranten auf eigene Faust „Politik" zu machen, sie intrigierten gegeneinander, liefen Wunschgedanken nach. Andrássy beteiligte sich nicht an ihren Umtrieben, Intrigen, politischen Träumereien. Die von Kossuth gelenkte sozusagen „offizielle“ Emigration nahm an, es würde in Europa früher oder später zu kriegerischen Auseinandersetzungen kommen, und entsandte zu verschiedenen Regierungen Emissäre, um gegen Wien Stimmung zu machen – und Agenten nach Ungarn, um dort die Flamme der Revolution wieder zu entfachen. Sie setzte ihre Hoffnung auf die machtvolle Einigungsbestrebung in Italien, wo die Verse des so früh verstorbenen Nationaldichters Giuseppe Giusti in aller Munde waren: „E non vogliam Tedeschi“ – „Wir wollen keine Deutschen“, sprich: Österreicher. Sie zählte auf die mehr oder minder sichtbaren Gegensätze zwischen Österreich und Frankreich, auch zwischen Österreich und Preußen, und sehnte den Augenblick herbei, in welchem Kossuth an der Spitze einer Armee wieder nach Ungarn ziehen würde. Andrássy erkannte die Irrealität solcher Wunschvorstellungen. In diesem Aufsatz tat er auch seine Abkehr von der Politik Kossuths kund.

Er erkannte, daß für jede britische Regierung, welche Partei sie auch stellen mochte, bei jeder Überlegung, welche der Gesamtlage galt, das Kräftegleichgewicht der europäischen Mächte eine unabdingbare Voraussetzung war. Und Österreich war nun einmal ein bestehender Faktor im Gleichgewicht. Er versuchte also, die Sache Ungarns aus jener Sicht darzulegen, welche Österreich als Ganzem zukam. Das war die Grundkonzeption seines Aufsatzes. Hier einige charakteristische Passagen, die schon Ansätze zu seiner späteren Politik zeigen:

„Der wichtigste Punkt ist, festzustellen, wie denn in Europa das Kräftegleichgewicht [balance of power] durch die gegenwärtige Lage und den Stand Österreichs zu bewerkstelligen sei, nachdem Ungarn [Österreich] einverleibt und zentralisiert wurde.

. . . Wenn Österreich weiterhin auf seinem gemeinen Rachedurst und auf seinen Ratgebern besteht, die es der Gnade Rußlands ausgeliefert haben . . ., wird es nicht und kann es nicht seiner gegenwärtigen Lage entkommen, welche – weit davon entfernt, daß sie es zu einer Barriere gegen Rußland gemacht hätte – es zu dem gefügigsten und gefährlichsten Instrument jener Macht gestaltet hat.

. . . Rußland hat [durch seinen Sieg über Ungarn] einen

Grad des Einflusses erreicht, der es ihm erlaubt, nicht nur seine Pläne im Orient zu verwirklichen, sondern auch . . . die österreichische Monarchie aufzulösen, wann immer es das will.

Nehmen wir einmal an, Rußland besetzt die Donaufürstentümer [die Moldau und die Walachei, das spätere Rumänien] und bekommt auch Gelegenheit, nach Konstantinopel zu marschieren – wo würde dann Österreich Hilfe finden? Ungarn allein hat ein nationales Interesse daran, die russische Vorherrschaft im Orient zu verhindern – doch wird es für seine Unterdrücker kämpfen? Wird Ungarn kämpfen, wenn es seiner nationalen Existenz beraubt bleibt? Warum sollte es, wenn es nichts [also nicht seine Freiheit] zu verlieren hat? Verteidigung ist nicht ohne Patriotismus möglich – aber kann die österreichische Regierung den Ungarn einen neuen Patriotismus aufzwingen, wie sie ihnen einen neuen Staat aufgezwungen hat?

Es ist also klar, daß es gegenwärtig mehr denn je eines Ungarn bedarf, das an der Bewahrung seiner nationalen Existenz durch die Erhaltung der österreichischen Monarchie interessiert ist.

Hat nicht Österreich bereits aufgehört, ein Bollwerk, ein Garant des Kräftegleichgewichts in Europa zu sein? Ist es nicht vielmehr ein bloßes Instrument des Zaren geworden . . .? Kann Österreich mit diesem Damoklesschwert über seinem Kopf in welcher Sache immer entgegen Rußland oder von ihm unabhängig tätig werden?

Vor dem Sieg in Ungarn und, in der Folge, vor dessen Zentralisierung haben alle Nationalitäten, die Österreich ausmachen, die Hoffnung gehegt, sie würden durch die Gründung eines neuen, konstitutionellen Österreich ihre nationale Existenz erhalten: Jede dieser Nationalitäten trachtete danach, die Integrität Österreichs im Interesse der eigenen nationalen Existenz zu bewahren – gegenwärtig trachtet jede danach, den Fall Österreichs herbeizuführen, und zwar aus dem gleichen Motiv.

Jenen, die der englischen Regierung raten, sich in einer unmöglichen Neutralität zu isolieren . . ., sei gesagt, daß ein solcher Kurs nichts anderes bedeuten würde, als die Gegenwart den Russen und die Zukunft der Revolution zu überantworten." Und das Schlußwort: „. . . Solange die österreichische Regierung dem größten Königreich der Monarchie seine Rechte vorenthält, wird es auch den anderen Provinzen nie etwas von wahrer Freiheit genehmigen; solange sie nicht die historischen Rechte Ungarns achtet, wird sie noch weniger die den anderen Ländern oktroyierten [bewilligten] Rechte respektieren. Ganz besonders sei noch daran erinnert, daß nur die freiwillige Mitwirkung Ungarns Österreich aus seiner totalen Abhängigkeit von Rußland loszureißen vermag. – Gebt den Ungarn ihre historische Unabhängigkeit, gebt ihnen ihr Land zurück, und sie werden von Anhänglichkeit [an die Dynastie] erfüllt sein. Und dies liegt im Interesse sowohl Europas als auch Österreichs und Ungarns. Denn die Existenz Österreichs kann nur ein Gewinn der anderen Mächte als Gegengewicht gegen Rußland sein. Aber solange dessen Regierungssystem auf der Unterdrükkung der Unabhängigkeit Ungarns beruht, wird es eine solche Stellung nie einnehmen."

Und bald wollte es scheinen, daß die von Großmannssucht, Prestigestreben, Eitelkeiten geplagten Herrscher und manche von den Strömungen im Volk hin und her gezerrten Regierungen dem gesamten Kontinent doch noch einen großen Krieg aufzwingen würden. Sie machten aus einer beinahe nebensächlichen Krise einen handfesten Krieg, der aber außerhalb Europas ausgetragen wurde und letztlich nur verworrene Resultate zeitigte: Vom Krimkrieg ist die Rede.

Er entzündete sich an der orientalischen Frage, die keine einzelne Frage, sondern ein Fragenkomplex war; dessen Komponenten ergaben sich aus dem Machtverlust des einst bedrohlich imperialen Osmanischen Reichs – ein seit der zweiten Hälfte des 17. Jahrhunderts andauernder Prozeß: Lange übertüncht gewesene oder niedergedrückte Bestrebungen, religiöse Forderungen, eingebettet in das erwachende nationale Selbstbewußtsein, nahmen an Kraft zu, namentlich auf dem Balkan, wo Christen Untertanen des Sultans waren, dann in Vorderasien, im nördlichen Afrika, im gesamten Herrschaftsgebiet Konstantinopels. Alte, tiefe Gegensätze brachen auf – durch den Krimkrieg wurden sie nicht beseitigt.

Uns interessiert dabei besonders die Situation Österreichs. Sie war keine glückliche. Napoleon – seit 1852 der dritte Kaiser dieses Namens – strebte nach einer großen Rolle auf dem Kontinent, die Frankreich zusammen mit Großbritannien spielen sollte. London war vornehmlich am Gleichgewicht interessiert, Paris störte aber gerade das Gleichgewicht, indem es selbst das diplomatische Machtzentrum werden wollte, wie London und Wien es gewesen waren. Man spielte die Frage der heiligen christlichen Stätten in Palästina in den Vordergrund, aber schließlich erzielten Frankreich, Rußland und das Osmanenreich eine Regelung – die anmaßende russische Forderung jedoch, daß der Schutz der Orthodoxen im Herrschaftsbereich des Sultans in aller Form St. Petersburg überantwortet werden sollte, wies der Diwan entschieden zurück. Zar Nikolaus prägte das Wort vom „kranken Mann am Bosporus".

Im April 1852 war Felix Fürst Schwarzenberg, der die Monarchie gerettet und ihre Geschäfte geführt hatte, einem Schlaganfall erlegen. Franz Joseph, einundzwanzig Jahre alt, bestellte Ferdinand Graf Buol-Schauenstein, einen Karrierediplomaten, zu seinem Außenminister. Dieser holte sich Woche für Woche Rat bei dem aus London zurückgekehrten greisen Metternich, der am Rennweg wohnte und sein Palais nicht verließ, und bot sich London, Paris und St. Petersburg als Vermittler an – doch vergeblich.

St. Petersburg zeigte sich kriegerisch, weil sein Plan zur Auflösung des Osmanischen Reiches von London abgelehnt worden war, daraufhin dampfte ein britisches Geschwader – wie London es in solchen Fällen stets praktizierte – im Juni 1853 zu den Dardanellen, ihm folgte ein französisches. Fast gleichzeitig überschritt eine russische Armee den Pruth und besetzte die Donaufürstentümer Moldau und Walachei. Nun war Österreich (wie Andrássy es in seinem Aufsatz angedeutet hatte) unmittelbar betroffen.

Die Lage ist alles andere als beneidenswert. Die Hypothek von 1849 steht mit einem Schlag im Vordergrund, denn Zar Nikolaus erwartet von Franz Joseph einen russenfreundlichen außenpolitischen Kurs. Aber Wien kann das russische Vordringen an der unteren Donau (wogegen schon Kaunitz achtzig Jahre zuvor gekämpft hat) nicht hinnehmen, es will jedoch einen Krieg mit Rußland um jeden Preis vermeiden, um nicht seine Macht in Galizien zu binden, während Preußen in Deutschland freie Hand haben würde. Dennoch wird die Armee in Galizien mobilisiert, das wiederum hindert Rußland daran, auf der Krim mit seiner ganzen Macht zuzuschlagen – denn am 12. März 1854 schließen Frankreich und Großbritannien ein Bündnis mit dem Osmanenreich und erklären am 27. bzw. 28. März Rußland den Krieg. Die Russen müssen die Donaufürstentümer räumen, und österreichische Truppen rücken nach (Österreich kann die Walachei dann doch nicht behalten, weil es schließlich „neutral“ geblieben ist). Wien will es auch mit Frankreich nicht verscherzen, denn seine Herrschaft in Norditalien läßt sich nur noch mit französischer Duldung aufrechterhalten. Österreich wird zunehmend isoliert, es entfremdet sich allen Mächten, besonders Rußland.

Und das Ende? 1855 tritt auch noch Sardinien-Piemont in den Krimkrieg gegen Rußland ein, die Festung Sewastopol fällt. Im März stirbt Nikolaus, ihm folgt Alexander II. Ein Jahr danach schließen sie alle in Paris Frieden: Konstantinopel verpflichtet sich, von nun an zeitgemäßer, also liberaler zu regieren; Rumänien wird ein unabhängiges Fürstentum; die Russen dürfen im Schwarzen Meer keine Kriegsflotte mehr unterhalten. Ein verworrenes Ergebnis, aus der augenblicklichen Machtposition heraus geboren. Eine halbe Million junger Menschen starb dafür.

Aber für das Zarenreich kam der Krieg einem Offenbarungseid gleich: Die „Heilige Allianz“ ist nun tot; die Schiedsrichterrolle – wie Nikolaus sie noch in Olmütz 1851 in Sachen „Deutscher Bund“ zwischen Österreich und Preußen wahrgenommen hat – ist verspielt; die moralische, dann die industrielle und die militärische Schwäche des Riesenreichs zeigt sich aller Welt – das ist das einzig nennenswerte Ergebnis dieses Krieges. Der Zar tritt als der „Gendarm Europas“ ab und gibt das europäische Terrain frei für neue Entwicklungen, für ein freieres Ringen von Ideen, von alten und sich gerade formierenden neuen Klassen, von Völkern und Staaten.

Romanze in Paris. Die Schauplätze: der Salon des Grafen Abensberg-Traun, die Tuilerien, der Bois de Boulogne. Die verwitwete Gräfin Borbála Kendeffy – das Geschlecht der Kendeffy, wie das der Andrássy, gehörte altem siebenbürgischem Hochadel an – hatte 1843 den österreichischen Grafen Franz Abensberg-Traun geheiratet. Ihre Tochter aus der früheren Ehe nannte man die „schöne Katinka“, und Julius hatte sie bereits in den vierziger Jahren – damals allerdings als anmutiges kleines Mädchen – im Haus ihres Vaters, des Grafen Kendeffy, in

Preßburg kennengelernt. Gegen Ende 1855 kam nun Graf Abensberg-Traun mit Gemahlin und Töchtern nach Paris, um von hier aus nach Nizza weiterzureisen. Doch Gräfin Borbála brach sich ein Bein, die Reise mußte verschoben werden. Andrássy machte der Gräfin als alter Bekannter seine Aufwartung und begegnete der nun schon erwachsenen schönen Katinka wieder: Sie war gebildet, geistreich, und sie war von glühender Begeisterung für ihr Vaterland erfüllt. (Erzherzog Albrecht sprach 1857 dennoch von der „loyalen Familie Kendeffy“ – vielleicht sah er die Ehe der Gräfin Borbála mit einem österreichischen Grafen als Beweis ihrer Loyalität an.) Von nun an trafen sich Julius und Katinka immer wieder.

Wenn ein ausländischer Adliger nach Paris kam, wollte er – ein Gebot des guten Tones! – bei Hofe eingeführt werden. So stellte der österreichische Botschafter von Hübner auch den Grafen Abensberg-Traun dem französischen Kaiserpaar vor, und zwar, wie er bemerkte, zusammen mit der Stieftochter des Grafen, „dem schönen Fräulein Kendeffy“. Das geschah am 27. Januar 1856. Zwei Tage später fand in den Tuilerien der jährliche große Ball statt, und ein Verwandter der Kaiserin Eugenie, der spanische Herzog von Ossuna, tanzte mit Katinka mehrere Walzer, ja, er war von ihr so angetan, daß er sich mit dem Gedanken trug, um ihre Hand anzuhalten. Der gute Herzog wollte aber, ehe er sich zu einem so entscheidenden Schritt bereit fand, sich auch noch in einer andren Hinsicht vergewissern und wandte sich um die einschlägige Information – an Andrássy. „Mademoiselle Kendeffy“, meinte er etwas verlegen, „ist eine anbetungswürdige Person, die man sehr wohl heiraten könnte. Wären Sie in der Lage, mir zu sagen, ob sie auch vermögend ist?“ Das sollte ihm schlecht bekommen. „Bei uns in Ungarn“, belehrte ihn Andrássy mit liebenswürdigem Lächeln und schneidendem Ton, „pflegt man nie nach dem Vermögen der jungen Dame zu fragen, die man zu heiraten beabsichtigt“.

Dann kam der Ausflug. Die Gräfin d'Osmond lud Katinka und Julius zu einer Landpartie in den Bois de Boulogne ein, und auf den einsamen Spazierwegen des frühlinghaften Waldes dürften sich die Herzen der beiden geöffnet haben. Am späten Nachmittag wollte Katinka schon nach Hause gehen, doch sie ließ sich von Julius überreden, noch den Tee bei der Gräfin d'Osmond einzunehmen. Und die Stunden verrannen, und es wurde späte Nacht, als Katinka endlich heimkehrte. Ihre Mutter und ihre Halbschwester, die aus Sorge um sie nicht zu Bett gegangen waren, überhäuften sie mit Vorwürfen ob ihres langen Ausbleibens. Katinka ließ den Wortschwall regungslos über sich ergehen, bis den beiden endlich der Atem ausging. Dann sagte sie: „Wenn ihr endlich ausgeredet habt, laßt mich auch zu Wort kommen. Morgen kommt Julius Andrássy und hält um meine Hand an." Nun fielen die beiden Damen – beinahe – in Ohnmacht. Denn Andrássy – elegant, gutaussehend, geistreich und in den vornehmsten Salons zu Hause – galt als besonders gute Partie. Am nächsten Tag kam er tatsächlich, und noch im selben Jahr fand die Hochzeit statt. Einer der Hochzeitsgäste erzählte später: „Niemals sah man eine schönere und betörendere Braut zum Altar treten."

Dachte das junge Paar an eine Rückkehr in die Heimat? Wahrscheinlich ja. Denn schließlich konnten sie nicht für alle Zeit in Paris bleiben; es war auch ungewiß, ob die nun schon betagte Mutter Andrássys ihren Sohn weiterhin finanziell unterstützen konnte. Auch noch ein weiteres Motiv dürfte Andrássy in seinem Entschluß, um Begnadigung anzusuchen, bestärkt haben: Bereits lange vor seiner Heirat, zu einer Zeit, als er ein in ganz Österreich gesuchter „Hochverräter" gewesen war, der auch noch zum Tode verurteilt werden sollte, bereits 1850 also hatte er sich in seinem Aufsatz in der „Eclectic Review" für das Zusammengehen Österreichs und Ungarns ausgesprochen, hatte dargelegt, daß die beiden Länder nur in engem Miteinander ihre Aufgabe, ein Pfeiler im Gleichgewicht des europäischen Kräftebereichs zu sein, erfüllen konnten – bereits sieben Jahre zuvor hatte er sich also aus dem geistigen und politischen Dunstkreis der Kossuthschen Emigration gelöst. Das bedeutete, daß er außerhalb der Monarchie keine Aufgabe, kein Betätigungsfeld fand.

Seine Mutter suchte beim Generalgouverneur Erzherzog Albrecht um die Begnadigung ihres Sohnes an, und der Erzherzog wies am 28. Januar 1857 den Innenminister Bach an, Andrássy in die Liste jener Emigranten aufzunehmen, die aufgrund einer kaiserlichen Resolution vom 19. Oktober 1856 milder beurteilt werden sollten. Julius' Bruder, Graf Aladár, wandte sich am 24. Juni 1857 mit einem schriftlichen Gesuch direkt an den Kaiser, und bereits am 27. Juni erging an Bach das folgende Reskript: „Aus Gnade bewillige Ich dem wegen Hochverrates verurteilten Graf Julius Andrássy über das hier mitfolgende Gesuch seines Bruders Aladár unter den vorgeschriebenen Bedingnissen und Förmlichkeiten die straffreie Rückkehr in die österreichischen Staaten sowie die Rückgabe seines in Verfall gesprochenen Vermögens."

Alles weitere wurde auf diplomatischem Weg abgewickelt. Außenminister Buol-Schauenstein wies den Pariser Botschafter Hübner an, Andrássy die Begnadigung mitzuteilen. Am 16. Juli 1857 unterschrieb der „Insurrektionsflüchtling" – so wurde Andrássy in den amtlichen Schriftstücken genannt – den Loyalitätsrevers: „Nachdem Seine Kaiserlich Königliche Apostolische Majestät unser allergnädigster Kaiser Franz Josef mir die straffreie Rückkehr in die kaiserlichen Staaten und zugleich die Nachsicht der kriegsrechtlich verhängten Konfiskation meines Vermögens huldreichst zu bewilligen geruht haben, verspreche ich mit gegenwärtigem Revers an Eides Staat, als getreuer Untertan Seiner Kaiserlich Königlichen Apostolischen Majestät Franz Josef, Kaiser von Österreich, und seinen rechtmäßigen Nachfolgern, fortan den in Österreich bestehenden Gesetzen Folge zu leisten und überhaupt durch loyale Erfüllung aller meiner Pflichten mich der mir erteilten Allerhöchsten Gnade würdig zu bezeigen." Etwas lehnte Andrássy allerdings ab: Im Revers auch noch sein Bedauern über seine Rolle im Freiheitskrieg von 1848/49 festzuhalten.

Nichts stand mehr der Heimkehr im Wege. Und doch wartete das junge Paar bis Herbst. Denn kurz vor der Begnadigung, am 10. Juli, hatte Katinka einen Sohn zur Welt gebracht. Anfang September brachen sie dann auf, und beim Wiedersehen auf dem Gut Legenye weinten alle Freudentränen, eine Zigeunerkapelle spielte auf, und man tanzte und tanzte bis in die Morgenstunden.

Auf der Suche nach dem Ausgleich

Die Staaten rangen miteinander, und die Staatslenker priesen sich als die Verkörperung von Prinzipien, welche die Gegensätze zwischen dem zwischenstaatlichen Tun und dem innerstaatlichen Lassen auf einer höheren – einer ideellen – Ebene ausgleichen sollten. Doch das stimmte nicht. Mochten sich der fünfundzwanzigjährige Franz Joseph und der sechzigjährige Nikolaus im antiliberalen, antirevolutionären Prinzip einig gewesen sein – die Interessengegensätze ihrer Reiche prallten auf dem Balkan unversöhnlich aufeinander, und das war nicht erst im Krimkrieg offenkundig geworden. Aber das bedeutete das Ende der Allianz der konservativen Mächte, zumal Preußen, der Dritte im Bund, Österreich sozusagen von rechts überholt hatte: durch die Lieferung von Kriegsmaterial an Rußland während des Krieges (Österreich hatte mobilisiert, die Donaufürstentümer besetzt und Rußland, dem es hätte „dankbar" sein sollen, an der Kraftentfaltung gehindert); auch hatte sich Preußen aus der russischen Vormundschaft befreit, zu Zar Alexander II. gute Beziehungen hergestellt, und daraus ergab sich ein Machtzuwachs in Deutschland. Österreich hatte nichts gewonnen.

Revolutionär war hingegen das Regime des Kaisers Napoleon III. War es das? Gewiß, der Neffe des ersten Napoleon war aus einem revolutionsähnlichen Chaos zum Präsidentenstuhl und dann zum Kaiserthron emporgestiegen, er pries sich als den „Erwählten von sieben Millionen", die bei der Volksabstimmung seiner Amtsausübung zugestimmt hatten. Aber er stützte sich auf eine gutausgerüstete Armee und einen reibungslos funktionierenden Beamtenapparat, war somit der Garant für Ruhe und Ordnung und also auch den Konservativen nicht unwillkommen. Und er unterstützte Sardinien-Piemont, den Hoffnungsträger der italienischen Nationalbewegung, gegen Österreich.

„Stolz und Selbstbewußtsein“ sollten die Wiener Staatslenker nach dem Frieden von Paris 1856 empfinden, und auch dieses Gefühl war falsch. Die Versuche, sich Großbritannien und Frankreich zu nähern, fruchteten nichts. Die verfehlte, die kraftlose Schaukelpolitik der letzten Jahre, wie der glücklose und wohl auch unfähige Buol-Schauenstein sie zwischen Ost und West betrieben hatte, ergab eine erschreckende Isoliertheit der Monarchie: Sie stand einsam da, ohne Verbündete, umgeben von Mächten, die an sie Ansprüche stellten – Ansprüche, von denen sie die meisten nicht erfüllen konnte, ohne die eigene Existenz in Frage zu stellen. Und in ihrem Innern war sie angeschlagen, in ihren Verwaltungsstrukturen krank. Ein mächtiger Teil des Gesamtstaates war bloß unterdrückt, nicht befriedet. In diesem Ungarn gärte es. Das wußte man in Wien, zumindest wußten es die Einsichtigen. Nur das Zusammenspiel vieler und wohlwollender Kräfte hier wie dort mochte noch die Monarchie gesunden lassen. Ein Zusammenspiel, das von etwas Gemeinsamem getragen werden mußte: vom Staatswillen.

Der von Land zu Land anders geartete Staatswille war der „Nachfolgewille“ des mittelalterlichen Herrscherwillens, getragen im Herrschaftsgebiet, dem „Staat“ – je nach Zufall und Machtstreben – von einer oder mehreren Dynastien, und der Herrscherwille ging dann im Nationalstaat auf, der schon lange existiert hatte, ehe man die Theorie von seiner notwendigen Existenz schuf. So war entstanden und lebte fort England – unter Plantagenet, Tudor, Stuart, Hannover; so auch Frankreich unter Valois, Bourbon und unter Bonaparte, so auch Spanien in seinem Aufbruch unter den katholischen Königen Ferdinand und Isabella, dann unter Habsburg, Bourbon. Es war in jedem dieser Siedlungsgebiete der Augenblick gekommen, in welchem das nationale Streben des Volkes in der dynastischen Würde des Herrschers seinen symbolhaften Ausdruck gefunden hatte. So war es in dem deutschen Siedlungsgebiet nicht. Dort hatten die Völker – die Stämme? – in Habsburg nicht und auch nicht in Hohenzollern (von regionalen, manchesmal operettenhaften Fürstenhöfen gar nicht zu reden) ihre nationale Ausdrucksform gefunden. Österreich und Preußen waren beide Fahnenträger des deutschen Staatswillens gewesen, doch beide konnten es nicht gleichzeitig sein, und so schloß einer den andren aus. Ein Anspruch Österreichs – des Hauses Österreich –,

Träger des deutschen Staatswillens zu sein, mußte zwangsläufig daran scheitern, daß es – seiner entwicklungsbedingten dynastischen Supranationalität nach – zugleich auch mehrere andere Staatswillen zu verkörpern und zu tragen hatte, und so konnte es gar nicht wollen, im gesamten deutschen Siedlungsgebiet als der Verwirklicher eines nationalen Staatswillens zu gelten und angenommen zu werden. Die gültige Rolle ihres Hauses hatte ein Jahrhundert zuvor Maria Theresia erkannt: dessen verwaltende und einigende Aufgabe im Alpen-Karpaten-Raum, Ausdruck und Garant der gemeinsamen Staatlichkeit der dort lebenden Völker zu sein. Um diese Rolle ging es in den zwei Jahrzehnten nach dem Revolutionsjahr 1848 – genauer: darum, der nach wie vor verpflichtenden Rolle wieder voll gerecht zu werden. „Die Aufgabe des Staatsmannes", meinte im Schicksalsjahr 1859 József Eötvös (er wird noch so manches zu unserer Erzählung beitragen), „ist nicht die: daß er im Interesse des monarchischen oder eines anderen Princips die möglichst beste Staatsform erfinde, sondern jene: daß er das unter den bestehenden Verhältnissen Zweckmäßigste anwende." Das Zweckmäßige fand Andrássy, als er heimgekehrt war, nicht vor.

Was er vorfand, war politische, geistige, polizeiliche Unterdrückung in einem Wortsinn, wie er die schlimmsten Formen der Gewaltherrschaft, einst wie heute, kennzeichnet. Der Hof, gerechter: seine Wortführer, verkündeten, Ungarn habe durch die „Rebellion" von 1848/49 seine alten Freiheiten, seine Verfassung, all die Rechte, die ihm frühere Habsburgerkönige bestätigt hatten, „verwirkt" – eine geschichtlich wie verfassungsrechtlich absurde Auslegung, darauf abzielend, das Königreich mit dem „Gesamtstaat" zu verschmelzen. Dieser aber war selbst ein eher imaginäres denn funktionelles Gebilde. In ganz Ungarn wurde Deutsch als einzige Amts- und Unterrichtssprache eingeführt, und das traf nicht nur die magyarische Bevölkerung. Man wollte den Gebrauch des Magyarischen in der Gesetzgebung, bei der Durchführung der Anordnungen, im amtlichen Verkehr und besonders in den gebildeten Kreisen ausmerzen, den heranwachsenden Generationen seine Kenntnis vorenthalten, so daß es in ein, zwei Jahrzehnten erlösche. Verboten war auch die ungarische Tracht, verboten überhaupt alles, ob Lied, ob Buch, was an Ungarn als ein Land mit tausendjähriger Geschichte erinnern mochte. Eine Armee von Gendarmen überwachte die Bevölkerung in den Städten und auf dem Land. Die allgemeine Bespitzelung feierte wild-fröhliche Urständ'. Das Volk setzte dem Terror passiven Widerstand entgegen – man bebaute die Äcker nicht, man züchtete kein Vieh, und wenn der Tabakgenuß mit Steuer belegt wurde, nun, dann rauchte man eben nicht, und man jagte nicht, weil kein „Rebell" ein Jagdgewehr besitzen durfte. Das Leben erstarrte.

Das Leben zeigte auch Absonderliches, wie die Gewalt es zu allen Zeiten zu ihrem Zweck zu fördern und anzuwenden weiß, mit Drohungen und Lockungen. Verrat ging um, der Nachbar zeigte den Nachbarn an. Nur Stichworte raunte man einander hinter vorgehaltener Hand zu – nein, nicht einmal das, denn man wagte nicht, dem besten Freund etwas zu sagen, der Vater nicht dem Sohn. Höchstens dachte man sich etwas. Und erschrak dabei. Ein einsamer, verfolgter Dichter wehklagte in seinem allegorischen Gedicht „An den Storch":

Im Kerker Tausende, im Grab noch mehr,
Was hier noch lebt, geht trauernd, stumm umher.
Manch einer schon verließ sein Heimathaus,
Floh in die Ferne, übers Meer hinaus.

. . . Verkünde, guter Vogel, in der Welt:
Wir werden nicht wie Eichen nur gefällt,
Im kranken Stamm der Holzwurm tückisch nagt,
Weil jeder jeden schlimmster Schuld anklagt,

Verrat übt aneinander Vater, Sohn . . .
Nein! Dies verschweig! Daß nicht mit bittrem Hohn
Der Fremde, welcher Mitleid noch empfand,
Verachten muß dies unglückselige Land!

Doch auch gelegentliche unfreiwillige Komik sagt über die Alltagsatmosphäre nicht minder Treffendes aus als das tragische Empfinden des Dichters über das Schicksal der Nation. Hier eine von vielen protokollierten Geschichten:

„Wie heißen Sie" fragt der Vorsitzende des Konskriptionskomitees den jungen Mann, der die in Hochdeutsch gestellte Frage gerade noch versteht. Er nennt seinen Namen:

„Ihász."

Unwillkürlich übersetzt der Vorsitzende das Gehörte in seine Wienerische Muttersprache, er hört ein „I haß“ („Ich heiße“), meint, der junge Mann wolle ihn zum Narren halten (er meint freilich, man wolle ihn „pflanzen“), und herrscht ihn an:

„Des waß i, daß Sie haßen, aber wie haßen S’ denn eigentlich?“

Nur einem zufällig vorbeikommenden ungarischen Beamten verdankt der junge Mann, daß er ungeschoren davonkommt.

Eine andere Geschichte zeigt das hilflose Aufbegehren der Nation. Die Begebenheit ist nicht verifizierbar, umso mehr mag sie als des „Volkes Stimme“ gelten: Ihr Held ist jener Baron József Eötvös, der im ersten parlamentarischen Ministerium, 1848, Kultusminister gewesen war und nun, in den fünfziger Jahren, sich auf die Suche nach einem Ausgleich mit der Dynastie begab. Also – man erzählte sich dieses:

Als Franz Joseph 1852 zum erstenmal durch Ungarn reisen und auch nach Pest kommen sollte, wollten die Offiziellen dem Kaiser einen besonderen Empfang bieten. Der Statthalter Baron Anton Augusz bat Eötvös um Rat – die Festivität solle nicht zuviel kosten, doch Seine Majestät überraschen und dem Volk Freude bereiten. Eötvös winkte lustlos ab. Dann aber überlegte er sich’s anders: „Vielleicht doch . . .“

Baron Augusz freute sich: „Nun . . .?“

„Der Kaiser fährt doch über die Kettenbrücke . . .“

„Gewiß!“

„Also am Brückenkopf, an den beiden Säulen . . .“

„Ja . . .?“

„An dem einen läßt du den Polizeichef Protman aufhängen, am anderen dich selbst. Das kostet nicht viel, den Kaiser wird’s überraschen und dem Volk Freude bereiten.“

Im Mai des Jahres 1857 kam Franz Joseph zum zweitenmal nach Ungarn. Er kam in Begleitung seiner blutjungen Gemahlin Elisabeth – sie sollte bald aufs aufrichtigste, aufs innigste verehrt, ja glorifiziert und mythologisiert werden. Man forderte mehrere namhafte Dichter auf, dem Herrscherpaar huldigende Verse darzubieten, doch keiner fand sich dazu bereit. Und doch, einer, ein Dichter von hohem Rang, wie ihn eine Sprache nur selten hervorbringt, János Arany, wollte den Sieger über die Freiheit seiner Nation feiern. Er wählte eine Legende mit diesem Thema: Im Jahr 1277 soll König Eduard I. von England nach der Eroberung von Wales fünfhundert Barden dem Scheiterhaufen überantwortet haben, damit sie nicht mit ihren Liedern das Volk gegen das englische Joch aufwiegeln könnten. Arany schrieb im Stil und im strengen Versmaß der alten schottischen Ballade „Die Barden von Wales" einen allegorischen Protest gegen den Besuch des Kaisers in Ungarn: Bei einem erzwungenen Festmahl fordert König Eduard die Barden auf, seine Taten zu preisen, und schickt alle, da sie sich weigern, in den Feuertod. Der letzte ruft ihm noch zu:

„Fluch auf dein Haupt ist jeder Laut,
Den jemals singt ein Bard!"

Nach London zurückgekehrt, hört der König auch noch im Schlaf die Klageworte der sterbenden Barden, er läßt Trommeln schlagen, Posaunen schmettern,

Doch durch der Pauken grellen Lärm,
Der Hörner Schmetterklang,
Fünfhundert singen hoch und hell
Der Blutzeugen Gesang.

(Ein Jahrhundert später erträgt die Stalinsche Blutherrschaft die Ballade nicht und verbietet ihren Vortrag.) – János Arany wurde nach dem Ausgleich Generalsekretär der Ungarischen Akademie der Wissenschaften.

Unglücklich war die Politik des Innenministers Bach und seiner Gehilfen, und sie war es nicht nur für Ungarn, sondern auch für den „Gesamtstaat", in dessen Dienst sie sich abmühten. Denn durch die Gängelung aller Bevölkerungsschichten bewirkten sie nur, was nicht einmal den zündenden Worten Kossuths beschieden war: Es formierte sich eine gemeinsame ablehnende Front der Gesellschaft gegenüber allem, was von Wien kam – auch wenn nicht alles, was von dort kam, schlecht war. Im Gegenteil. In mancher Hinsicht verwirklichte man in diesem kurzen, schmerzlichen Zeitabschnitt von 1850 bis 1860, „Neoabsolutismus" genannt, und dann bis 1867 so manche Vorhaben des Freiheitskampfes von 1848/49: Die Wirtschaft Ungarns, wie schon von Széchenyi gefordert, wurde mit einigem Erfolg der Österreichs und Böhmens angeschlossen; die Hörigkeit wurde endgültig abgeschafft; eine zarte Brise durchwehte die muffige Gesellschaftstruktur des Adels, und das war der Anfang einer Entwicklung zu einem weiteren europäischen Horizont, wie Andrássy, Eötvös und andere sie sich wünschten.

Aber all dies Glück wurde „von oben" als Muß verordnet, und die nationale Eigenart, ihre illusionären wie wirklichen, historisch gewachsenen Attribute wurden mit Füßen getreten. Darum brach man geradezu in Jubel aus, als die Ansprache Napoleons III., die er am Neujahrstag 1859 an den österreichischen Botschafter von Hübner gerichtet hatte, allenthalben bekannt wurde. „Ich bedauere", hatte der Kaiser der Franzosen gesagt, „daß unsere Beziehungen nicht so gut sind, wie ich es wünsche, ich bitte Sie aber, nach Wien zu berichten, daß meine persönlichen Gefühle für den Kaiser immer die gleichen sind." Man rechnete mit dem Ausbruch eines Krieges zwischen Österreich und Frankreich, und manche rechneten sich aus, daß Ungarn dadurch Gelegenheit zum Abfall von Österreich erhalten könnte.

Der Krieg kam. Napoleon III. wollte ihn. Das wußten alle, auch der greise Metternich wußte es und warnte seinen Kaiser. Nur Buol-Schauenstein wußte es nicht. Er klammerte sich an die Vorstellung, Sardinien-Piemont und Frankreich bluffften nur; er war töricht genug, zu glauben, die deutschen Staaten würden Österreich zu Hilfe eilen, und schließlich nahm er – ohne jeden wahrnehmbaren Grund – an, Rußland könnte niemals einem Machtzuwachs Frankreichs zustimmen. Am 3. Mai 1859 schloß Rußland mit Frankreich ein Geheimabkommen, in dem es sich im Falle eines französisch-österreichischen Krieges zur Neutralität verpflichtete: Der Zerfall der widernatürlichen mitteleuropäisch-osteuropäischen Allianz, der einst „heiligen", zwischen Preußen und Österreich einerseits und Rußland andrerseits war besiegelt.

Die Militärkreise in Wien intrigierten schon seit langem gegen Buol. Nun rieten sie dem Kaiser, die Armee losschlagen zu lassen, ehe der günstige Zeitpunkt verstriche, denn die diplomatischen Künste des Außenministers könnten den Kriegsausbruch ohnehin nicht verhindern. Sie behielten recht. Den russischen Vorschlag – zu dessen Annahme ihn auch der britische Botschafter drängte –, die Italienfrage auf einem Kongreß zu regeln, lehnte Buol ab. Er war nicht bereit, sich mit Cavour an einen Tisch zu setzen, solange die sardinisch-piemontesische Armee nicht abgerüstet hätte. Am 22. April ließ er dem piemontesischen Ministerpräsidenten ein Ultimatum übergeben, in dem er ihn aufforderte, die Truppen binnen fünf Tagen von der lombardischen Grenze abzuziehen und die Armee abzurüsten. Cavour, auf Napoleons öffentlich zugesagten Beistand vertrauend, lehnte das Ultimatum ab. Am 27. April überschritten österreichische Armee-Einheiten den Ticino und griffen die Piemontesen an. Am 2. Mai erklärte Frankreich Österreich den Krieg. Am 12. Mai entließ Franz Joseph Buol-Schauenstein.

Buol ging, ihm folgte der gewandte Diplomat Graf Rechberg. Das Schicksal abwenden konnte er nicht mehr. Bach blieb. Nur einige Personen wurden ausgewechselt, nicht geändert wurde das Regime selbst. Dessen Zukunft würde – das fühlten alle – auf dem Schlachtfeld entschieden werden. Die Armee war schlecht verpflegt, wurde schlecht geführt. Der polternde General Graf Gyulai, Radetzkys Nachfolger in Lombardo-Venetien, verlor die Schlacht bei Magenta am 4. Juni gegen Napoleon III., gegen Binoy und MacMahon. Der Kampf dauerte bis in die Nacht hinein und sollte am nächsten Tag ausgefochten werden. Gyulai ordnete den Rückzug an. Dann trat er in den Ruhestand.

Solferino. 24. Juni. Der Name des kleinen Dorfes, zwölf Kilometer südlich vom Gardasee, läßt noch Jahrzehnte später jeden erschauern (man kennt ihn auch aus Joseph Roths „Trotta"-Romanen). Knisternde Spannung bemächtigte sich in jenen Wochen Wiens, Österreichs, auch Ungarns, der Emigranten Kossuths. Franz Joseph begab sich am 29. Mai zur Armee. „Wenn das Schicksal des Reiches und der Dynastie auf dem Spiel stehen und allein von den Kräften der Armee abhängen", hatte er zu Rechberg gesagt, „so muß sich der Kaiser von Österreich in deren Mitte befinden."

Napoleon III., der gerne seinen Onkel nachahmte, hatte den Oberbefehl über die Franzosen und die Piemontesen. Die Schlacht begann um halb drei Uhr früh: Das 4. französische Armeekorps griff die Vorposten der 1. österreichischen Armee an; im nun folgenden Kampf in der Ebene zersplitterten die Österreicher ihre Kräfte, aber die Angriffskraft der Franzosen brach am zähen Widerstand des 1. österreichischen Armeekorps. Auch im Kampf um das Höhengelände verzettelten sich die Österreicher und mußten schließlich das Terrain räumen. Zwar errang Benedek, Kommandant des 8. Armeekorps (sieben

Jahre später, 1866, ist sein Name noch einmal in aller Munde) einen Sieg über die Piemontesen, aber der Flankenangriff der Franzosen entschied die Schlacht für sie. Die österreichische Armee beklagte mehr als 20.000 Tote, Verwundete, Vermißte und den Verlust von 13 Geschützen; die Franzosen verloren rund 12.000 Mann, die Piemontesen 5.500. Es war eine besonders blutige Schlacht gewesen, und sie brachte niemandem Gewinn.

Villafranca. 11. Juli. In dem Städtchen, sechzehn Kilometer südwestlich von Verona, trafen sich Napoleon III. und Franz Joseph, denn nun wollten sie Frieden schließen. Besonders Napoleon wollte den Frieden – nicht ohne guten Grund: Sein neuester Freund, Zar Alexander, hatte ihn wissen lassen, daß die Deutschen vielleicht auf den Rhein zumarschieren könnten. Die Deutschen? Nun ja, sie wurden der Möglichkeit gewahr, in europäischen Belangen mitzureden. Es gab eine Minderheit, die gegen Österreich, das Bollwerk der Reaktion, wetterte und für Italien eintrat, und eine Mehrheit gegen Frankreich, die deswegen aber noch lange nicht österreichfreundlich und italienfeindlich war. Man wollte Fahne zeigen (wie ging doch das Poem? – „Wir woll'n des Stroms Befreier sein . . ."). Während also die französische Armee in Lombardo-Venetien gebunden war, könnten die Deutschen Nordfrankreich bedrohen. Zudem war Österreich trotz der beiden verlustreichen Schlachten nicht besiegt – es stand noch das Bollwerk Peschiera–Verona–Mantua–Legnano, es zu bezwingen hätte es eines langen Zermürbungskrieges bedurft. Napoleon war müde, verdrossen.

Auch die Österreicher wollten Frieden. Nicht nur wegen der beiden verlorenen Schlachten. Die Nachrichten aus Wien, aus Ungarn verhießen nichts Gutes. In der Kaiserstadt herrschte bittere Gereiztheit, in Niederösterreich war „das Wort Konstitution so wie im Jahr 1848 in aller Munde", und in Ungarn fürchtete man wieder einen offenen Aufstand, sollte ein französisches Armeekorps dort einfallen oder Kossuth an der Spitze einer Armee im Land erscheinen. Auf den Schlachtfeldern wurde das Regiment Bachs und Buols tödlich getroffen.

Im Umgang miteinander pflegten die beiden Herrscher ein mittelalterliches Ritterzeremoniell: „Mein Bruder", sagte Napoleon zu Franz Joseph, und mit „Sire" redete Franz Joseph Napoleon an (wie Kaiser Karl V. im Jahr 1525 in Madrid den bei der Schlacht von Pavia gefangengenommenen König Franz I. von Frankreich mit „mon frère" angesprochen hatte). Im heraufdämmernden Zeitalter der Massen entschieden doch noch wenige einsam Regierende über die Massen. Aber der Neoabsolutismus lag im Sterben.

Villafranca war eine Niederlage. Nicht nur für Österreich. Denn gewonnen hatte niemand: Österreich nicht, weil es die Lombardei an Frankreich abtreten mußte; Frankreich nicht, weil es die Lombardei an Sardinien-Piemont weitergab, ohne dafür Nizza und Savoyen, auf die es gehofft hatte, zu erhalten; und am wenigsten Viktor Emanuel II., der ausgezogen war, ein italienisches Königreich „von den Alpen bis zur Adria" zu gründen, weil er sich mit der Lombardei begnügen mußte, ohne die Festungen Peschiera und Mantua in Besitz nehmen zu können – diese bleiben bei Österreich. Der endgültige Friede wurde am 10. November in Zürich unterschrieben. Er zerstörte auch die Hoffnungen Kossuths und seiner Emigranten.

Die Schlacht von Solferino war besonders grausam, besonders blutig gewesen, sie hinterließ tiefe Spuren im Gemüt Franz Josephs (auch im Gemüt des Schweizers Jean-Henri Dunant, der die Verwundeten gepflegt hatte und auf dessen Initiative hin dann durch die Genfer Konvention von 1864 das Internationale Rote Kreuz gegründet wurde). Der Kaiser kehrte am 15. Juli nach Wien zurück. Dort fand er beinahe chaotische Zustände vor. Jene, die gemeint hatten, das bestehende Regime, dessen Seele der Innenminister Bach war, würde mit dem italienischen Feldzug stehen oder fallen, behielten recht: Es galt als erwiesen, daß es diesem an Stärke mangelte. Es hatte nicht nur in Ungarn ausgedient – selbst die zentralistischen, konservativen Wiener Kreise waren sich der Notwendigkeit bewußt geworden, rasch eine Änderung herbeizuführen. Hektische Wochen folgten, die politischen Auguren nannten mit der ihnen eigenen selbstgefälligen Wichtigtuerei jeden Tag einen andren Namen. Endlich wurde eine Wahl getroffen: Der Kaiser berief den Statthalter Galiziens, den Polen Agenor Graf Gołuchowski, mit ihm wollte er eine gewisse Liberalisierung und Dezentralisierung wagen.

Nun wird von einem Werk die Rede sein – es fügt sich in die Chronologie der Erzählung, denn es ist in diesem Schicksalsjahr 1859 erschienen, und zwar bei der Verlagsbuchhandlung „F. A. Brockhaus“, doch nicht in dessen Wiener Niederlassung, sondern im Stammhaus in Leipzig –, von einem Werk wird also die Rede sein, ohne dessen Kenntnis das geistige und politische Umfeld der Suche nach dem Ausgleich unverständlich bleiben müßte. Es müßten der Ausgleich selbst, das Zustandekommen der Doppelmonarchie und die Tätigkeit Andrássys unbegreifbar bleiben. Es müßte die Geneigtheit des Kaisers und seiner Ratgeber, es müßte in mancher Hinsicht die europäische Staatenwelt unergründbar bleiben, zöge man nicht dieses Werk zu Rate. Und schließlich gäbe es keine Antwort auf die manchmal einsichtsvoll, manchmal boshaft gestellte Frage, ob nur der Charaktergröße eines Ferenc Deák zuzuschreiben sei, daß er und seine Mitstreiter nach Königgrätz nicht mehr gefordert haben als davor, oder ob sie es gerne, aber vergeblich getan hätten. Das Werk heißt: „Die Garantien der Macht und Einheit Österreichs“, sein Autor dürfte – sieht man sich in der Zeit um – der größte politische Denker der Monarchie gewesen sein: József Eötvös, dessen Name schon so oft gefallen ist.

Auch ein Satz aus dem Werk wurde schon zitiert (bei Andrássys Heimkehr), der Satz, in dem Eötvös darlegt, was die Aufgabe des Staatsmannes sei. Dann betrachtet er die österreichische Monarchie im Kräftefeld der Staatenwelt, und sein erster Blick fällt auf Rußland: Das Zarenreich müsse – aus imperialem Interesse und missionarischem Bewußtsein – danach streben, einen Teil der europäischen Türkei seiner Botmäßigkeit zu unterwerfen, und in einem starken Österreich „ein fast unüberwindliches Hindernis“ sehen. Also sei ein starkes Österreich für ganz Europa wünschenswert und seine Schwächung eine „Notwendigkeit der russischen Politik“.

Frankreich. Hier findet er eine zeitlos gültige Definition der Herrschaft Louis Napoléons: „Die factische Grundlage seiner Herrschaft liegt in der Armee, die rechtliche in dem Willen jener sieben Millionen Wähler, die ihm ihre Stimme gaben; die ganze Legitimität, auf die er sich berufen kann, liegt darin, daß er ein Nachfolger seines Oheims ist – berufen, Frankreich jene Stellung wiederzugewinnen, welche es mit dem Sturze Napoleons I. verloren hat.“ Dann umreißt er Frankreichs vorgezeichneten Weg, wie er aus dessen Machtbestrebung folgen müsse: „Da nun die Idee des französischen Kaiserreichs . . . wenigstens eine bedingte Herrschaft über Italien in sich schließt (um von

József Eötvös, „Königlicher Rat und Präsident des Kais. Königl. Gerichts-Hofes des Komitats Pest", Gemälde aus dem Jahr 1852

dem Wiedergewinne der Rheingrenze, welche doch eine der herrschenden oder besser gesagt fixen Ideen der französischen Politik ausmacht, gar nicht zu sprechen) und diese mit der Stellung Österreichs in Italien – welche ohnehin weder in Italien selbst noch in Europa populär ist – nicht vereinigt werden kann, so muß ein Conflict der Macht Österreichs mit jener Frankreichs, und zwar in einer nicht entfernten Zeit, als wahrscheinlich angenommen werden." (Dies schrieb er vor Solferino!) Und seine Schlußfolgerung: „Rußland und Frankreich sind, wenn sie nicht politische Ideen trennen (nicht „Ideologie" ist hier gemeint, sondern Interessengegensatz), natürliche Bundesgenossen . . ." Man kann dieser Erkenntnis die prophetische

Kraft nicht absprechen, wenn man bedenkt, mit welcher Genauigkeit sie sich im Ersten Weltkrieg bestätigt – und wenn man sich auch noch die frühere, seit 1525 bis in das späte 18. Jahrhundert gültige französisch-osmanische Bündnisstrategie – Paris und Istanbul gegen Wien – in Erinnerung ruft. Denn: „Wie Frankreich in dem Streben, die Rheingrenze zu gewinnen, im westlichen Deutschland, so hat Rußland . . . im nordöstlichen das höchste Interesse, Deutschland nicht stark werden zu lassen, und was die Stellung Österreichs in Deutschland betrifft, so ist diese Identität der Interessen noch klarer [man erinnere sich an die auf Seite 9 zitierte Bemerkung Gneisenaus nach dem Treffen Zar Alexanders I. und Steins 1815 in Paris!], da die Begründung einer Macht, wie sie durch einen innigen Anschluß Deutschlands an Österreich [!] entstehen würde, weder im Interesse Frankreichs noch in jenem Rußlands liegen kann; am wenigsten im Interesse des letztern, welches die sich in Deutschland immer mehr verbreitende Ansicht, daß die Stellung Österreichs in den Donauländern eine der wichtigsten deutschen [!] Fragen sei, als höchst gefährlich betrachten muß." (Im allgemeinen Sprachgebrauch, so auch in Ungarn und in Italien, wurde zu der Zeit unter „deutsch" oft „österreichisch" verstanden.)

Preußen. Mit zwei kurzen Sätzen seien die Stellung Preußens und sein Verhältnis zu Österreich gekennzeichnet: „. . . Man kann fast mit Sicherheit behaupten, daß Österreich, im Fall es in bedeutende Schwierigkeiten kommen sollte, von Preußen eher eine Vermehrung dieser Schwierigkeiten als eine kräftige Unterstützung erwarten müsse." Und: „Die Stellung Preußens in Deutschland hat viel mit der Stellung Sardiniens zu Italien Analoges. Beide Staaten verdanken ihren Einfluß großentheils der Stellung, die sie Österreich gegenüber einnehmen . . . und die Vergrößerung ihrer Macht ist für beide nur auf Kosten Österreichs möglich."

England sei die einzige Macht, auf deren Allianz Österreich mit Sicherheit rechnen könne: „Nur eins darf nicht vergessen werden, und das ist: daß die Allianz Englands mit Österreich eine rein politische sei, daß ihre Kraft und Dauer daher auch ganz durch die Stellung bedingt werde, welche sich Österreich zu verschaffen weiß." Und weiter: „. . . So liegt es jetzt im Interesse Englands, an der Donau einen mächtigen Staat zur Beschränkung Rußlands zu erhalten, und auch England wird sich weder durch Religion noch durch politische Principien in der Befolgung seiner natürlichen Interessen stören lassen; die Frage ist nur die, inwiefern Österreich diesem Bedürfnisse Englands entsprechen kann.“ (Daß Großbritannien in den Jahren vor 1914 der französischen Politik des Bündnisses mit Rußland folgt, ergibt sich aus seiner Erkenntnis, daß das weit über den Stand des Preußen von 1859 hinausgewachsene deutsche Kaiserreich im Begriff steht, das europäische Gleichgewicht umzustoßen; und daß Österreich-Ungarn in jener Konstellation den Bedürfnissen Britanniens nicht dienlich sein kann. Eötvös nimmt auch eine solche Konstellation mit prophetischer Kraft vorweg:) „Nur ein starkes Österreich kann auf die Allianz Englands rechnen. Von dem Augenblick, als Österreich die Aufgabe, als Gegengewicht zu Rußland zu dienen, nicht mehr zu lösen vermag, wird sich England von Österreich ab- und jeder neuen Combination zuwenden, wodurch dieser Zweck besser erreicht werden kann.“ (1914 bedarf Großbritannien eines Gegengewichts zum Deutschen Reich.)

Nach dem Streifzug durch das europäische Umfeld umreißt Eötvös „die inneren Verhältnisse der österreichischen Monarchie“: „Die Entstehungsgeschichte der europäischen Staaten zeigt uns, daß mit Ausnahme der Schweiz, wo der Bund auf Verträgen beruht, und Rußlands, das sich nur durch Eroberung vergrößert hat, fast alle bedeutenden Staaten ihre gegenwärtige Territorialausdehnung zum größten Theil ihren Herrscherhäusern verdanken.“ (Vom zu jener Zeit obwaltenden Staatswillen als dem Nachfolgewillen des mittelalterlichen Herrscherwillens war bereits in der Einleitung dieses Kapitels die Rede.) „Der Kern, um welchen sich die Monarchie gebildet hat, ist das Recht ihres Herrscherhauses; das Band, welches sie bis in die neueste Zeit zusammenhielt, war eine Personalunion. Wenn man auch in Hinsicht Böhmens und der ungarischen Kronländer das Besitzrecht der Dynastie auf Verträge zurückführt, so ist unleugbar auch hier die Grundlage dieser Verträge in dem Successionalrechte des Herrscherhauses gesucht worden“ (Anspielung auf die Pragmatische Sanktion, 1723). Dann fragt er nach der Aufgabe, „die wir uns stellen müssen“: Sie ist „nicht die Lösung der Frage, was wir an die Stelle Altösterreichs stellen sollen, sondern jene: durch welche Mittel dieser Staat, der ein Product so vieler Jahrhunderte ist, erhalten, gekräftigt und einer gesunden, ruhigen Entwicklung entgegengeführt werden könne. Und eben hier liegt der Grund des Vertrauens, mit dem wir, trotz aller Schwierigkeiten der Gegenwart, der Zukunft entgegensehen".

Die Revolution von 1848 sei „der fehlerhaften Organisation" des Gesamtstaates zuzuschreiben; Ungarn habe seine mittelalterliche Verfassung zu bewahren gewußt, während bei allen übrigen Ländern „im Institut der Landstände sich nur die Erinnerung ihrer frühern politischen Freiheit erhalten hatte und die Regierung factisch zu einer ganz absoluten geworden war, so mußte hierdurch nothwendig ein Dualismus entstehen". Und dann eine allgemeingültige Erkenntnis: „Wo der factische Zustand der Dinge den Gesetzen, die von allen als legale Grundlage der gegenseitigen Beziehungen anerkannt werden, nicht entspricht, ja wo zwischen den legalen und factischen Zuständen ein wahrer Gegensatz besteht, da muß dieser Gegensatz endlich zum Vorschein kommen." Also müsse man diesen Gegensatz eliminieren und die Einheit des Staates herstellen.

Doch was sind die Bedingungen für die Einheit des Staates? Zunächst wieder eine allgemeingültige Aussage über das Wesen der Einheit eines Staates und über die Beziehung der Bürger eines aus mehreren Nationalitäten bestehenden Staates zu eben diesem Staat: „Da fast alle größeren Staaten mehrere Nationalitäten umfassen und wir alle größeren Nationalitäten in mehrere Staaten getrennt finden, so kann man wol, was die Vergangenheit und Gegenwart betrifft, von einzelnen Nationalitäten, wie z. B. von der französischen, sagen, daß sie ein Product der Einheit des Staats sind, aber von keinem einzigen jetzt bestehenden Staat, daß er sein Bestehen der Einheit seiner Nationalitäten verdanke." (Diese Erkenntnis Eötvös' findet später im Nationalitätengesetz von 1868, dem Gesetzesartikel XLIV, der die Nationalitätenfrage in Ungarn regelt, ihren Niederschlag.)

Denn es gebe Dinge, „die dem ganzen Staate gemeinsam sind und also ihrer Natur nach ins Bereich der Staatsgewalt gehören", also müsse es Gegenstände geben, „in Hinsicht deren kein Staat der Centralisation entbehren kann".

Auf welche Bereiche müsse sich die Zentralisation erstrekken? „So verschieden unsere Ansichten über die Grenzen der Staatsgewalt sein mögen: jeder Staat muß andern Staaten gegenüber als Einheit erscheinen; jeder bedarf, wenn er seine Selbständigkeit erhalten will, gewisser Vertheidigungsmittel, welche mit jenen seiner Nachbarn im Verhältniß stehen; jeder muß zur Erhaltung dieser Vertheidigungsmittel über einen Theil der finanziellen Kräfte des Staats verfügen können; jeder muß, um sich diese finanziellen Quellen zu sichern, seine Handelsbeziehungen zu anderen Staaten im Interesse der Staatsangehörigen einzurichten suchen."

(Mit einigem Staunen erkennt man eine gewisse Übereinstimmung ihrer Gedanken über die Staatsgewalt, über deren unabänderliche „Grundwahrheiten" – ein Wort von Kaunitz –, wenn man Eötvös' Analyse und einen Vortrag des Staatskanzlers aus dem Jahr 1767 miteinander vergleicht, und man quittiert den Gleichklang mit zustimmendem Kopfnicken. Also meinte Kaunitz: „Die wahre Macht, Stärke und Glückseligkeit eines Staates gründet sich A. auf ein wohleingerichtetes Finanzwesen; B. auf ein wohlbestelltes Militär; C. auf eine weise und vorsichtige Politik . . . Ohne Finanzen kann keine Kriegsmacht bestehen. Ohne Kriegsmacht ist alle Politik unwirksam und kraftlos. Ohne Politik verschafft auch die größte Kriegsmacht keine hinlängliche Sicherheit.")

Und nun der Kernsatz in Eötvös' Ausführungen zur Einheit des Staates: „Was die auswärtigen Verhältnisse, den Krieg, die Finanzen und den Handel betrifft, wird daher auch niemand, der über die Bedürfnisse des Staats nachgedacht, die Nothwendigkeit einer centralisierten Verwaltung leugnen können."

Ist das nicht die geistige Grundlage für den kommenden Ausgleich? Ja doch, denn „daß diese Gegenstände für die ganze Monarchie gemeinsam verwaltet werden müssen; daß es für dieselben Gegenstände nicht zwei Ministerien, zwei gleichberechtigte Gesetzgebungen geben könne; daß jener Dualismus [hier im trennenden Sinn!] nicht wieder eingeführt werden darf, welcher auch früher nur dadurch möglich war, weil das Streben nach constitutionellen Einrichtungen in einem Theile der Monarchie noch nicht erwacht war, und Ungarn die ihm durch die Verfassung gegebenen Rechte nur in einem sehr beschränkten Maße ausübte; daß jetzt, wo alle andern Staaten durch die höchste Centralisation ihrer Kräfte ein Maß der Macht erreicht haben, wie es die frühere Zeit nicht gekannt: auch Österreich, wenn es als Gesammtstaat bestehen soll, ähnliche Mittel ergreifen müsse, um ihnen mit ähnlicher Macht entgegenzutreten, dieses alles ist so einleuchtend, daß ich jeden weiteren Beweis dieses Satzes für überflüssig halte".

Und so ist Eötvös überzeugt, „daß von allen Mitteln, die man zur Begründung der Einheit Österreichs ergreifen kann, die Einführung einer constitutionellen Regierungsform für den Gesammtstaat das Zweckmäßigste sei". Man müsse ein Mittel finden, „wodurch die Klassen zum Bewußtsein der Identität ihrer Interessen gebracht werden". Man müsse den Staat so einrichten, „daß das Bestehen desselben durch die einzelnen Bürger nicht nur als ein Objekt ihrer Pflichten, sondern als Bedingung ihrer Rechte betrachtet wird, was immer nur dann zu erreichen ist, wenn man den Bürgern des Staats eine Theilnahme an der Regierung desselben eingeräumt hat". Und weiter: „Jene Einheit, deren Österreich bedarf, könne am sichersten dadurch erreicht werden, wenn man die Angelegenheiten, welche dem ganzen Staate gemeinsam sind, einer dem ganzen Staate gemeinsamen constitutionellen Gesetzgebung überträgt . . ." Also bedürfe Österreich einer Verfassung, „durch welche alle einzelnen Theile des Staats, was ihre Beziehungen zum Gesammtstaat betrifft, gleichgestellt werden".

Dann die heikle Frage der Einheitssprache. „Jede Regierung", meint Eötvös, "welche sich in ihren Berührungen mit dem Volke einer fremden Sprache bedient, wird, so sehr sie sich auch bemüht, die Interessen desselben zu befördern, immer als eine fremde erscheinen . . ."

Österreich sei eine Monarchie, „welche weder durch das Band eines gemeinsamen Volksthums, noch durch feste, geographische Grenzen zusammengehalten wird; . . . eine Monarchie, welche wir lediglich als ein Product der Geschichte betrachten müssen, und welche die festeste Garantie ihres Bestehens eben in der allgemeinen Überzeugung suchen muß, daß eine Vereinigung jener kleinern Völkerbruchstücke, welche wir in diesem Theile Europas finden, zu einem großen Staat nur unter dieser Form möglich sei; für einen solchen Staat ist alles, wodurch die Achtung vor dem historischen Recht geschwächt, alles, wodurch in Hinsicht der Nationalität Indifferentismus erzeugt wird, statt eines Mittels, den Staat zu kräftigen, blos ein Element der Auflösung mehr."

Hier das Schlußwort – die Zusammenfassung aller Teilerkenntnisse und zugleich das Programm:

„In dem Augenblicke, in welchem diejenigen, die den Staat regieren, einsehen werden, daß ein Staat, welcher aus verschiedenen Nationalitäten besteht, die er durch Jahrhunderte nicht zu assimilieren vermocht hat, nur dadurch mächtig werden könne, wenn er jede derselben in ihrer naturgemäßen Entwicklung zu unterstützen und zu kräftigen sucht; in dem Augenblikke, in welchem die Völker Österreichs sich davon überzeugen, daß das Bestehen und die Entwicklung aller einzelnen Nationalitäten von der Erhaltung des Gesammtstaates, welcher sie zu einem mächtigen Ganzen vereinigt, bedingt sei; in dem Augenblicke, wo diese Wahrheit, die schon jetzt vielen klar geworden ist, sich allen aufdrängen wird: ist auch die Macht und Einheit Österreichs als gesichert zu betrachten."

(Das „mächtige Ganze", zu dem sich die „Völkerbruchstükke" dann noch „vereinigt" hatten, wurde zerschlagen und zerfiel nach dem Ersten Weltkrieg – das Zerfallen und das Zerschlagenwerden waren ein ganzheitlicher Prozeß mit vielen historischen, ethnischen, kulturellen, machtpolitischen Inhalten, und es wurde schon sehr viel über ihn geschrieben. Dennoch lohnt es sich, von unsrer heutigen Warte aus einen Blick auf die Jahrzehnte zu werfen, in welchen die einzelnen „Völkerbruchstücke" durch willkürliche Staatsgrenzen getrennt lebten, ihr Schicksal von „in diesem Teil Europas" raumfremden Mächten – dem nationalsozialistischen Reich und dem bolschewistischen Imperium – bestimmt wurde. Und dann lohnt sich die Frage nach der Gültigkeit der Erkenntnis von Eötvös.)

In diesem Jahr der Wende, 1859, erschien noch ein anderes Werk, auch dieses nicht in Wien, nicht in Pest, sondern in London und war eine vernichtende Antwort auf das anonyme Buch „Rückblick auf die jüngste Entwicklungsperiode Ungarns", das der abgetretene Innenminister Bach inspiriert hatte, um seine unrühmliche Tätigkeit zu rechtfertigen. Die Londoner Antwort hatte den Titel: „Ein Blick auf den anoymen Rückblick. Von einem Ungarn", ihr Verfasser war der Kranke von Döbling: István Széchenyi. Einst hatte er Kossuth und dessen Revolution bekämpft, nun führte er einen geistvollen, wuchtigen Schlag gegen das restriktive Bürokratenregiment Bachs. Es wurde eifrig nach dem Verfasser gefahndet, die Lektüre des Werks war streng verboten, sogar hochgestellte Persönlichkeiten durften es nur mit besonderer Genehmigung lesen.

In diesen stürmischen Monaten, den letzten des Jahres 1859 und den ersten von 1860, hat – so Polizeiminister Thierry in seinem Vortrag vom 8. November 1859 an den Kaiser – „ein Gefühl der Unbehaglichkeit, der Gedrücktheit, ja selbst des Mißtrauens aller Stände der Bevölkerung sich bemächtigt". Studenten demonstrierten, wie 1849, für Konzessionen, die sich die Regierung, kleinlaut, erschrocken, abnötigen ließ. Nur die Polizei blieb von allem bis zuletzt unberührt – unbeirrt fahndete sie nach dem Autor jenes verbotenen Werkes, und endlich führte Verrat sie auf den richtigen Weg: Sie unterwarf Széchenyi einer Hausdurchsuchung. Darob verzweifelt, gab er sich in der Nacht zum 8. April 1860, am Tag der Auferstehung, durch einen Pistolenschuß den Tod.

Die Nachricht erschütterte ganz Ungarn, die Nation trauerte mit einer Inbrunst, wie sie ein Volk nur dann in einem gemeinsamen Gefühl zusammenschweißt, wenn es etwas Schicksalhaftes verspürt. Zur Totenfeier schrieb János Arany „Széchenyis Andenken", eine Ode nach strengen klassischen Regeln, die in der Apotheose gipfelt: „Es stirbt nicht der, des reicher Lebensschatz / Gewidmet ist so vielen Millionen . . ." (– und fast auf den Tag genau 81 Jahre danach erschüttert in einem gleichfalls schicksalshaften Augenblick eine Todesnachricht Ungarn: Ministerpräsident Paul Graf Teleki schließt am 12. Dezember 1940 mit Jugoslawien einen Vertrag über „immerwährenden Frieden und ewige Freundschaft", um die Lage im Donauraum zu stabilisieren und einem etwaigen deutschen Vorstoß vorzubeugen. Der Ministerrat jedoch, dem deutschen Druck nachgebend, beschließt die Teilnahme Ungarns am Angriff auf Jugoslawien. Um dagegen vor der Weltöffentlichkeit zu protestieren, nimmt sich Teleki am 3. April 1941, in der Nacht zum Gründonnerstag, das Leben. Die größte oppositionelle Zeitung des Landes, die „Magyar Nemzet", beginnt den Leitartikel mit den Worten: „In diesem Jahr ereilte uns der Karfreitag einen Tag früher . . .", und zitiert einige Zeilen aus der bekannten Ode: „Es stirbt nicht der . . .").

Es folgten unruhige Monate. Der konservative, strenge Zentralismus, an der Spitze Erzherzog Albrecht, focht zäh das letzte Gefecht. Und der Kaiser? Franz Joseph mochte sich nur widerstrebend der Einsicht fügen, daß nicht bloß anderen Personen, sondern einer neu zu gestaltenden Regierungsform das Geschick der Monarchie überantwortet werden müsse. Denn das war es, was er als Zweck und Inhalt seines Fürstendaseins erkannte: der Zusammenhalt der Gesamtmonarchie. Um dieser Aufgabe willen beugt er sich immer wieder dem Gebot der Stunde, wenn er Reformen zuläßt und Gesetze sanktioniert, die zwar seinem dynastischen Selbstverständnis fremd, aber unleugbar dazu berufen sind, den Fortbestand der Monarchie zu gewährleisten (später ist der Glaube der Menschen an seine Würde, die er unanfechtbar verkörpert, ein festes Band des Zusammenhaltes). Noch zürnte er den Ungarn, weil sie seine königliche Autorität über ihr Land nicht anerkannten. Doch nur dann konnte seine Autorität als uneingeschränkt anerkannt werden, wenn – dem historischen Selbstverständnis des Königreichs gemäß – die Krone des hl. Stephan sein Haupt berührt haben würde.

Was tun? Rainer, der beliebte, kunstsinnige, kluge Erzherzog lehnte es ab, an die Stelle Albrechts zu treten und „der Regenerator Ungarns" zu werden. Endlich fügte sich der Feldzeugmeister Benedek dem kaiserlichen Befehl und nahm den Posten des ungarischen Statthalters an: Selbst gebürtiger Magyare, verkehrte er mit seinen Landsleuten in deren Sprache und brachte den ersten Anflug einer Erneuerung in sein hohes Amt mit: die Vereinigung der gesamten Verwaltung des bis dahin in fünf Statthaltereien zerrissenen Königreichs in Buda. Doch man zweifelte allenthalben an den ehrlichen Absichten der Regierung, und so mußte auch Benedek scheitern. Inzwischen ging man in Wien daran, die staatsrechtlichen Verhältnisse der Monarchie neu zu formulieren: Es entstand das „Oktoberdiplom". Das war der Augenblick, der Andrássy wieder ins öffentliche Leben rief. Wieder? – Ja, denn bis dahin hatte er, eingedenk seines Loyalitätseides, auf jegliche politische Aktivität verzichtet.

Da war es also, das Oktoberdiplom, erlassen am 20. Oktober 1860 als „beständiges und unwiderrufliches Staatsgrundgesetz", eine zaghafte Hinwendung zum Parlamentarismus, ein Gemeinschaftswerk österreichischer Beamter und ungarischer Altkonservativer. Franz Joseph verpflichtete sich, fortan nur durch die Landtage und durch den Reichstag „Gesetze zu geben, abzuändern oder aufzuheben". Im Wiener Reichsrat, der seit dem 5. März ein „verstärkter“ war (durch den früheren „ständigen“ erweitert), sollten alle Landtage vertreten und zuständig sein für die allen Königreichen und Ländern gemeinsamen Angelegenheiten – so auch der ungarische „Landtag“, den aber die Ungarn gemäß der alten Verfassung und der Funktion nach als den „Reichstag“ des Königreichs betrachteten.

Man feierte in Wien – nicht sosehr das „Diplom“, vielmehr die Tatsache, daß das engstirnige alte System endlich zu Grabe getragen wurde. Die Stadt wurde festlich beleuchtet, und die Heurigenwirte erzielten Einnahmen wie sonst nur selten. „Was sagen Sie zu dem allem?“ wurde der engste Vertraute des gestürzten Bach gefragt, und mit Tränen in den Augen antwortete er: „Was kann man anderes von einem Volke, wie die Wiener es sind, erwarten, als daß es zur Feier des Beginns der Zersplitterung der Monarchie noch eine Illumination veranstaltet.“

In Pest feierte man nicht. Vielmehr wurde der grundlegende Unterschied in den verfassungsrechtlichen Ansichten der Wiener Minister und der ungarischen Politiker in seiner ganzen Tiefe und Härte sichtbar. Er ist heute kaum noch nachvollziehbar. Er erwies sich einige Jahre später als etwas, das man durchaus beilegen konnte. Damals meinte man aber, Ungarn würde, stimmte man dem „Diplom“ zu und entsendete man Abgeordnete zum „verstärkten Reichstag“, zu einer österreichischen Provinz herabsinken („Land“ hat auch, staatsrechtlich gesehen, die Bedeutung einer „Provinz“ – wie „Landtag“, der ungarischen Auffassung nach, eher dem englischen „provincial diet“ entspricht, also dem „Landtag“ eines Komitats; wie auch heute ein österreichisches oder deutsches „Bundesland“ nicht mit “ország“/„Land“, sondern mit „tartomány“/„Provinz“ übersetzt wird; darum beharrten die Ungarn darauf, daß eine Versammlung, auf der Abgeordnete – auch „Gesandte“/„követ“ genannt – aus allen Komitaten/„Ländern“/„Provinzen“ anwesend waren, ein „Reichstag“/„Országgyülés“ sei). Und der „Lehre der hl. Krone“ nach vereine diese auf geheimnisvolle Weise alle Macht der Nation in sich, und diese Macht werde durch die Krönung auf den König übertragen, der aber zuvor den Krönungseid auf eben jene alte Konstitution zu leisten hatte. In der Stephanskrone sah die Nation ihr historisches Sein sichtbar bestätigt. Auch wollte man in Ungarn keine „geschenkte“ Verfassung empfangen – und schon gar nicht eine, welcher der Schein anhaftete, die 1849 „verwirkten“ Rechte zurückgeben zu wollen –, sondern man wollte die durch den achthundertjährigen Brauch geheiligte Konstitution wieder frei ausüben. Ohne die Kenntnis dieser etwas umständlichen Rechtsauffassung, die aber damals das Fortbestehen des Königreichs manifestierte, wäre auch die Äußerung Andrássys nicht zu verstehen: „Man macht uns zum Vorwurf, an der alten Verfassung zu hängen. Diese hat vor einer neueren den Vorteil, daß die Menschen auf sie mit einem Gefühl der Inbrunst blicken, es als ihre Pflicht betrachten, sie mit allen Opfern zu verteidigen. Unter dem Schutze einer solchen Verfassung ist der König, wenn sie von höchster (königlicher) Stelle aus in Ehren gehalten wird, gegen plötzliche unerwartete Umgestaltungen und die Nation gegen jeden Versuch einer Unterdrückung der Freiheit gesichert.“

Andrássy lehnte die ihm angetragene Würde eines Obergespans ab. Er und der sachkundige, nüchterne, grundehrliche Jurist Deák bestanden auf der unbedingten Wiederherstellung des Gesetzeswerkes von 1848. Aber nicht nur in Ungarn stieß das Oktoberdiplom auf harten Widerspruch. Das österreichische Bürgertum – durch Handel und Industrie immer reicher werdend, durch die Worte Grillparzers, Nestroys, Raimunds machtvoll sich manifestierend – forderte mehr Liberalismus. Und die alte, eingefleischte Bürokratie sah ihre frühere Allmacht schwinden und murrte. Offensichtlich waren die Neuerungen den einen zuviel, den andren zuwenig. Also bekam die Opposition allenthalben Auftrieb. Andrássy trat öffentlich für das Gesetzeswerk von 1848 ein: „Das Verlassen des Bodens der 1848er Gesetze, auf den uns Vergangenheit und Zukunft weisen, ist eine moralische Unmöglichkeit.“ Deák und Eötvös, am 26. Dezember 1860 von Franz Joseph empfangen, setzten dem Herrscher auseinander, daß die unverletzte Wiederherstellung der Gesetze von 1848 die Vorbedingung für einen Ausgleich sei.

Doch so weit war es noch nicht. Das Ringen ging weiter, das Ringen zwischen dem scheidenden Geist des Absolutismus und dem anbrechenden Parlamentarismus. Erzherzog Rainer nahm das Amt des Ministerpräsidenten an. Schmerling, 1848/49 Österreichs Vertreter in der Frankfurter Nationalversammlung, wurde Staatsminister. Der preußische Gesandte von Werther nannte ihn den „leitenden Staatsmann für Österreichs

Zukunft". (Im Frankfurt des Revolutionsjahres, vor der Versammlung in der Paulskirche hatte sich übrigens Böhmen zum Habsburgerreich bekannt: Die deutschen Liberalen hätten es als ein altes Glied des Sacrum Imperium nur zu gern einem deutschen Nationalstaat zugeführt. Indes, die Tschechen lehnten ab. Sie lehnten mit den Worten Palackýs, ihres bedeutendsten Historikers, ab. Gleichzeitig bekannte Palacký, daß die Tschechen, wie auch die anderen kleinen slawischen Völker – „Völkerbruchstücke" – allein nicht bestehen könnten, daher sei ihr schützender Hort gegen einen deutschen Zugriff das supranationale Reich der Habsburger – eine nordslawische Variante des Austroslawismus.)

Am 27. Februar 1861, um vier Uhr nachmittags, ging Franz Joseph spazieren. Das war nichts Ungewöhnliches. Ungewöhnlich war nur die Route, die er wählte: Er machte einen Rundgang durch die Innere Stadt. Nur einige wenige Passanten erkannten den Kaiser. Das dürfte ihn kaum beeindruckt haben. Aber mit Bedauern dürfte er jegliches Fehlen einer Reaktion auf seinen jüngsten Erlaß festgestellt haben: Die Wiener kümmerten sich nicht um ihn, die meisten wußten auch nichts von ihm, und wenn doch, so zogen sie es vor zu schweigen. Von jenem Erlaß ist die Rede, der einen Tag zuvor veröffentlicht wurde und unter dem Namen „Februar-Patent" in die Geschichtsschreibung einging. Hatte man noch für den Erlaß vom vergangenen Oktober den milden Titel eines „Diploms" gewählt, etwa: staatliche Urkunde, so nannte man diesen schon „Patent" – mit diesem Wort hatte man in früheren Zeiten einen offen vorzuzeigenden landesherrlichen Brief bezeichnet. Es war das Werk Schmerlings, sein eigentlicher Schöpfer aber der beste Kopf unter Österreichs Juristen: Dr. Johann von Perthaler. Allerdings fehlte auf dem Patent die Unterschrift des ungarischen Hofkanzlers.

Das Februarpatent verkündete ein neues Staatsgrundgesetz, eine Art Verfassung, es wies liberale Elemente auf, letztlich manifestierte es aber doch nur den Einheitsstaat in einer – so Deák – „Maske der Freiheit". Es lohnt sich nicht, sich in die Einzelheiten des Patents zu vertiefen, zumal es keine Lösung brachte. Es rief in Ungarn Mißstimmung hervor, weil es nicht der alten Konstitution als Symbol der Souveränität und Ganzheit des Königreichs Rechnung trug. Dennoch war es ein Meilenstein auf dem Weg zum Ausgleich, durch seine gewisse Liberalität sogar ein bemerkenswerter. Doch die Gegensätze blieben bestehen. Sie verschärften sich noch, als Schmerling einsehen mußte, daß er Ungarn nicht in den von ihm entworfenen Einheitsstaat zwingen konnte. Also mußte, früher oder später, auch Schmerling scheitern.

Ein Blick nach außen. Österreich rang um die Einheit seines Staatswesens – aber um eine, die von allen beteiligten Königreichen und Ländern verbrieft, gemeinsam getragen werden sollte. Und sie sollte ihm Macht verleihen, Macht nach außen, derer es, wider den Süden und wider den Norden, verzweifelt bedurfte. Solferino hatte bewirkt, daß die mittelitalienischen Kleinstaaten ihre Fürsten davonjagten, sich vereinigten und ihre Vereinigung durch die so modischen Plebiszite mit überwältigenden Prozentzahlen begeisterter Ja-Stimmen – im nachhinein, versteht sich – verifizierten. Dann folgte Garibaldis herrlich spektakulärer Sturm auf Palermo (Lampedusas Name und sein wunderschöner Roman „Der Leopard“ drängen sich einem auf); ein Sturm, an dem sich auch die Ungarische Legion Kossuths beteiligte. Dann nahm Viktor Emanuel II. am 17. März 1861 den Titel eines „Königs von Italien“ an, womit er sein Stammkönigreich Sardinien-Piemont verließ. Allerdings fehlten zu Italien noch Venetien, wo die Österreicher regierten, und Rom, wo der Papst herrschte.

Doch was war es, dieses „Italien“? Niemals zuvor hatte es ein solches gegeben (wie es übrigens auch vor 1776 noch niemals „Vereinigte Staaten“ als ein einheitliches Staatswesen gegeben hatte) – denn es war nicht etwa das wiederentstandene antike Römische Reich, noch war es das Konglomerat der in den Künsten und im Handel miteinander wetteifernden Stadtstaaten der Renaissance. Was war es also? Es war eben – so Viktor Emanuel selbst – „das Italien der Italiener“. Ein Nationalstaat, wie er im Buche stand – im Buche der Revolutionäre. Ein Staat, dessen Zustandekommen Österreich so ziemlich mit allen Mitteln, zumeist mit militärischen, zu hintertreiben versucht hatte. Nun aber war es da, dieses „Italien“. Und es wollte die Fremden, die „Tedeschi“, die Österreicher also, von seinem Territorium vertreiben.

Der Norden. Die Analogie zwischen Sardinien-Piemont und

Preußen wurde immer offenkundiger und bald schon ein üblicher Hinweis in den politischen Überlegungen (wir haben bereits die Erkenntnis Eötvös' aus den späten fünfziger Jahren zitiert). Doch Eötvös wußte auch, daß diese Analogie ihre Grenzen hatte. „Beide Staaten", meinte er, „verdanken ihren Einfluß großentheils der Stellung, die sie Österreich gegenüber einnehmen. Beide sind entschieden im Fortschritt begriffen, für beide ist der Fortschritt eine Nothwendigkeit, weil ihr Einfluß größer ist, als er ihnen vermöge ihrer gegenwärtigen Größe zukommen würde, und die Vergrößerung ihrer Macht ist für beide nur auf Kosten Österreichs möglich." Darin erschöpfte sich auch alles Analoge. Denn im Gegensatz zu Italien wurde Österreich in Preußen, richtiger: in Deutschland, nicht verteufelt, zumindest nicht allgemein und schon gar nicht aus dem erwachten nationalen Gefühl heraus. Verteufelt wurde es, besser: seine „reaktionäre" Innenpolitik, nur von den „Fortschrittlichen", den Liberalen, und die agierten eher im Norden. In Bayern und in den südlichen Kleinstaaten blieb Österreich weiterhin die Verkörperung des historischen großdeutschen Gedankens – schließlich war es ein altehrwürdiges Glied des Heiligen Römischen Reichs gewesen, seine Erzherzöge hatten jahrhundertelang die Krone des Reichs getragen. In Italien war es eine Macht der Unterdrückung, ein Fremdkörper, ein Antagonist der italienischen Einheit.

Preußens gewerbetreibender Mittelstand und sein Großbürgertum, eingebunden in den nun schon weltumspannenden internationalen Handel, strebten eifrig danach, was den Industriellen und Kaufherren Großbritanniens, Frankreichs, Belgiens, der Niederlande schon seit Jahrhunderten zugute kam: einheitliche Handelsgesetze, einheitliche Währung in einem einheitlich regierten Imperium. Mit Neid blickten die preußischen Kaufherren auf die stets wachsenden Handelsflotten der westlichen Mächte, deren Schiffe unter den gleichen Flaggen segelten. Also strebten sie nach einem vereinten deutschen Vaterland unter Preußens Führung, und die nationale Motivierung des geistigen Lebens war ihrem Streben förderlich. Nicht förderlich waren ihm die kleinen souveränen Staaten, deren Fürsten den Fortbestand ihrer Höfe von Österreich eher denn von Preußen erhoffen konnten.

Österreich mußte seine Aufmerksamkeit und seine militärische Macht zwischen dem Süden und dem Norden aufteilen, und lange erkannte es nicht, wo die Prioritäten des Handelns lagen. Es erkannte nicht, daß das neue italienische Königreich und das vorwärtsstrebende Preußen seine alten Machtpositionen in Frage stellten. Es erkannte auch die zwingende Notwendigkeit nicht, seine innere Einheit durch die ohnehin unabwendbaren Reformen wiederherzustellen (erst die wuchtigen Schläge von 1866 im Süden wie im Norden bewirken diese Erkenntnis). Und so wurde das Jahrzehnt, jenes von 1861 bis 1871, das große historische Jahrzehnt Preußens, in welchem es Deutschland erobert, Österreich in diesem Deutschland die alte Machtstellung versagt und dann neben Österreich-Ungarn das Deutsche Reich begründet. Hier endet nach fünf Vierteljahrhunderten der Kampf um die Vorherrschaft in Deutschland, der an jenem nebligen Dezembermorgen des Jahres 1740 begonnen hat, an dem Friedrich von Preußen in das habsburgische Schlesien einfiel. Doch hier bahnt sich auch der Weg an, der zur Vollendung der Rolle und der Aufgabe Österreichs führt, der Garant der gemeinsamen Staatlichkeit der Völker im Alpen-Karpaten-Raum zu sein.

Schmerling mußte scheitern. Es hieß, der Kaiser und manche seiner Ratgeber hätten den Eindruck gewonnen, Schmerling mangele es an Menschenkenntnis, er gebe sich Selbsttäuschungen hin. In der Tat: Er nahm die Kräfte, die seinen Plänen im Innern entgegenwirkten, nicht wahr – auch dann noch nicht, als bereits Franz Joseph eingesehen hatte, daß – so Mensdorff, seit 1864 Außenminister – „hüben und drüben ein Ausgleich gewünscht werde“. Schmerling verkannte auch die Kräfte, die in Deutschland am Werk waren: Sein Versuch, 1863 in Frankfurt am Main mit einer Reform des Deutschen Bundes die alte Vormachtstellung Österreichs wiederherzustellen und Preußen auf den zweiten Platz zu verweisen, mißglückte kläglich. Zu seinem Sturz trug, wiewohl nur indirekt, auch jener Zeitungsartikel des Ferenc Deák bei, der gemeinhin der „Osterartikel“ genannt wird, der ein Markstein auf der Suche nach dem Ausgleich war und am 16. April 1865 in der traditionsreichen Tageszeitung „Pesti Napló“ erschien. Deák richtete das Wort über die Köpfe der Minister hinweg an den Monarchen.

Unter einem gemeinsamen Herrscher, konform mit der ungarischen Verfassung und mit einer gemeinsamen Verteidigung, führte er aus, könne die konstitutionelle Freiheit der Länder der Stephanskrone bestehen, ohne daß der eine Teil den andren aufsauge. Nur die Ratgeber trügen Schuld, wenn in Ungarn Unzufriedenheit und Separationsgelüste hochkamen, denn sie hätten sich über die Verfassung hinweggesetzt, um das Königreich mit Österreich zu verschmelzen. Zum Glück seien es – nun sprach Deák Franz Joseph unmittelbar an – immer die Fürsten gewesen, „die mit tieferer Einsicht und strengerer Gewissenhaftigkeit die gegen die ungarische Verfassung gerichteten Erlasse beseitigten, die verletzten Gesetze wieder herstellten, das Vertrauen und die Hoffnung der Nation wieder aufrichteten".

Der Osterartikel war eine Sensation. Er war, da er aus der Feder eines allseits verehrten Mannes kam, die ausgestreckte Hand der Nation. Franz Joseph äußerte Freude über den Osterartikel. Er ließ unmißverständliche Anzeichen erkennen, daß er sich aussöhnen wollte. Am 30. April besuchte er ein Wettrennen in Preßburg, in dessen Schloß seit der Türkenzeit die ungarischen Könige gekrönt worden waren, er kam ohne militärisches Gefolge und wurde am Rennplatz in der Au vom Publikum mit begeisterten Éljen-Rufen empfangen.

Der Kaiser hatte bereits 1861 gelegentlich die Gemeinsamkeit des Heeres, der Diplomatie und der Finanzen als die Bedingung eines Ausgleichs genannt. Nun wollte es scheinen, daß die Kluft zwischen der Krone und der Nation immer kleiner wurde. Andrássy suchte den um zwanzig Jahre älteren Deák in Pest auf und setzte ihm seinen aus 26 Punkten bestehenden „Vorschlag bezüglich der Behandlungsart der gemeinsamen Angelegenheiten" auseinander. In diesem Vorschlag waren auch die Punkte enthalten, die der Kaiser genannt hatte.

Es konnte kein Zweifel mehr bestehen: Franz Joseph wünschte selbst den Ausgleich. Er faßte einen Entschluß von Tragweite: Ohne auch nur einen einzigen seiner Minister zu Rate zu ziehen, besuchte er am 6. Juni 1865 die ungarische Hauptstadt. Begeisterung schlug ihm entgegen. Sie steigerte sich zur Ovation, als der Herrscher im großen Empfangssaal der Königsburg zu Buda auf die Ansprache des Fürstprimas antwortete. Denn er sprach ungarisch – manchmal stotternd, mit fremdem Akzent, aber ungarisch! „Wie immer", sprach er, „so ist auch gegenwärtig mein entschiedener Wille, die Völker

Ferenc Deák

meiner ungarischen Krone in jeder Hinsicht nach Möglichkeit zu befriedigen." Siebenmal wurde er unterbrochen, siebenmal brauste das „Éljen" auf, langanhaltend, ergriffen, aufrichtig. Herrscher und Nation begegneten einander. Es war eine spektakuläre Begegnung. Auch Spektakuläres kann geschichtsgestaltende Kraft sein.

Schmerling, der auch im Wiener Parlament keinen Rückhalt mehr besaß, reichte am 27. Juni sein Entlassungsgesuch ein. Es wurde sofort angenommen. Er hatte nach Großem gestrebt, nach einem auf den josephinisch-zentralistischen Ideen beruhenden Einheitsstaat. Er scheiterte an der Wirklichkeit. Andrássy notierte: „Hätte sich Ungarn entschließen können, in den Reichsrat einzutreten, dann hätte es auf die Idee der Erhaltung der Unversehrtheit des Landes verzichten müssen."

Das neue, das Ministerium Belcredi, trat am 29. Juli zum ersten Ministerrat zusammen. Franz Joseph hielt eine Ansprache und nannte vier Schlagworte: Vertrauen, Mut, Ausdauer und Festigkeit. Gewiß, die Monarchie bedurfte ihrer. Sie fieberte ihrer größten Prüfung seit 1849 entgegen.

Es folgte eine schwer bestimmbare Periode, eine Übergangszeit, in der man „Sistierungspolitik“ betrieb: Man verzichtete auf die Durchführung der zentralistischen Schmerlingschen Vorstellungen und ging daran, nach Lösungen zu suchen, die einen echten Ausgleich herbeiführen sollten. Die Positionen wurden langsam klarer, man bemühte sich um immer präzisere Definitionen der Begriffe – all das brachte immer mehr Klarheit in die Beziehungen und ließ die Akteure, zumal sie auf beiden Seiten wohlwollend und geneigt handelten, immer mutiger aufeinander zugehen. So auch im Dezember 1865.

Am 11. Dezember trat der Reichstag in Pest zusammen. Als Abgeordneter seines Komitats Zemplén war auch Andrássy anwesend. Am 15. Dezember eröffnete Franz Joseph – noch immer kein gekrönter König! – im Thronsaal der Budaer Königsburg den Reichstag. Es war eine bemerkenswerte, ja aufregende Rede, geeignet und wohl auch dazu bestimmt, den Verhandlungen neue Spannung, neue Richtung zu geben. Denn Franz Joseph verwarf die unhaltbare, doch von Schmerling noch immer verfolgte Theorie, Ungarn hätte 1849 alle seine Rechte „verwirkt“ – andrerseits lehnte er aber auch den Standpunkt Deáks und somit den der mächtigsten Partei ab: die ungebrochene Rechtskontinuität. Der Herrscher berief sich auf die Pragmatische Sanktion, auf den Gesetzesartikel 1722: 1–3, durch welchen die Stände das Erbrecht des Hauses Habsburg anerkannt hatten. Er verlangte die Zustimmung zu den gemeinsamen Angelegenheiten, wie sie im Oktoberdiplom und im Februarpatent festgesetzt worden waren. Er rief die Versammelten auf, die Großmachtstellung der Monarchie zu sichern. Er versprach, Kroatien und Siebenbürgen wieder mit dem Königreich zu vereinen. Er sprach von gegenseitigem Vertrauen. Und er sprach ungarisch. Das waren die positiven Momente.

Die negativen waren, daß er mit besonderem Nachdruck die Einheit der Monarchie, wie er sie verstanden haben mochte, und die königlichen Rechte hervorhob; daß er kein Wort über ein zu ernennendes verantwortliches Ministerium verlor; daß er das Gesetzeswerk von 1848 in seiner gegenwärtigen Form für unvereinbar mit der Erhaltung der Monarchie erklärte; daß er den Reichstag zur Revision der Gesetze von 1848 aufrief.

Die Rede war ein ausdrucksstarkes Gemisch von Einsichten, Denkungsarten und überlieferten Verhaltensweisen, psychologisch interessanter als ihrem Inhalt nach. Denn es wurden Wirklichkeiten sichtbar, welche sonst nur unterschwellig in das Geschehen hineinwirkten. Die göttliche Berufung seines Hauses und seiner selbst zu herrschen – diese höchste Gnade war für Franz Joseph die Wirklichkeit, die er lebte. Erzogen im unerschütterlichen Glauben an das Gottesgnadentum des Fürsten, darin bestärkt auch durch seine Umgebung, fühlte, dachte, handelte er nach den äußeren und inneren Regeln, die ihm dieser überlieferte Glaube auferlegte. Wie eine Selbstverständlichkeit erwartete er, daß die Völker und ihre Vertreter sich seinem Gottesgnadentum beugten. Ja, es galt ihm als Pflichterfüllung – eine unabwendbare, nicht anzuzweifelnde, strenge Erfüllung einer gottgewollten Pflicht –, Herrscher zu sein. In seiner Würde, in ihr allein, mochte sich die staatliche Existenz seiner Länder manifestieren. Und nun sah er sich mit Forderungen und Ansprüchen konfrontiert, die diesem seinem Glauben zu widersprechen schienen. Wenn er ihnen dann doch noch nachgibt, gehorcht er nicht nur den realistischen Einsichten in die Notwendigkeit, sich zu fügen, sondern er folgt dabei auch dem Gefahrenbewußtsein einer sehr alten Rasse (dieses verdächtige Wort will hier entwicklungsgeschichtlich und nicht „volksbiologisch“ verstanden werden).

Doch die Forderungen und Ansprüche der Ungarn widersprachen dem Gottesgnadentum Franz Josephs nur scheinbar! Deren Beharren auf der althergebrachten und – die meisten wußten es! – nicht mehr ganz zeitgemäßen Konstitution, auf den „Freiheiten der Nation“, auf den vergilbten und doch so lebendigen historischen Symbolen entsprang nicht einer ach so verwerflichen Starrheit und Großmannssucht, wie man sie oft mit den verschwommenen Begriffen der Volkscharakterologie zu deuten gesucht hat – nein. Auch in den Reflexen des Magyaren wirkte ein ausgeprägtes Gefahrenbewußtsein: Die Erinnerung an die Verwüstungen des Tatarensturms im 13. Jahrhundert war im Volk immer noch, in Sprichworten festgehalten, lebendig; immer wieder wurden ihm die entsetzlichen Verluste in Erinnerung gerufen, welche die Türkenherrschaft der Nation zugefügt hatte und deren gefährlichstes, weil todbringendes Ergebnis sich nun darin zeigte, daß der Magyare im eigenen Land in die Minderheit geraten war; und jeder wußte um die russische Invasion kurze zwei, drei Jahrzehnte zuvor. Darum klammerte sich der Ungar an seine nationalen, historischen

Symbole, denn nur in ihnen fand er sich selbst wieder, nur durch sie sah er seine Daseinsberechtigung manifestiert. Die „Konstitution", die „Freiheiten", den Glauben an die magische Kraft, die der Krone des ersten heiligen Königs innewohne, aufzugeben, hätte geheißen, sich selbst aufzugeben. Und Franz Joseph wußte, daß er beim Zusammenhalt seiner Monarchie auf die Ungarn angewiesen war, und die Ungarn wußten, daß sie auf das geschichtsträchtige Gottesgnadentum des Hauses Österreich angewiesen waren, wenn sie im Karpatenbecken weiterhin, wie schon seit tausend Jahren, das staatstragende Volk bleiben wollten. Wenn man den Terminus „Austroslawismus" verwendet, kann man auch ruhig von einem „Austrohungarismus" sprechen.

Und so gingen sie, Herrscher und Nation, aufeinander zu – trotz der Gegnerschaft von Zentralisten und Konservativen hier wie dort: Die agierten nur im Widerschein der Krone, in die alle persönliche Verantwortung projiziert wurde.

Andrássy, zum Vizepräsidenten des Reichstags gewählt, sprach in seiner Dankrede mit klaren Worten aus, was die Mehrheit der Abgeordneten empfand: „Ich halte es für wünschenswert", sagte er, „die Völker der anderen Hälfte der Monarchie zu überzeugen, daß Ungarn, wenn es seine staatliche Selbständigkeit zu erlangen trachtet, dies nicht nur deshalb anstrebt, weil es sein geschichtliches Recht ist, sondern auch deshalb, weil es eine geschichtliche Berufung hat, die nur auf diese Weise zu erfüllen ist. Wenn die ungarische Nation unerschütterlich an den 1848er Gesetzen festhält, so geschieht dies nicht, um, wie unsere Gegner behaupten, sich von Österreich zu trennen, sondern vielmehr, um mit ihm Jahrhunderte hindurch in ehrlicher, aufrichtiger und dauerhafter Gemeinschaft zu verbleiben. Aber auch Österreich muß endlich erkennen, daß sein Interesse, seine Aufgabe nicht in der Eroberung Ungarns bestehe, sondern daß es mit dessen Hilfe jene Stellung wiedergewinne, die dem gemeinsamen Herrscher und dem Gesamtreich im Rat der europäischen Mächte gebührt." Und dann, in einer Aufzeichnung, noch eindringlicher, noch klarer: Die Großmachtstellung der Monarchie „ist in gewissem Sinne vor allem ein ungarisches Interesse. Man muß Ungarn die Gelegenheit geben, daß es die Großmachtstellung in seinem eigenen Interesse rette, und das wird mehr Sicherheit gewähren als alle

Paragraphen der Welt". Vielleicht darf man in den letzten Worten einen der Grundsätze sehen, die Andrássy bei seinen späteren Aufgaben leiten.

Indes, die Monarchie fieberte einer gefährlichen Prüfung entgegen.

Es kam so. Friedrich Wilhelm IV. von Preußen war am 2. Januar 1861 gestorben. Prinzregent Wilhelm, der ihm gefolgt war, hatte sich am 18. Oktober in der Schloßkirche zu Königsberg, in der hundertsechzig Jahre zuvor der erste Hohenzoller zum König in Preußen gesalbt worden war, krönen lassen und erklärt: „Ich empfange diese Krone von der Hand Gottes und keines anderen." (Kaiser Leopold I. hatte am 16. November 1700 in Wien mit dem „Krontraktat" seine Einwilligung zur Erhebung des Kurfürsten Friedrich III. von Brandenburg zum König in Preußen gegeben; Friedrich war nach Königsberg geeilt und hatte dort am 18. Januar 1701 unter großer Prachtentfaltung sich und seiner Gemahlin die Krone aufgesetzt. Im Verlauf unsrer Erzählung wird die Erinnerung an jenen 18. Januar noch einmal beschworen werden.)

Am Abend des 23. September 1862 hatten die Berliner Zeitungen gemeldet, daß der preußische Gesandte in Paris, Otto von Bismarck-Schönhausen, zum Staatsminister und interimistischen Vorsitzenden des Staatsministeriums ernannt worden sei.

Die niedergewalzten Revolutionen von 1848/49 wirkten in den beiden darauffolgenden Jahrzehnten im Leben Europas fort. „Europa schweigt schicksalsergeben", hatte Sándor Petőfi verzweifelt ausgerufen. Auf die Schicksalsfragen hatte man keine Antworten gefunden. Nicht in der österreichischen Monarchie. In Deutschland auch nicht. Hier standen immer noch „Großdeutsch" und „Kleindeutsch" einander gegenüber; man war sich unschlüssig darüber, wie es mit dem Deutschen Bund weitergehen sollte, wenn überhaupt. Man hatte die Revolutionen erstickt, ihren geistigen, nationalen, sozialen Inhalt verdrängt. Doch man kann nicht, nicht auf die Dauer, auf Verdrängung eine Ordnung aufbauen. In Österreich waren die „Diplome" und „Patente" bloß Mittel der Verdrängung gewesen.

Auch in Frankreich übte man Verdrängung: in Fragen der Verfassung, ebenso in sozialen Fragen. Napoleon III. stützte sich auf Armee und Gendarmerie. „Inwiefern der Sieg der absoluten Gewalt als definitiv zu betrachten ist", fragte Eötvös in seinem schon zitierten Werk, „mag dahingestellt bleiben. Obwol die ausgezeichnetsten Männer Frankreichs ihre Unzufriedenheit mit der gegenwärtigen Ordnung wenigstens dadurch zu erkennen geben, daß sie sich ihr nicht anschließen, so kann das Kaiserthum, solange es in den Massen und den Hoffnungen der Armee eine Stütze findet, die Unterstützung der Intelligenz entbehren."

Nur Italien hatte sich, nachdem ihm die Einigung 1848 blutig verwehrt worden war, zwölf Jahre später zu einem Nationalstaat entwickelt, und das war beinahe ein Wunder. Allerdings ein Wunder mit kleinen Fehlern, denn in Rom klammerte sich Pius IX. an die Reste seines zerfallenden Kirchenstaates, und in Venetien saß immer noch die österreichische Obrigkeit.

Es war so, daß der 1848/49 verhinderte große europäische Aufbruch sich in lokale Kriege aufspaltete, die sich zwischen zwei, drei Mächten abspielten, während die anderen gleichsam als Zaungäste schadenfroh oder kopfschüttelnd zusahen. Aber sie griffen nicht ein, sie wollten gar nicht eingreifen. Denn die einzelnen Staaten waren souveräne Körper, waren Einheiten, wie sie es heute nicht mehr sind, nicht sein können. Ein Krieg zwischen zwei Mächten drohte nicht das europäische Gleichgewicht umzustoßen. Mitte der fünfziger Jahre mußte Rußland seine auf altreaktionärer Macht beruhende Schiedsrichterrolle in mitteleuropäischen Belangen aufgeben; 1859 marschierte Frankreich, von Italien sekundiert, gegen Österreich.

Italien: Hier war Österreichs Stellung unhaltbar geworden, denn sie beruhte auf unzeitgemäßen dynastischen Prämissen (so zum Beispiel war das Großherzogtum Toskana 1735/37 nichts als ein Tauschobjekt zwischen Kaiser Karl VI. und Ludwig XV. von Frankreich gewesen). Franz Joseph dachte in dynastischen Prämissen. Die Männer aber, die ihn in diesen beiden Jahrzehnten berieten, in seinem Namen agierten, die Monarchie nach außen hin vertraten, waren bloß mittelmäßige Politiker. Eine seit 1849 nicht geklärte innere Lage, gefährdete Außenpositionen, schwache Ministerien (die Ministerratsprotokolle des Jahres 1866 zeigen bestürzende Ratlosigkeit, ja Kopflosigkeit) – mußte nicht ein solches Reich geradezu der Spielball sein für einen genialen Politiker? Für Bismarck?

Schleswig-Holstein. Im Londoner Abkommen von 1852 hatten die fünf europäischen Großmächte einen Prinzen Christian von Glücksburg als Erben aller Länder des dänischen Königs anerkannt. Aber der Herzog von Augustenburg hatte nach dem Salischen Gesetz die Elbherzogtümer für sich beansprucht. Und Dänemark hatte die eingegangene Verpflichtung, die beiden deutschen Herzogtümer nach deren eigener Verfassung und vom dänischen Königreich getrennt zu regieren, nicht ganz ernst genommen. Das war der vordergründige Konfliktstoff, der in den lauten Ruf mündete, Schleswig und Holstein mit Deutschland zu vereinen. Der Deutsche Bund, in dem ja auch Österreich Sitz und Stimme hatte, beschloß eine „Bundes-Execution" gegen Dänemark. Von nun an führte Bismarck Regie.

Ob er die „deutsche Einheit", dieses nun schon seit einem halben Jahrhundert in Aufsätzen, Liedern, Versen und Sonntagsreden kundgetane Postulat, im Sinn hatte, bleibe dahingestellt. Auf jeden Fall wollte er Preußens Macht und Gebiet durch die Annexion Schleswig-Holsteins mehren, und zwar unter Ausschluß des kraftlosen Bundes und, falls es möglich sein sollte, im Alleingang. Anfangs war das nicht möglich, er mußte die andere deutsche Großmacht, Österreich, an der Sache beteiligen. Bismarck entfaltete seine ganze bewundernswerte Argumentationskunst, mit der er Wien von seinen deutschen Machtpositionen, dem Bund und den kleinen Staaten, zu trennen wußte, und mit der er seinen König und das Berliner Abgeordnetenhaus, die gegen Dänemark ganz anders vorgehen wollten, überredete. Und so bekriegte 1864 nicht der Bund Dänemark, sondern Preußen und Österreich taten es. Im Wiener Vertrag verzichtete Kopenhagen für immer auf Schleswig, Holstein und Lauenburg. Doch was sollte mit diesen Ländern geschehen?

Der Herzog von Augustenburg erhielt sie nicht. Österreich und Preußen verwalteten sie: Schleswig wurde preußisch, Holstein österreichisch. Doch das war Bismarcks Ziel nicht gewesen. Österreich hatte es schwer – grenzten doch die beiden Herzogtümer an Preußen; sie waren von Österreich aus nur durch Bundes- und preußisches Gebiet oder auf dem Seeweg erreichbar. Doch darum ging es ja nicht. Letztlich ging es um die Vorherrschaft in Deutschland. Der Kampf darum hatte im

Dezember 1740 begonnen. Nun sollte der letzte Akt über die Bühne gehen. Den Stoff dazu lieferten Schleswig und Holstein.

Hätten nicht Wien und Berlin diese wahrhaftig zweitrangige Frage einvernehmlich lösen können? Sie hätten es gekonnt. Aber sie konnten in der alten Frage Deutschland zu keinem Einvernehmen gelangen. Nicht in Schönbrunn in den letzten Augusttagen des Jahres 1864, als Franz Joseph und Wilhelm, Bismarck und Rechberg zusammentrafen. Auch nicht mit der Konvention von Gastein, ein Jahr später. Denn wie schon hundertzwanzig Jahre zuvor, als Österreich und Preußen die Schlesischen Kriege ausgefochten hatten, ging es auch jetzt nicht bloß um den Besitz schöner und reicher Provinzen, sondern es ging – darauf sei, weil für das weitere europäische Geschehen von eminenter Bedeutung, immer wieder hingewiesen – um die Vormachtstellung im deutschen Siedlungsraum. Hierin konnte keine gütliche Einigung erzielt werden, wiewohl Wilhelm in seinem Glauben an das Gottesgnadentum manchmal dazu neigte, die Vormacht Habsburgs anzuerkennen. Nur unter Aufbietung seiner ganzen Überzeugungskraft gelang es Bismarck, dies seinem König auszureden. Also steuerte man auf die „ultima ratio regum" zu: den Krieg.

Hielt Bismarck den Krieg mit Österreich für unvermeidbar? Ja und nein. Nicht der Krieg war sein Ziel, er wollte Preußens Macht mehren (oft gegen den heftigen Widerstand des Königs und des Abgeordnetenhauses). Wie das zu bewerkstelligen sei, mußte sich aus den Umständen ergeben. Auf jeden Fall sollte Österreich in die Enge getrieben, scheinbar ins Unrecht gesetzt werden. Es sollte eingekreist werden. Bismarck nahm auch Fühlung mit ungarischen Emigranten auf, es war die Rede davon, daß eine „Legion Klapka" (ein Heerführer im Freiheitskrieg von 1848/49) aufgestellt werden sollte. Die Feinde Österreichs sollten mobilisiert werden. Aber einen so eindeutigen Erfolg, wie Bismarck dies erhofft haben mochte, ergab dieses Manöver nicht.

Österreich hatte nur einen standhaften Feind: das Königreich Italien, dem Wien die Anerkennung noch immer verweigerte und das Venetien heim nach Italien holen wollte (wie Bismarck Schleswig-Holstein nach Preußen). Aber Österreich beharrte im Norden wie im Süden auf seinen Positionen. In der zweiten Märzwoche 1866 meldete der österreichische Gesandte in Berlin, Alois Károlyi, nach Wien, daß eine italienische Militärdelegation dort eingetroffen sei.

Am 8. April schlossen Preußen und Italien ein Offensiv- und Defensivbündnis – Napoleon III. hatte es vermittelt, eigentlich nur mit halbem Herzen, denn, obwohl gierig nach einer großen Rolle, wußte er doch nicht recht, ob er nicht vielleicht besser daran täte, zwischen Österreich und Italien zu vermitteln. (Er war, wie Eötvös so treffend andeutete, nur ein falscher Cäsar mit beschränkten Fähigkeiten.)

Am 17. April wurde in Wien ein Ministerrat abgehalten. Im Protokoll heißt es: „Der Zeitpunkt, bemerkte Se.Majestät, sei nun gekommen, wo man einen definitiven Entschluß über Krieg oder Frieden zu fassen habe. Halte man den Krieg wirklich für unvermeidlich, dann müsse man die begonnenen Kriegsrüstungen nicht nur nicht unterbrechen, sondern alle Vorbereitungen, und zwar mit der größten Raschheit, treffen, welche zum Kriege notwendig sind." Dann meldete sich der Staatsminister Graf Belcredi zu Wort: „Mit einem bloßen Notenwechsel, namentlich mit einem Manne wie Graf Bismarck, werde die schwebende Frage nie gelöst werden; darum tue es not, einen Schritt in der Sache zu tun. Die Lösung sei aber für Österreich um so dringender, als der jetzige Zustand für die Länge unerträglich werde. Diesen Schritt nun glaube er darin zu erblicken, daß man sich an den Deutschen Bund wende und ihn auffordere, den Art. 11 der Bundesakte in Anwendung zu bringen, womit man gleichzeitig die Versicherung zu verbinden hätte, daß man hierseits getreu diesem Artikel nachkommen werde. Ein solcher Schritt könne nicht im entferntesten als eine kriegerische Demonstration angesehen werden, wäre vielmehr vor den Augen Europas ein neuer Beweis der hier herrschenden Friedensliebe; man erreiche dadurch aber den großen Zweck, aus dem einseitigen, zu nichts führenden Notenwechsel mit Preußen herauszukommen und den Bund in die Angelegenheit selbst hineinzuziehen." (Der genannte Artikel der Bundesakte vom 8. Juni 1815 behandelte die Rechte und Pflichten der Mitglieder des Deutschen Bundes im Kriegsfall und die Rolle der Bundesversammlung bei Schlichtung von Streitigkeiten zwischen einzelnen Mitgliedern.)

Doch all das half nicht, konnte nicht mehr helfen. Nun wußte Bismarck, daß der Krieg unvermeidbar war. Wie fünf

Vierteljahrhunderte zuvor die Mehrheit der deutschen Fürsten unter Österreichs Führung im „Reichskrieg" gegen den brandenburgischen Kurfürsten, der auch der König in Preußen war, angetreten war – so trat nun der Deutsche Bund gegen eines seiner Mitglieder, Preußen, an. Die Bundesarmeen, wie seinerzeit die Reichsarmeen, verzettelten ihre Kräfte. Benedek übernahm nur widerstrebend das Kommando über die österreichische Nordarmee, nur dem Befehl seines Kaisers folgend. Preußens Armee, erst kurz zuvor neu ausgerüstet und, wie seinerzeit, einheitlich geführt (diesmal nach Moltkes Plänen), schlug am 3. Juli bei Königgrätz die österreichische. Ein schmerzliches Kapitel deutscher Geschichte ging zu Ende. Nur mit äußerster Mühe konnte Bismarck seinem König den Einfall ausreden, an der Spitze seiner Armee als Triumphator in Wien einzumarschieren.

Einen Tag nach dem preußischen Sieg, am 4. Juli, ging es im Wiener Ministerrat hektisch zu. Die Stimmung in der Bevölkerung war verzweifelt. Man beschloß die Anwerbung von 10.000 „Kriegsfreiwilligen", damit „eine Masse von Proletariern, die bei ihrer Erwerbslosigkeit" bei der drohenden Besetzung Wiens durch die Preußen gefährlich werden könnten, abgezogen werde. Doch Belcredi erklärte, Wien sei nicht Österreich, und widersetzte sich einem Friedensschluß. Er meinte, der Kaiser werde den Ungarn weitere Konzessionen machen, und „durch die Kraft der Ungarn" würden „die Preußen aus unseren Ländern hinausgeworfen werden". (Wiederholt sich die Geschichte doch? Oder erzwingen bloß fortwirkende Machtprozesse bei den Staatslenkern immer wieder ein gleiches Tun und Lassen, die gleiche Antwort auf die gleiche Herausforderung? Denn genau hundertfünfundzwanzig Jahre zuvor hatte sich Maria Theresia in der gleichen Zwangslage, in welcher der Ministerrat sich nun befand, nach Preßburg, damals die Hauptstadt Ungarns, geflüchtet, sich und ihren Hof unter den Schutz der ungarischen Nation gestellt, diese zum Kampf gegen ihre Feinde aufgerufen.) Auch diesmal beschloß man, die „Staatskassen, ämtliche Depositen" und den „Metallschatz der Nationalbank" teils in Buda, teils in Komárom (Komorn) in Sicherheit zu bringen.

Im Ministerrat vom 9. Juli wurde die Abreise des Kaisers und der Spitzen der Behörden nach Buda erörtert, denn: „Gegenwärtig seien offenbar nicht genug Truppen in und um Wien, um im Verlaufe der Zeit dem Feinde einen Übergang über die Donau zu wehren, der, wenn er auch bei dem Brückenkopfe in Floridsdorf nicht gelingen sollte, doch anderwärts bewerkstelligt werden könnte."

Am 23. Juli begannen dann doch die Friedensverhandlungen in Nikolsburg, und an dem selben Tag schrieb Franz Joseph, zutiefst enttäuscht, verbittert, verzweifelt, an Elisabeth, die bereits in Ungarn war: „Aus Deutschland treten wir jedenfalls ganz aus, ob es verlangt wird oder nicht, und dieses halte ich nach den Erfahrungen, die wir mit unseren lieben deutschen Bundesgenossen gemacht haben, für ein Glück für Österreich."

Der endgültige Friede wurde am 25. August in Prag unterzeichnet: Preußen annektierte Schleswig-Holstein, Frankfurt, einen großen Teil Hessens, Hannover. Der Deutsche Bund hörte auf zu existieren, der Machtdualismus in Deutschland ging zu Ende, indem der Rolle Österreichs darin ein Ende gesetzt wurde. Das war das Ergebnis des „Siebenwöchigen Krieges". Aber auch dies: Klarer denn je wurde nun die historische Berufung Österreichs, wie schon Maria Theresia sie gesehen hatte, erkannt – nämlich die „Völkerbruchstücke" zwischen dem homogenen deutschen und dem homogenen russischen Siedlungsraum in der europäischen Mitte unter dem Schutz eines „mächtigen Ganzen" zu vereinigen.

Vom italienischen Krieg ist noch zu berichten. Auch er war der letzte Akt in einem Prozeß, der 1848 begonnen hatte, auch er war kurz, blutig. Am 20. Juni erklärte Italien, auf sein Bündnis mit Preußen vertrauend, Österreich den Krieg. Feldmarschall Erzherzog Albrecht kommandierte die Südarmee, am 24. Juni schlug er bei Custozza mit 75.000 Mann die italienische Armee von 130.000 Mann unter Viktor Emanuel II. Auch die österreichische Flotte trug über die italienische den Sieg davon: bei Lissa, am 20. Juli. Doch Preußens Sieg über Österreich wog schwerer als die österreichischen Siege über Italien. Am 24. August wurde Venetien, nach einem fiktiven Plebiszit, durch Vertrag an Frankreich und von diesem an Italien abgetreten. Diesem fehlte nur noch das Rom des Papstes.

Napoleon III. vermittelte. Sehnsüchtig hielt er dabei Ausschau nach einer kleinen Beute, die er den Franzosen vorweisen könnte. Eine Vermittlerrolle ist oft ergiebig, materiell oder zumindest für das Ansehen. Doch Bismarck war der unvergleichlich bessere Diplomat, und von Österreich war nichts zu holen. So blieb Napoleon weiterhin auf der Lauer.

Einige Tage nach der Schlacht von Königgrätz, am 9. Juli, reiste Kaiserin Elisabeth nach Pest.

Der Ministerpräsident

Andrássy und Deák an der Spitze einer Delegation empfingen Elisabeth, als sie am frühen Nachmittag des 9. Juli am Budapester „Centralbahnhof" ankam. Es hatte den Anschein eines offiziösen Empfangs, doch das war gar nicht so selbstverständlich – schließlich übte die Kaiserin von Österreich in Ungarn keine Funktion aus. Doch schon einmal, im Dezember 1865, hatten ihr die Großen des Königsreichs gehuldigt, und nun meinte Deák: „Ich würde es für eine Feigheit halten, der Kaiserin im Unglück den Rücken zuzuwenden, nachdem wir ihr entgegengegangen waren, als die Angelegenheiten der Dynastie noch gut gestanden sind." Zudem kam Elisabeth, wie man annahm, als Abgesandte des Kaisers, auf daß sie die Stimmung im Lande der Dynastie gegenüber auskundschafte – eine Aufgabe, die gewiß niemand besser erfüllen konnte. Denn man wußte, daß sie, die bayerische Herzogstochter, mit geradezu heroischem Kraftaufwand Ungarisch erlernt, am 8. Januar 1866 die Deputation des Reichstags auf ungarisch begrüßt hatte. Und schon seit Monaten zitierte man, begeistert, mit glücklichem Kopfnicken, immer wieder die schönen Worte, die sie auf einem der darauffolgenden Hofbälle zu Andrássy gesprochen hatte: „Sehen Sie, wenn die Angelegenheiten des Kaisers in Italien schlecht gehen, so schmerzt es mich. Wenn aber das gleiche in Ungarn der Fall ist, dann tötet mich das." Man sagte, sie hätte ein Faible für den lebenslustigen, temperamentvollen, ritterlichen Grafen, der ihr in stummer Ergebenheit diente, ja, man sagte den beiden sogar heimliche Liebe nach. Was mochte wohl wahr daran sein?

Von ihren Wittelsbacher Vorfahren hatte sie eine neurotische Unruhe mitbekommen, einen beinahe zwanghaften Freiheitsdrang. Die von den spanischen Habsburgern übernommenen, am Wiener Hof praktizierten Regeln, hoheitsvoll, starr, muß sie als Einengung ihres Willens empfunden haben, und das ertrug sie nicht. Sie ertrug nicht die hinter der leer-formellen Ehrerbietung schamlos hervorlugende Neugier, mit welcher die höfischen Damen und Herren ihre kleinen Verfehlungen gegen die stumpfe Etikette beäugten – Verfehlungen, die sie vielleicht gar nicht so ungewollt beging, so ihren geknebelten Willen kundtuend. Und gewiß ertrug sie nur schwer die herrschsüchtige Art ihrer Schwiegermutter, der Erzherzogin Sophie, die – schließlich – mit machtvoller Intrige ihrem Sohn den Kaiserthron erkämpft hatte und wohl auch weiterhin dem Geschick der Monarchie nachhelfen wollte.

Elisabeths bald schon krankhafte Ablehnung des Wiener Hofzeremoniells, der Einsamkeit in der endlosen Flucht kostbar tapezierter Zimmer, Prunkräume mit unbequemen Möbeln, in denen es von dümmlich unbequemen Menschen wimmelte, schlug um in Zuneigung für die Ungarn. Sie trug ihre Zuneigung trotzig zur Schau. Diese steigerte sich zur Liebe, was immer man darunter verstehen will. Durch diese ihre Liebe zu einem in Hofkreisen ungeliebten Land betonte Elisabeth ihre Persönlichkeit, die sie im feinen Netz der höfischen Welt gefangen wähnte. Und sie fand in Ungarn, bei „ihren" Magyaren die Bestätigung.

Deren Ehrerbietung war, weil bar zeremonieller Starre, echt, deren Bewunderung ihrer Schönheit aufrichtig. Wer vermag eine Trennlinie zu ziehen zwischen der Ehrerbietung, die ein Untertan pflichtschuldig seiner Fürstin, und der Hingabe, die ein Mann aus reinem Herzen einer schönen Frau entgegenbringt? Einer, die sich auch noch schutzsuchend an ihn wendet?

Maria Theresia. Die großartige Szene im Thronsaal des Preßburger Schlosses hundertundfünfundzwanzig Jahre zuvor, hundertfach auf Stichen, Gobelins, Gemälden festgehalten, lebte fort in der Erinnerung der Magyaren, die Szene, als die „von allen verlassene" Königin (so ihre Worte), in Schwarz gekleidet, das leicht rötlich schimmernde blonde Haar über die Schultern gegossen, ein Schönheitsideal ihrer Zeit, die Stimme tränenerstickt, die „Tugenden der edlen ungarischen Nation" angerufen hatte, und mit ergriffener Begeisterung war der Ruf aufgebraust: „Vitam et sanguinem . . ." (So die Poesie, die Begleitumstände waren etwas nüchterner gewesen – doch was tut's? Auch Poesie kann geschichtliche Kraft besitzen.)

Was für „Tugenden" hatten sich in der Opferbereitschaft

Bildnis der Kaiserin und Königin Elisabeth

der Magnaten geoffenbart? „Nationale“? „Männliche“? Wer vermag es zu sagen? Andrássy huldigte der Königin, die seine Sprache sprach und willens war, den Weg zu einem Staatsakt zu ebnen, der, so hofften sie alle, den Beginn einer neuen Epoche markieren würde. Und er huldigte einer schönen, geistreichen Frau, und sie fanden beide aneinander Gefallen. So einfach ist das.

Doch Elisabeth fand auch an Ferenc Deák Gefallen, ja, sie brachte ihm tiefe Anerkennung entgegen, sie wird ihm auch an der Bahre die letzte Ehre erweisen. Und dieser Ferenc Deák war, als er sich vor ihr auf dem Bahnhof verneigte, dreiundsechzig Jahre alt und so ganz anders als jene fröhlichkecke, feurig schmachtende, operettenhaft stupide Klischeefigur, als welche der Magyare in den Köpfen von Groschenromanschreibern und deren Publikum geistert. Dieser Deák, ein „Urmagyare", war schmucklos, leise, nüchtern; er sprach sachlich, langsam, ohne Wesentliches auffallend zu betonen, denn er sagte immer nur Wesentliches. Es hieße, die Intelligenz dieser sensiblen Frau, die ja die Ungereimtheiten ihrer höfischen Umgebung mit pointierter Ironie zu Papier zu bringen wußte, zu unterschätzen, wollte man ihr nachsagen, sie sei bloß dem Charme und dem Temperament eines Mannes von Welt erlegen. Es dürfte so gewesen sein, daß sie in Ungarn, bei den Männern, die ihr bewundernd entgegentraten – auch bei den Frauen, etwa bei ihrer Hofdame Ida Ferenczy! – gerade das fand, was sie eben in den Räumen der Hofburg zu Wien und im Schloß Schönbrunn vermißte. Vielleicht war es bloß Wärme, Verständnis, vielleicht die ungekünstelte Hingabe aller an ihre Person – wer vermag es zu sagen? Und so war die Begegnung der Königin mit der Nation eine glückliche.

Man darf annehmen, daß Elisabeth ihrem Gemahl über ihre guten Eindrücke in der ungarischen Hauptstadt berichtet hat, über die Herzlichkeit des Empfangs, die ihr und den Kindern zuteil geworden war, auch darf man annehmen, daß sie eine Audienz der beiden Männer, mit denen sie verhandelt haben dürfte, vorgeschlagen hat. Im weiteren Verlauf der Annäherung, beim Einanderkennenlernen, beim Ebnen des Weges von Pest nach Wien, von Wien nach Pest, spielte sie die Rolle der Vermittlerin, Anregerin, Inspiratorin, sie spielte sie mit Überzeugung und Tatkraft. Ihre Hofdame spielte freudig mit, jene Ida Ferenczy, deren Namen man in der ungarischen Romanliteratur hie und da begegnet und die nun Nachrichten holt, bringt.

All dies war ein fördernder Faktor, gewiß, aber man sollte ihn nicht überbewerten. Franz Joseph hörte auf sie, die ihm in den trüben Stunden der Nacht vom 3. auf den 4. Juli liebevoll beigestanden war, in der Nacht, die auf die schreckliche Schlacht gefolgt war – er hörte auf sie, gewiß. Aber den Ausschlag dafür, sich mit den Männern, die eine Umgestaltung der Staatsstrukturen anstrebten, zu beraten, gab ihm die Einsicht darein, daß seine Monarchie auf dem Schlachtfeld von Königgrätz bis in ihre Grundfesten erschüttert worden war. Deák erhielt die Einladung zur Audienz in der Hofburg.

Die Schlacht vom 3. Juli hatte auch die Position der altkonservativen Beamten der ungarischen Hofkanzlei erschüttert. Der Kaiser erkannte nun, daß diese nicht das Vertrauen der Nation besaßen, und war entschlossen, sie zu entlassen: Deáks Empfang in der Hofburg war der schlagende Beweis dafür.

Er fuhr am 18. Juli nach Meidling, einem Wiener Vorort, zwischen der Residenzstadt und Schönbrunn gelegen, und stieg dort im Gasthof „Zum Hasen" in der Schönbrunner Straße ab. Um jedem Rätselraten vorzubeugen, trug er sich als „Advokat Ferenczy" ein. Er bestellte für den nächsten Tag, den 19. Juli, für acht Uhr früh einen Einspänner. Eigenhändig verstaute er am nächsten Morgen seinen kleinen Koffer auf dem Kutschbock und fuhr nach Wien in die Burg. Er wurde vom Kaiser sofort empfangen. Es dürfte in dieser einstündigen Unterredung jene Wende entschieden worden sein, die man gemeinhin den „Ausgleich" nennt.

Wie fremd müssen die beiden Männer einander gewesen sein! Hier der sechsunddreißigjährige Nachkomme eines glanzvollen Herrschergeschlechts, dessen Väter einst über die halbe Erdkugel geboten hatten, in vollem Bewußtsein seiner gottgewollten Berufung, jeder Zoll ein geborener Fürst – dort ein schlichter alter Mann, dessen Vorfahren den Boden bearbeitet und, wenn das Schicksal zuschlug, mit dem Türken gerungen hatten, in vollem Bewußtsein der Berufung, die ihm sein angeborenes Talent aufgebürdet hatte, ein (so sagte man in Wien) „G'studierter" (und das war gar nicht so selbstverständlich), der an den Fürsten Forderungen stellte.

Der Fürst war gezeichnet von der Nervenanspannung der letzten Tage und Nächte, von dem Unheil, das ihn und seine Länder heimgesucht hatte, weiteres Unheil befürchtend, das sich im Süden zusammenbraute, nur noch auf den Allmächtigen vertrauend, an den er glaubte, glauben mußte, denn ohne diesen Glauben war sein Fürstendasein seines Sinnes beraubt. Und nun harrte er der Forderungen, die der andere zu stellen hatte, noch nicht wissend, ob er sie zu erfüllen bereit sein sollte.

Deák sah die Nervenanspannung des andren. Mit einfachen Worten, denen die langgedehnten, offenen Vokale seiner Muttersprache eine eigenartige Färbung verliehen, setzte er dem Fürsten die Wünsche der Nation, die er in diesem Augenblick verkörperte, auseinander. Und nicht zu übersehen war die Erleichterung des Fürsten, als er erkannte, daß die Wünsche der Ungarn nun, da dem Feind der Weg nach Wien offenstand, die gleichen waren wie zuvor, als die Nordarmee noch intakt im Felde gelegen war. In vielen Adressen an den Herrscher hatte Deák die Forderungen seiner Partei, der Mehrheitspartei, fußend auf dem Gesetzeswerk von 1848, auf der Pragmatischen Sanktion, der Personalunion, dem Dualismus, dargelegt, präzisiert, in vielen Gesprächen mit Andrássy, Eötvös und den anderen hatte er sie erörtert. Sie waren dem Herrscher bekannt. Nun verlangte er nicht mehr als in den vorangegangenen Jahren. Aber auch nicht weniger. Hätte er mehr fordern können? Er hätte. Hätte er mehr herausschlagen können? Er hätte. Der Herrscher war in einer Zwangslage, nicht Deák, nicht Ungarn. Eine russische Armee wäre nicht noch einmal marschiert, wie 1849, eine österreichische schon gar nicht – die eine zerschlagen, die andere in Italien im Feld. Die Agenten Kossuths fuhren durchs Land und wiegelten das Volk auf. Nur ein Hinweis darauf, in einem Nebensatz lässig hingemurmelt, man würde im Falle der Ablehnung der gesteigerten Forderungen der von Bismarck unterstützten „Legion Klapka" und den in Italien aufgestellten ungarischen Legionen die Tore öffnen – und Franz Joseph hätte das geforderte Mehr geben müssen, oder er hätte seine Monarchie dem Chaos preisgegeben.

Der Hinweis unterblieb. War es Charaktergröße, die es verbietet, die Notlage des Gegenübers auszunützen? War es kluge Einsicht, daß Abgetrotztes nicht von Dauer sein könne? Wer vermag die Trennlinie zu ziehen zwischen charaktervollem Handeln und einsichtsvollem Lassen? Oder, anders gefragt, gehen sie nicht Hand in Hand, Charaktergröße und Einsicht? Unterstützt nicht eines das andre? Und: Ergeben nicht beide Eigenschaften den wahren Staatsmann?

Sie waren sich einig, Franz Joseph und Deák, daß in den beiden Staaten der Monarchie die Meinung vorherrschte, das Regierungssystem müsse geändert werden. Deák, einsichtsvoll, legte dem Herrscher nahe, damit bis zum Friedensschluß mit Preußen zu warten. Da bot ihm Franz Joseph an, eine verantwortliche ungarische Regierung zu bilden. Deák lehnte entschieden ab. Er nenne, sagte er, als geeignetste Persönlichkeit: Graf Andrássy. Franz Joseph war nicht überrascht. Er dürfte gewußt haben, daß Deák lieber Führer des ungarischen Reichstags bleiben wollte. Sein Angebot darf als Geste des Dankes und der Anerkennung angesehen werden. Denn drei Tage vor dieser Unterredung, am 16. Juli, hatte Elisabeth in Pest Andrássy die in ungarischer Sprache geschriebene Nachricht zukommen lassen: „Soeben habe ich die Antwort erhalten, daß der Kaiser Sie in Wien erwartet. Über das Übrige mündlich heute nachmittag, wieder bei der Gräfin Königsegg“ (Marie Königsegg-Aulendorf war Obersthofmeisterin Elisabeths).

In diesem Augenblick, dem krisenhaftesten seit 1849, begann die historische Rolle Andrássys im gemeinsamen Geschick Österreichs und Ungarns. Doch ehe wir ihn in den Audienzsaal der Hofburg begleiten, hören wir uns ein Wort des besten und gewiß sensibelsten Kenners der Monarchie zur Haltung, Leistung und Persönlichkeit Deáks an: „In der ganzen furchtbaren Spannung dieser Tage“, schreibt Josef Redlich, „waren aller Augen auf Franz Deák gerichtet. Dieser große und wahrhaftig verehrungswürdige Mann blieb auch in den schwersten Augenblicken, in denen die auf ihm lastende Verantwortung bis zur Unerträglichkeit anwuchs, unerschütterlich die Verkörperung des Rechtes seines Landes und des Ausgleichswillens der großen Mehrheit der Nation ...“

Franz Joseph führte kein Tagebuch, und so weiß die Nachwelt nichts oder doch nur sehr wenig, und das nur aus mittelbaren Quellen, über seine innigsten Gedanken, Empfindungen, Ängste. Belcredi hinterließ „Fragmente“, in welchen er dies und jenes beschrieb: die Einsamkeit des Herrschers und die „ausweglose Einsamkeit“ der leerstehenden Räume in der Hofburg, in welcher er Entschlüsse zu fassen sich abmühte. So bleibt dem rückblickenden Auge die innere Wandlung Franz Josephs verborgen, die (so ein andrer genauer Kenner der Zeit: Friedrich Engel-Janosi) „historisch unumgängliche Wandlung vom Schüler Metternichs ... zum Partner Deáks und Andrássys“.

Aber wir wissen, daß es Andrássy war, der am stärksten, nachhaltigsten, gewiß auch am persönlichsten auf ihn eingewirkt hat. Auch hier mag die Frage stehen nach dem Warum in der Beziehung der beiden Männer: Sympathie (ein lauwarmes Wort), Übereinstimmung von Denkweise und Lebensart, unvermeidliche politische Einsicht – im Hintergrund die Frau, der beide, jeder auf eine andere, seine Art zugetan waren? Letztlich ist die Frage müßig. Konstellationen, die zwei Menschen in einem entscheidenden Augenblick zueinander führen, sind immer unvorhersehbar, niemals im voraus berechenbar. Franz Joseph wurde dank der Mühen seiner Mutter – und nicht aufgrund der Primogenitur, der vorgesehenen Thronfolge –, also zufällig Kaiser von Österreich. Deák und Andrássy hatten nicht ahnen können, daß Königgrätz die Wende bringen und ihnen führende Rollen zuweisen würde. Doch nun standen sie, Franz Joseph und Andrássy, am Wendepunkt ihres Lebens einander gegenüber.

„Man kann Ungarn beneiden", bemerkt Engel-Janosi, „daß ihm in diesen entscheidenden Jahren zwei Persönlichkeiten von der Bedeutung Franz Deáks und Julius Graf Andrássys zur Verfügung standen." Andrássy und Deák – sie waren die Verkörperung des Ausgleichswillens der Nation. Sie waren es gegenüber manch verträumten oder trotzigen Ewig-Oppositionellen im Land, auch gegenüber der Unbeugsamkeit Kossuths und dessen Anhängern im Ausland.

Kossuth. Je stärker der Ausgleichswille wurde, umso mehr rückte das Bild Kossuths, sein nimmermüdes Agieren, Ungarn mit Hilfe fremder Mächte von Österreich abzuspalten, von der Realität in die Idealität. Die fremden Mächte spielten aber nicht mit, nicht einmal Italien, auch Frankreich nicht, und erst recht nicht England – das Kräftegleichgewicht war für sie ein höheres Gebot als die Verselbständigung Ungarns. Bismarck hatte sich zwar in den wirren Monaten vor Königgrätz der „Legion Klapka" wie eines Schreckgespenstes bedient, doch sie dann fallen lassen. Dennoch strahlte das Bild Kossuths von Turin herüber nach Ungarn, einem Kometen gleich, der in weiter Ferne die Erde umkreist, wie ein immerwährendes Idol der „Freiheit", mit dem, außer natürlich, daß man es verehrte, nichts so Rechtes anzufangen war. (Später nennt man ihn den „Einsiedler von Turin", und als er zweiundneunzigjährig stirbt, wird sein Leichnam 1894 nach Budapest überführt und pomphaft beigesetzt, wird sein monumentales Denkmal vor dem Parlament aufgestellt. Er bleibt die leuchtende Freiheitsgestalt, auf ihn berufen sich spätere Generationen, mit seinem Namen auf den Lippen gehen sie in neue Kämpfe. So auch 1956.)

Doch nun, im Juli 1866, im Audienzsaal der Hofburg, galt es, dem Ausgleich einen Weg zu bahnen. Franz Joseph kam

Andrássy entgegen, er eröffnete ihm, daß seine und des „alten Herrn“ (er meinte Deák) Ansichten übereinstimmten. Andrássy, beredt und nicht ohne eine gewisse Leidenschaftlichkeit, nannte die Grundlage einer möglichen Übereinkunft, zeigte die Perspektiven auf, die auf ein dualistisches Staatensystem hinwiesen. Der Zeitpunkt sei besonders bedeutungsvoll, sagte er, denn Österreichs Feinde rechneten geradezu damit, daß der Kaiser es ablehne, unter Zwang Konzessionen einzugehen, und möchten Ungarn im Rücken Österreichs als dessen stets auszuspielenden Feind erhalten – also jetzt und freiwillig müsse der Kaiser Ungarn entgegenkommen: „Tun es Euer Majestät jetzt“, argumentierte er, „dann wird man sagen, er hat es freiwillig getan, ohne jeden Vorbehalt, und die Begeisterung entsteht von selbst. Es ist ein entscheidender Moment, und ich wage zu sagen, der Stern Eurer Majestät wird von dem Tag an im Steigen begriffen sein, wenn Euer Majestät sich zu dem Schritt entscheiden. Gedenken Euer Majestät dieser Worte, sie werden sich buchstäblich Wort für Wort erfüllen.“

Der Dualismus. Er müsse „auf den beiden Säulen der Monarchie“, den Deutschen und den Ungarn, neu aufgebaut werden, denn jeder andere Versuch, ob der Absolutismus (wie in den fünfziger Jahren) oder der liberale Zentralismus (wie in den sechziger Jahren), hätte zur Entzweiung geführt. Die Nationalitätenfrage, warf der Kaiser ein, sie berge doch heute mehr Gefahren als 1848. Gerade deswegen, entgegnete Andrássy, müsse sie gültig für alle Zukunft und zur Zufriedenheit aller gelöst werden, denn die Zeit, da man eine Nationalität gegen eine andere ausspielen konnte (eine Anspielung auf die Politik Wiens in den Revolutionsjahren und danach), sei nun vorbei. Gerade in einem Staat, in welchem mehrere Nationalitäten zusammenlebten, müsse „eine Art Balance“ hergestellt werden, ein Gleichgewicht, das nur der konstitutionelle Dualismus zu gewährleisten imstande sei. („Wo die Gleichberechtigung der Individuen durch die Verfassung sichergestellt ist, hat die Frage der Gleichberechtigung einer Nationalität ihre praktische Bedeutung verloren. Wo jeder dem andren, zu welcher Nation er auch gehöre, an Rechten gleich ist, kann keine Nationalität als durch den Staat bevorzugt betrachtet werden.“ Eötvös, der eigentliche Schöpfer des Nationalitätengesetzes nach dem Ausgleich, hatte dies 1850 geschrieben.)

Nun gut, meinte der Kaiser, aber welches sollte das Verhältnis Ungarns zu den Erbländern sein, welche Garantien böte ein ungarisches Ministerium für die Interessen des Thrones und der Gesamtmonarchie? Andrássy solle diese grundlegenden Fragen mit Deák besprechen und dann ihm, dem Kaiser, wieder berichten.

Andrássy traf Deák auf dessen kleinem Landgut; dieser versicherte ihm, er sei bereit, eine aus der Mehrheit des vertagten Reichstags gebildete Regierung voll zu unterstützen. Am 27. Juli fuhr Andrássy von Pest aus wieder nach Wien und wurde am 29., um neun Uhr früh, von Franz Joseph empfangen.

Ungeheuer war die Spannung dieser Tage, die Verhandlungen liefen über mehrere Kanäle, verschiedene Ziele wurden verfolgt. Vom 23. bis 26. Juli vereinbarte Österreichs Vertreter, Degenfeld-Schonburg, in Nikolsburg in Mähren den Waffenstillstand mit Preußen. Wiens Hoffnung auf eine gütliche Vermittlung durch Napoleon III. wurde arg enttäuscht. Der österreichische Botschafter in Berlin, der ebenfalls in Nikolsburg anwesende Graf Károlyi, hatte nach Wien berichtet, daß der Kaiser der Franzosen Bismarck gegenüber die Erklärung abgegeben habe, Frankreich werde gegen die Annexion von 4 Millionen Seelen in Norddeutschland durch Preußen keinen Einwand erheben. Am 28. Juli wurde in Nikolsburg auch der Waffenstillstand zwischen Preußen und Bayern geschlossen. Die Spannung war nervenzerreißend.

Am Morgen jenes 29. Juli wollte es scheinen, daß Franz Joseph und Andrássy einander näher gekommen wären. Andrássy übergab dem Kaiser ein Schriftstück, die Zusammenfassung seiner Beratungen mit Deák, die Versicherung, daß man unverändert an den Grundsätzen der gemeinsamen Angelegenheiten, wie sie von einem Gremium, der „Fünfzehner Kommision", erarbeitet worden waren, festhalten wolle. Andrássy verpflichtete sich im Namen Deáks und in seinem eigenen, daß ein verantwortliches ungarisches Ministerium die Annahme der Grundsätze und die Revision der 1848er Gesetze im Reichstag durchsetzen werde. Doch Franz Joseph blieb mißtrauisch: „Das werde ich noch sehr studieren und überlegen", sagte er zum Abschied. Da griff wieder Elisabeth ein.

Am 30. Juli ließ sie Andrássy die Nachricht zukommen, sie erwarte ihn am nächsten Tag in Schönbrunn. Es war nicht klar, ob sie im Auftrag des Kaisers handelte oder aus eigener Initiative. Andrássy notierte noch am selben Tag in seinem Tagebuch: „Gewiß ist, daß, wenn ein Erfolg erzielt wird, Ungarn der schönen Vorsehung [Elisabeth], die über ihn wacht, mehr zu danken haben wird, als es ahnt."

Wir wissen nicht, wie die Begegnung zwischen Franz Joseph und Andrássy verlief, keine Tagebuchnotiz gibt Auskunft. Es will scheinen, daß eine Einigung nicht erzielt werden konnte. Und doch, ein weiterer Schritt im Annäherungsprozeß von Krone und Nation war getan, und er ist gewiß Elisabeth zu verdanken. Andrássy wurde wieder zum Kaiser berufen. Nun setzte er sich hin und brachte einen Vortrag für den Herrscher in deutscher Sprache zu Papier – die Gründe dafür, warum und warum gerade im gegenwärtigen Augenblick das dualistische Staatensystem zu verwirklichen sei.

Ein Schriftstück von ungewöhnlicher Dramatik. Kann ein politischer Vortrag „dramatisch" sein? Wohl nur dann, wenn er die Daseinsfragen von Nationen, Gesellschaften, Generationen stellt. Dieser stellt sie. Es sind, wenn man so will, Schicksalsfragen des Alpen-Karpaten-Raumes.

Der Dualismus, immer wieder wird der Dualismus als nicht anzuzweifelnde Grundlage genannt. Der Dualismus stützt sich auf das deutsche und das ungarische Element. Und sofort erfolgt die Mahnung, die slawische Bevölkerung ja nicht zu unterdrükken, aber auch nicht einen Zustand wie vor der Schlacht am Weißen Berg, 8. November 1620, wiederherzustellen. (Nach der verlornen Schlacht hatten die böhmischen Stände mit den Worten Wilhelm von Lobkowicz' Reue geübt und gelobt, nie mehr einen andren Herrn zu kennen außer Kaiser Ferdinand II.) Denn, so Andrássy: „Eine künstliche Rekonstituierung der böhmischen Krone und eine Gruppierung der slawischen Provinzen um diese würde nur ein Werk innerhalb Österreichs anfangen, welches außerhalb desselben [!] vollendet werden müßte." Kein Föderalismus also nach dem Muster Schmerlings.

Danach folgt die Rückbesinnung auf die Pragmatische Sanktion als die Basis der Monarchie. (In dieser Erbfolgeordnung – aus ihr folgte die Erbfolge Maria Theresias – hatte Karl VI. anderthalb Jahrhunderte zuvor seine Länder für unteilbar und untrennbar zusammengehörig erklärt. Die Pragmatische Sanktion wurde durch den ungarischen Reichstag mit dem Gesetzesartikel 1–3, 1723 sanktioniert – sie wird formell erst 1921 aufgehoben. Der Form nach war sie ein Gesetz zwischen dem Herrscher und den Ländern, ein Band, das die Völker „indivisibiliter ac inseparabiliter“ [unteilbar und untrennbar] zusammenhielt. Ihrem Inhalt nach und kraft der Umstände ihres Zustandekommens war sie wie ein Bündnisvertrag zwischen den Staaten und Ländern, welche die Nachkommen Karls VI. zu Staatsoberhäuptern haben sollten: Durch sie wurde die geopolitische Schicksalsgemeinschaft der Völker im Donauraum im gemeinsamen Herrscherhaus manifestiert. Die gemeinsame Staatlichkeit gewährt den Völkern Schutz vor dem Zugriff raumfremder Mächte – sie wurde zum tragenden Faktor des bis 1914 vorherrschenden Gleichgewichts.) Die Neugestaltung Österreichs und Ungarns nach föderalistischen Prinzipien hieße „nicht nur ganz Ungarn der Monarchie entfremden, sondern die Monarchie selbst ihrer stärksten Basis berauben. Das Aufgeben der einmal angenommenen legislativen Vereinigung der Erbprovinzen [durch die Pragmatische Sanktion] hieße das deutsche Element um seine kulturhistorische Mission, das heißt um seine Mission in der Monarchie bringen. Und die Folge davon wäre, daß man sehr bald in Berlin oder München den Schmerzensschrei der deutschen Provinzen hören würde, so wie man in Florenz den Schmerzensschrei der italienischen Provinzen seinerzeit gehört hat.“ Und im weiteren: „. . . Durch die legislative Vereinigung der Erbprovinzen . . . wird die Monarchie gegen die Deutschtümelei des deutschen Elements durch die Vermischung mit dem slawischen gesichert, das slawische dagegen durch das deutsche gehindert, eine Zentripetalpolitik zu befolgen.“

Es wäre verhängnisvoll, würde man in Österreich eine andere Politik als in Ungarn betreiben und in den Erbländern etwa ein föderalistisches System einführen: „Hat Ungarn seine Integrität, während in der anderen Hälfte der Monarchie nicht das deutsche, sondern die slawischen Elemente ein künstliches Übergewicht bekommen, so würde eine jede Regierung gezwungen sein, diejenigen Tendenzen in der einen Hälfte der Monarchie zu bekämpfen, die sie in der anderen Hälfte mit allen Mitteln künstlich zu erhalten trachten müßte. Dies würde den Glauben an die Aufrichtigkeit der Regierung, an dem es vor allem nottut, gefährlich erschüttern und dadurch die Gefahren heraufbeschwören, welche die Grundpfeiler der Monarchie schon mehrmals erschüttert haben." Hingegen müsse das dualistische System in allen Ländern, die unter dem Zepter des Kaisers stehen, aufrichtig und ehrlich angenommen werden, und dann würde Ungarn es voll und ganz unterstützen. „Denn Ungarn", verspricht Andrássy, „wird nie aus der Monarchie hinausgravitieren, nur muß gesagt werden, daß Ungarn und seine Konstitution Platz haben in der Monarchie." Stünde aber einem vereinten Ungarn – dieser Gedanke ist von supranationaler Bedeutung – ein föderalistisch zerstückeltes Österreich gegenüber, dann wäre das wie „ein großer Stein zwischen Kiesel", nachteilig für die Gesamtmonarchie. Ein vorübergehendes Übergewicht Ungarns, etwa bis zur Stabilisierung der inneren Verhältnisse, wäre schon aus dem einen Grund nicht bedrohlich, weil Österreich weniger Grund hat, „sich davor zu fürchten, daß es magyarisiert werde, als Ungarn davor, germanisiert zu werden".

Zum Schluß appelliert er an den Kaiser: „Wenn Österreich seine inneren Kräfte nicht jetzt entwickelt, so wird es nicht nur aus dem Deutschen Bunde, sondern aus dem zivilisierten Europa ausgestoßen. Damit aber Österreich seine inneren Kräfte frei entwickeln könne, bedarf es einer durchgreifenden Umgestaltung."

Hier wurden bis dahin nicht ganz sichtbare Kräfte angesprochen, und zwar mit einer Offenheit, wie Franz Joseph sie kaum gekannt haben dürfte. Diese Kräfte bestimmen im kommenden halben Jahrhundert das Zusammenleben der Völkerschaften in dem Siedlungsgebiet, das man gewöhnlich und nicht ganz präzise den Donauraum nennt; sie waren negativ und positiv, das heißt, sie wirkten gegeneinander und miteinander; oft wirkten sie zentrifugal wie die Nationalismen; oft zusammenhaltend, hütend, konservierend wie das Beharren auf geschichtlichen Banden; oft entsprangen ihnen innere Spannungen wie die sozialen Gegensätze, die sich aber erst gegen Ende des Jahrhunderts unüberhörbar artikulieren. Zwischen diesen Kräften wirkt später ein besonderer Bindestoff: des Kaisers und Königs Rock, die Uniform, also die Armee.

Die unmittelbare Gefahr war gebannt, und das war der Vorsicht Bismarcks zu verdanken. Denn er wußte, daß die Regierung des Zaren mit Mißtrauen nach der deutschen Mitte blickte, und er wußte, daß auch Napoleon III. von einer zu tiefen Demütigung oder sogar Gebietsverminderung Österreichs in unruhige Nervosität getrieben würde. Und so konnten Károlyi und Brenner, die österreichischen Unterhändler in Nikolsburg, am 23. Juli nach Wien berichten, sie hätten weisungsgemäß in die meisten Bedingungen des Präliminarfriedens eingewilligt, deren wichtigste wohl diese war: „Aufrechterhaltung der Integrität der österreichischen Monarchie." Das war Bismarcks Werk – entgegen so manch nationalistischen Wünschen. Dann gründete er den Norddeutschen Bund – die dort im Süden mochten einen Süddeutschen bilden oder jeder für sich weiterexistieren. (Ein sonderbarer Prozeß wird hier sichtbar: die Erweiterung des ursprünglichen, des königlichen, ja des Bismarkschen Preußen zu einem „Deutschland", „Preußen-Deutschland", zum „Deutschen Kaiserreich". Begonnen hatte dieser Prozeß bereits 1815, auf dem Wiener Kongreß, mit der Annexion des Rheinlandes und der „Provinz Sachsen", fortgesetzt wurde er 1866, vollendet wird er 1871. Ob das die seit einem halben Jahrhundert so lautstark beschworene, sehnsuchtsvoll postulierte „deutsche Einheit" war? Vielleicht. Aber eher ging Preußen in diesem Deutschland auf: in der Politik, der Wirtschaft, der Verwaltung, der Wissenschaft, in den Künsten – eher als daß Holstein, Hessen, die rheinischen Kleinstaaten sich Preußisches zu eigen gemacht hätten. Bismarck, jeder Zoll ein Preuße, wie berichtet wird, wollte Preußens Macht mehren. Das konnte er nur im deutschen Siedlungsraum, nicht darüber hinaus, viel zu mächtig war noch das Bewußtsein des europäischen Gleichgewichts. Und so wurde Preußen zu dem „Deutschland", welches die Welt dann als solches kennt und, nolens volens, akzeptiert. In den siebziger Jahren, wenn Andrássy die außenpolitische Ausrichtung Österreich-Ungarns vorzeichnet, ist das eine zu kalkulierende europäische Realität.)

„Was werden die mir zu sagen haben?" meinte Franz Joseph seufzend, sooft nach der Schlacht von Königgrätz dieser oder jener Minister sich bei ihm zur Audienz meldete. In der Tat: Die österreichische Außenpolitik hatte sich in eine Sackgasse verirrt. Übrigens auch die Innenpolitik. Es schien, daß die leitenden Männer der Monarchie in einem luftleeren Raum agierten, nicht getragen vom Vertrauen der Bevölkerung, und so konnten sie auch nicht die Kraft zur Initiative, den Willen zur Änderung aufbringen. Da die unmittelbare Gefahr nun gebannt war, wollte Belcredi von einer Verständigung mit der ungarischen Opposition, also Deák und Andrássy, nichts mehr wissen, nein, er wollte lieber den alten schemenhaften Kurs weiterverfolgen. Seine Regierung bot ein jammervolles Bild – der preußische Gesandte in Wien, von Werther, berichtete Bismarck ausführlich über die verworrenen Verhältnisse in den Wiener Regierungskreisen. (Er war ein feiner Beobachter und wortgewaltig, die Nachwelt verdankt ihm so manches Wissen um die Akteure dieser hektischen Monate.) Dann, im Oktober 1866, faßte der Kaiser einen Entschluß: Er entließ Mensdorff und ernannte Ferdinand von Beust zum Außenminister.

Beust. Er war Sachse, hatte Sachsens Außenpolitik geleitet und war Gegner Bismarcks. Seine Ernennung zum österreichischen Außenminister veranlaßte Bismarck zu der boshaften Bemerkung: „Von Ochsen kann man nichts anderes erwarten als Rindfleisch, und von Beust nichts anderes als eine ehrgeizige, intrigante sächsische Hauspolitik.“ Das Ausland nahm an, der Kaiser hätte ihn nach Wien geholt, weil er sich nicht in den Verlust der habsburgischen Vormachtstellung in Deutschland zu fügen vermochte und hoffte, Beust würde eine energische antipreußische Politik verfolgen. Allerdings untersagte ihm Franz Joseph ausdrücklich, militärische Lösungen auch nur zu erwägen. Beust stürzte sich mit großem Selbstvertrauen und unbesiegbarem Optimismus in die österreichisch-ungarische Politik. Sein Name schien im Ministerratsprotokoll vom 28. Oktober zum erstenmal auf, seine Berufung war der einzige Tagesordnungspunkt. Am 29. war er bei der Sitzung schon anwesend, am 30. wurde er zum Minister des Äußern ernannt, am 4. November wurde seine Ernennung in der „Wiener Zeitung“ veröffentlicht. Dann reiste er nach Pest.

Er muß selbstgefällig gewesen sein. Oft griff er höher, als seine Hand reichte. Als Sachsens Außenminister wollte er einen europäischen Staatsmann darstellen und verärgerte Bismarck mit spitzen Bemerkungen. Das veranlaßte seinen König, ihm die Warnung mit auf den Weg nach Wien zu geben: „Vergessen Sie nicht, daß Nadelstiche oft mehr Weh und mehr Zorn verursachen als Prügel.“ Und Károlyi, der wiederum Bismarck gut kennen mochte, charakterisierte ihn in einem späteren Bericht an Andrássy so: „. . . denn dergleichen persönliche Nadelstiche pflegen den Reichskanzler oft mehr als sachliche Verwicklungen und Schwierigkeiten zu irritieren, und es liegt nicht in seinem Charakter, ähnliche Angriffe so leicht zu vergessen."

Doch die kleinliche Politik der Nadelstiche war wohl nicht der Grund für Beusts Ernennung. Ihm eilte der Ruf voraus, er erfreue sich des Wohlwollens Napoleons, und man mochte in Wien darauf bedacht sein, das persönliche Wohlwollen des französischen Kaisers für Beust für Österreich zu gewinnen, für den Fall, daß Österreich doch wieder einmal in kriegerische Verwicklungen mit Preußen geriete. (Und gerade in diesem Punkt wird der latente Gegensatz zwischen Beust und Andrássy im Jahr 1870 offenkundig.)

In allen Außenministerien, außer im Pariser, versteht sich, machte Beusts Ernennung einen schlechten Eindruck, und man kam nicht von dem Gedanken ab, der Entschluß des Kaisers sei nur mit einem Mangel an geeigneten österreichischen Persönlichkeiten zu erklären.

Am 20. Dezember kam Beust in Pest an. Doch er verkannte die Lage und seine Möglichkeiten. Er sah zwar die Dringlichkeit, nahm aber nicht wahr, wie weit die Dinge schon gediehen waren; daß bereits Ministerlisten kursierten; daß man nicht mehr nur verhandeln, sondern zur Tat schreiten sollte, und die Tat konnte nichts anderes sein als die Ernennung eines verantwortlichen ungarischen Ministeriums. Schon vor seiner Ankunft in Pest war es eine beschlossene Sache, daß zum Geburtstagsfest der Kaiserin am 27. Dezember, das man drei Tage nach ihrem eigentlichen Geburtstag feierte, eine Deputation des ungarischen Reichstages nach Wien reisen würde. Andrássy reiste mit. Doch die Stimmung, als die weiteren Beratungen im Januar 1867 begannen, war nicht sehr günstig. Beust bemühte sich vergeblich oder, besser, ungeschickt oder vielleicht eher unwissend. Denn er blieb ein Fremder, der manches nicht sah: Die österreichisch-ungarischen Verquickungen wurzelten in einer jahrhundertealten Geschichte, wurden aus vielen unterirdischen Quellen gespeist, sie waren nicht „schlecht" oder „gut" (so einfach war das nicht!), sondern es ging hier um ein großes Stück gemeinsamen Weges. Es hatten sich in allen Bereichen des Lebens Gemeinsamkeiten herausgebildet: in der Verwaltung, im Heerwesen, in der Bildung; gemeinsam, wenn auch differenziert, nahmen beide Völker die großen europäischen Geistesströmungen in sich auf – man mußte dort geboren sein oder doch längere Zeit dort gelebt haben, um all das – und somit auch die Gegensätze! – in seiner Ganzheit zu erfassen. Als Beust sah, daß er nicht weiterkam, stieß er sogar Drohungen aus, doch als Deák und Andrássy sich nicht beeinflussen ließen, schlug er wieder milde Töne an. Werther meldete am 15. Januar 1867 Bismarck, man stehe vor einer günstigen Wendung.

In der Tat: Der Wunsch nach Verständigung war in Wien nicht zu überhören. Zudem verlangte die gesamte öffentliche Meinung Ungarns nun einstimmig die tatsächliche Herstellung der Verfassung, und Beust erklärte, es „lasse sich nicht verkennen, daß die ungarische Frage gegenwärtig in den Augen Europas die Hauptfrage sei, welche die innere Politik Österreichs zu lösen habe". Ein neues Wehrgesetz sollte auf Betreiben des neuen Kriegsministers, des Feldzeugmeisters und Siegers von Custozza, John, durchgesetzt werden, aber mit Rücksicht auf die Ausgleichsverhandlungen sollte die Einführung der allgemeinen Wehrpflicht ausgenommen sein, weil diese einer Beratung im verfassungsmäßigen Weg vorzubehalten wäre, das heißt, nicht verordnet werden könne. Die Wende zum Jahr 1867 war voller offener Fragen.

Belcredi und Beust. Zwei entgegengesetzte Charaktere. Hinter und über ihnen stand „die urkräftige Magnatengestalt Julius Andrássy" (so Redlich) als entscheidender Richter im Kampf um den ungarischen Ausgleich. Und im Hintergrund der einsame Herrscher. Das Eigenschaftswort „einsam", mit dem später der schon alte Kaiser, der den Sohn und Nachfolger durch Selbstmord, die Frau durch Mörderhand verloren hat, gefühlvoll bedacht wird, steht an dieser Stelle nicht um eines Stimmungsbildes willen: der Herrscher in der kalten Pracht der Hofburg – er war wirklich einsam. Einsam, weil er in seiner Umgebung nicht den Mann fand, dem er die Lösung der anstehenden Fragen – wahrlich Daseinsfragen der Monarchie – mit gutem Gewissen und begründetem Vertrauen hätte überantworten können. Er mußte zuwarten. In den beiden ersten Monaten herrschte zwischen Belcredi und Beust Übereinstimmung. Zumindest dem Schein nach. Er trog. Viel zu unterschiedlich waren sie, der Staatsminister und der Minister des Äußern. Beust lächelte gewinnend, deutete an, verschwieg aalglatt, lächelte wieder – manche fanden seine Art widerlich. „Stets sorgenvoll" – wir zitieren wieder Redlich – „ganz erfüllt von den Schwierigkeiten und Gefahren, in denen sich die Monarchie nach dem so unglücklichen Kriege von 1866 befand, mußte ihm [Belcredi] die Beust eigentümliche leichtherzige Weise der Behandlung der großen Probleme, vor denen die Regierung stand, höchst unsympathisch sein."

Belcredi und Beust – sie waren kein gutes Gespann. Das wurde dadurch nur noch offenkundiger, daß ihnen gegenüber auf ungarischer Seite ein Führerpaar stand, das nicht nur persönlich miteinander harmonierte, nicht nur beinahe die gesamte Bevölkerung – Deák den mittleren und den niederen Adel (der seinen Boden oft selbst bebaute), Andrássy den liberal gesinnten Hochadel – hinter sich vereinte, nein: Sie waren den beiden kaiserlichen Beamten auch staatsmännisch weit überlegen. Diese waren einander fremd, fanden einander nicht selten unerträglich. Für Belcredi, den bescheiden begüterten Mährer, war das österreichische Reichsproblem der zentrale Gegenstand seines Denken und Tuns – für Beust, den landlosen, klugen Diplomaten alter Schule, der eher improvisierte als plante, war es die deutsche Frage. Sie fanden nicht zueinander. Belcredi besaß mehr Pflichtgefühl, Beust mehr Ehrgeiz, angereichert mit einem gehörigen Maß Eitelkeit.

Beust trieb die Ausgleichsverhandlungen auf der Grundlage der Verständigung des deutschen und des ungarischen Elements voran. Das österreichische Slawentum schätzte er nicht sonderlich hoch ein und begegnete darin, wie er meinte, dem Urteil der gebildeten Deutschen in Österreich und dem angesehener Politiker und hoher Beamten. Und da er sah, daß die Deák-Partei, voran Andrássy, bestrebt war, „die Vormachtstellung des österreichischen Deutschtums zum festen Grundstein der Brücke [des Ausgleichs] zu machen", wähnte er sich im Besitz aller notwendigen Kenntnisse. (Da er fremd im Lande war, übersah er, daß das Verhältnis zwischen den Magyaren und den ungarländischen Slawen von ganz anderen historischen Prämissen geprägt war.) Es bleibt aber eine Tatsache, daß zwischen den Ausgleichsgesetzen in Österreich und in Ungarn Abweichungen bestanden; die Folge waren Unstimmigkeiten. Die Folge war auch die Verstimmung der slawischen Völker der Monarchie. Doch so weit war man noch nicht.

Belcredi kam gegen Beust nicht an, zumal auch die ungarischen Politiker verständlicherweise den Außenminister unterstützten. Am 1. Februar 1867 überreichte Belcredi dem Kaiser sein Entlassungsgesuch. Franz Joseph fragte ihn, ob eine Verständigung mit Beust ausgeschlossen sei. „Sie ist unmöglich", war die bezeichnende Antwort Belcredis, „wenn Beust bei seinen neuesten politischen Plänen und bei dem Intrigenspiel beharrt, das seit den letzten Tagen besonders lebhaft gegen mich betrieben wird."

Im darauffolgenden Ministerrat warf Beust dem Staatsminister vor, dieser habe den Ungarn zugesichert, ein verantwortliches Ministerium einzusetzen, sobald der zuständige Ausschuß die Modifikationen erledigt haben würde. Dieses Versprechen müsse gehalten werden, wenn nicht alles auf den Kopf gestellt werden solle. Dann meinte er noch, gleichsam als schwerwiegendes Argument für einen raschen Abschluß der Ausgleichsverhandlungen und gar nicht so zu Unrecht: „Nur wenn im Innern und so rasch als möglich ein Definitivum geschaffen werde, ergebe sich auch die Möglichkeit, Allianzen mit auswärtigen Mächten zu gewinnen, deren Gewinnung bei der Lage Europas als ein Gebot der Selbsterhaltung betrachtet werden müsse. Er verhehle sich übrigens nicht, daß diese Wendung in der inneren Politik nicht allgemein befriedigen werde und daß namentlich die slawischen Bevölkerungen der Monarchie sie mit Mißtrauen aufnehmen werden. Allein nie werde es die Regierung in ihrer inneren Politik allen Nationalitäten recht machen können, im gegenwärtigen Augenblicke . . . sei es ihre [der Regierung] Aufgabe, sich auf diejenigen zu stützen, die am meisten Lebenskraft besitzen, sich geistig näherstehen und in ihren gegenseitigen Interessen sich unmittelbar berühren, nämlich das deutsche und das ungarische Element."

„In allen Teilen", erwiderte Belcredi, und das war sein letzter großer Auftritt, „müsse er dem Vorredner gegenüber eine entgegengesetzte Ansicht vertreten." Und dann sagte er auch noch das: „Österreich werde nur dann dauernde Sympathien [im Ausland] und wahre Bundesgenossen finden, wenn es seine Machtstellung wirklich befestigt habe. Er bezweifle sehr, ob dieses auf dem von Baron Beust vorgeschlagenen Wege erreicht werden könne."

Für den nächsten Tag, den 2. Februar, wurde Andrássy nach

Wien berufen. Man wußte, daß er schon seit längerem der aussichtsreichste Kandidat für das Amt des ungarischen Ministerpräsidenten war. Franz Joseph bot es ihm nun an.

Belcredi war buchstäblich über die ungarische Angelegenheit gestürzt. Nun stand dem Ausgleich, dem er ein Gegner gewesen war, nichts mehr im Wege. Beust triumphierte. Im Leben der Monarchie begann ein neues Kapitel.

Glanz – und etwas Schatten

Die heilige Stephanskrone, etwa fünfzig Jahre nach der Regierungszeit Stephans I., des Heiligen (1001–1038) angefertigt, ältestes Symbol der ungarischen Staatlichkeit

Sie wiegt 2050 Gramm. Emailtäfelchen und an beiden Seiten je vier mit Edelsteinen verzierte Bänder schmücken sie. Das Kreuz auf ihr steht schief. Man weiß nicht genau warum, man weiß auch nicht, wann ihre beiden Teile zusammengefügt wurden, man weiß auch nicht, warum nur acht der zwölf Apostel auf ihr abgebildet sind, und man kennt die Technik nicht, mit welcher die stark gebogenen Emaileinlagen, die leicht zerbröckeln, hergestellt wurden, denn sonst widerstehen sie der kleinsten Biegung. Die Stephanskrone.

Doch nicht sosehr ihre Sonderlichkeiten als Kleinod verleihen ihr geradezu mystische Bedeutung, sondern ihre geschichtliche Rolle, ihre Symbolmacht, unabhängig von den Häuptern, welche sie geschmückt hat. Sie wurde, wie sonst kaum eine andere Krone, nur beim Krönungszeremoniell verwendet. Sie führte ein Jahrtausend lang ein Eigenleben inmitten der Nation, die sie manifestiert, deren Eigentum sie ist, deren Repräsentanten den gewählten, also nicht unbedingt durch die Erbfolge an den Thron gelangten König mit ihr inaugurierten. Sie war der Inbegriff aller Macht, die sie auf den Gekrönten übertrug, sie ihm gleichsam verlieh. Ohne sie läßt sich eine Geschichte Ungarns, des Habsburgerreiches, Mitteleuropas nicht schreiben. Und sie ist nicht die Krone des hl. Stephan.

Sie wurde vermutlich ein halbes Jahrhundert nach dessen Regierungszeit (1001–1038) angefertigt. Aber sie behielt die geistige und nationale Bedeutung jener Krone bei, die Papst Silvester II. Stephan, der zum ersten christlichen König von Ungarn gekrönt wurde, hatte überreichen lassen. Durch diesen Akt hatte sich Ungarn für immerwährende Zeiten mit dem westeuropäischen Kulturkreis verbunden.

Fesselnd wie ein Abenteuerroman ist die Geschichte der heiligen Krone: Sie ist Gegenstand der Sehnsucht von manchen Thronprätendenten gewesen, mehrmals erbeutet, gestohlen worden, 1541, bei der Eroberung von Buda, in die Hände des Sultans Soliman II. gefallen; er gab sie an Johann I. Zápolya, den Gegner Ferdinands I. von Habsburg, weiter, um die Position seines Vasallen nach innen wie nach außen durch die Autorität der Krone, um die er wußte, zu stärken. Zur Zeit unsrer Erzählung schlummerte sie vier Jahre lang unter der Erde:

Ende August 1849, als die russischen Heerscharen das Land überfluteten, nahm die in die Türkei fliehende Regierung auch die Krone mit, damit dieses Symbol der gesetzlichen Macht nicht in die Hände des Hauses Habsburg falle. Unter Mithilfe mehrerer Personen vergrub Ministerpräsident Szemere die sorgfältig in einer eisernen Kiste verpackte Krone in einem Wald bei Orsova an der Donau. Doch beinahe gleichzeitig erfuhr die Wiener Regierung davon und beauftragte den Hauptmann-Auditor Titus Karger in Temesvár mit der Fahndung. Jahrelang blieben alle Bemühungen, sie zu finden, ergebnislos. Endlich, am 8. September 1853, wurde die drei Fuß tief in die Erde versenkte Kiste mit dem Kleinod aufgefunden, ausgegraben – an der Fundstelle errichtete man später eine Kapelle – und nach Buda überführt. Die Freude in Wien war groß, so daß man die Krone in die Residenzstadt überstellte, doch bald schon brachte man diesen Ausdruck aller Staatsgewalt und königlichen Ehren wieder zurück nach Buda. Nun, im Sommer 1867, sollte die heilige Krone ihre Funktion wieder erfüllen. (1945 wird sie außer Landes, dann in die Vereinigten Staaten gebracht, 1978 läßt die Carter-Administration sie wieder nach Budapest überstellen.)

Es war der Wunsch des Kaisers, gekrönt zu werden, und Elisabeths Wunsch war das auch: die Krönung als innig-feierlicher Schlußakt des Ausgleichs und Zeichen des Neubeginns. Dieser Wunsch war mit ein Grund für Belcredis Sturz. Denn solange seine Regierung auf den föderalistischen Plänen, an welchen schon vorangegangene Ministerien gescheitert waren, beharrte, war an eine Krönung nicht zu denken. Nicht Beust allein war Belcredis Widerpart – viel mächtiger als die sachliche Auseinandersetzung mit dem Außenminister wirkte der Einfluß Elisabeths: Belcredi wirft ihr in den „Fragmenten" vor, sie habe Franz Joseph, als er nach Königgrätz um Entschlüsse für die Zukunft seiner Monarchie rang, zugunsten der „spezifisch und egoistisch ungarischen Bestrebungen" beeinflußt. Dies trifft durchaus zu. Elisabeth wollte den Frieden zwischen Ungarn und der Krone herbeiführen. Aber jede Beeinflussung wäre ergebnislos geblieben, hätten nicht auch die obwaltenden Kräfteverhältnisse sie unterstützt. In ihrem Streben nach Aussöhnung, wohl auch Anerkennung, vielleicht auch nach einer Liebe, die ihr spontan, offenherzig entgegenströmen sollte, war Elisabeth bereit, Buße zu tun für Verfehlungen, die im Namen des Kaisers begangen worden waren – so meinte sie einmal zum Geschichtsschreiber und katholischen Bischof Mihály Horváth, ehemals Professor für ungarische Sprache und Literatur am Wiener Theresianum: „Glauben Sie mir, wenn es in unserer Macht stünde, mein Mann und ich wären die ersten, die Ludwig Batthány [1849 hingerichteter Ministerpräsident] und die Blutzeugen von Arad ins Leben zurückrufen würden." (Horváth, wie Andrássy in effigie gehängt, war kurz zuvor heimgekehrt. Franz Joseph machte ihn später zum Erzieher Rudolfs, Horváth unterrichtete den jungen Thronfolger in ungarischer Geschichte.)

Die Geneigtheit wurde inniger, aus ihr erwuchs Wohlwollen. Elisabeth und Andrássy begegneten einander immer häufiger, immer bereiter, zusammenzuwirken auf dem Weg zur Versöhnung. Einmal meinte Andrássy, Beust als Fremder sei unfähig, in der Monarchie jenen Staatswillen zu wecken, dessen sie so sehr bedurfte, und bat Elisabeth, ihm die Unbescheidenheit zu vergeben, wenn er sage, in der gegenwärtigen Lage sei er der einzige, der helfen könne. Da rief sie aus: „Wie oft habe ich das schon dem Kaiser gesagt!" – und die Genugtuung, die Andrássy bei den Worten empfunden haben mag, läßt sich wohl kaum beschreiben. (Belcredi hätte sich bestätigt gefühlt.) Ein andermal erzählte Elisabeth, unlängst hätten sie, der Kaiser und die Kaiserin, bei Tisch auf das Wohl des „alten Herrn" – so nannten sie Deák unter sich – angestoßen.

Ihr Ziel war die Krönung. Doch das war auch das Ziel Andrássys und Deáks und der gesamten Mehrheitspartei! Als gesalbter und gekrönter apostolischer König von Ungarn würde Franz Joseph ein unvergleichlicher, ein geheiligter Machtgewinn zufließen, er könnte dadurch alle inneren und viele äußere Gefahren von seinem Reich und Thron am wirksamsten abwenden! – Andrássy und Deák setzten dies Elisabeth des öfteren auseinander, und Elisabeth trug die Argumente an Franz Joseph heran. (Fast ein halbes Jahrhundert später, Ende 1916, setzt ein andrer ungarischer Ministerpräsident, István Tisza, während des Wetterleuchtens des Ersten Weltkrieges die sofortige Krönung von Franz Josephs Nachfolger, Karl, mit der gleichen Begründung durch.)

Es galt noch, einige weitere Hindernisse aus dem Weg zu räumen. Da gab es ein Wort, das man in Ungarn ins Gebet faßte; das Erinnerungen an die Heldentaten von 1848/49 weckte; das die Dichter zu hymnischen Versen inspirierte – es hieß „Honvéd" (wörtlich, etwas nüchtern: „Heimatverteidiger"); es fand Eingang in fremde Sprachen, es war in Wien gefürchtet und verhaßt. So hieß das Kriegsministerium: Honvédministerium, eine Schöpfung des Jahres 1848. Der Herrscher wünschte die Aufhebung dieser ungarischen Militärbehörde, der Reichstag lehnte sie ab. Deák hatte auch hier eine Lösung: Er schlug Franz Joseph vor, den Geschäftsbereich des Honvédministeriums dem zu ernennenden Ministerpräsidenten zu unterstellen. Das Ansehen Deáks war hoch, so groß das Vertrauen zu Andrássy, daß man sich auch in diesem Punkt einigte. Fragen des Handels waren noch zu klären, Fragen der Parität in den gemeinsam zu behandelnden Angelegenheiten. Der erste ungarische Ministerrat verhandelte die von der Krone vorgeschlagene Revision der 1848er Gesetze, und am 16. Februar veröffentlichte die „Wiener Zeitung“ die Enthebung des ungarischen Hofkanzlers von seiner Würde. Am 18. wurde im Reichstag das königliche Reskript über die Herstellung der Verfassung und die Ernennung eines verantwortlichen Ministeriums verlesen – wahrhaftig, ein epochemachender Tag im Leben beider Länder! Dementsprechend groß war auch die Begeisterung. Der Herrscher designierte Andrássy zum Ministerpräsidenten. Andrássy trat ans Rednerpult:

„Ich hätte gewünscht, und meine Ansicht teilt gewiß die ganze Nation, die schwere und meine Kräfte überragende Mission durch jenen erfüllt zu sehen, den dazu das Vertrauen des Landes als besonders geeignet bezeichnete und die Weisheit des Monarchen als den Würdigsten erkannte. Da aber Seine Majestät die Argumente billigte, die meinen verehrten Freund“ – aller Blicke wandten sich Deák zu – „zur Bitte um Außerachtlassen seiner Person veranlaßten, so sah ich ein, da ich der Krone ehrfurchtsvollen Gehorsam und der Nation unbegrenzte Aufopferungsbereitschaft schulde, daß da, wo der König befiehlt und die Nation es erwartet, das Gefühl der persönlichen Unzulänglichkeit kein Grund zur Ablehnung sein darf.“ („Lebhafte Éljenrufe“, steht im Protokoll.)

Dann reiste Andrássy nach Wien, legte den Amtseid in die Hände des Herrschers ab, überreichte ihm die Ministerliste seiner Regierung. Er wurde am Hof herzlich aufgenommen. Sogar Erzherzogin Sophie, den Ungarn nicht gerade gewogen, lud ihn zu Tisch. Sogar Erzherzog Albrecht, Oberbefehlshaber der Armee und von Amts wegen mißtrauisch, reichte Andrássy die Hand: „Ich bin überzeugt, Sie sind ein“ – da brillierte auch er mit seinen Ungarischkenntnissen – „becsületes ember“ („ehrlicher Mann.“)

Am 12. März traf Franz Joseph in Pest ein, und die Begeisterung, die ihm entgegenschlug, war ehrlich, war überwältigend. (Daß die Wiener nörgelten – wen wundert's? Noch wußten sie nur so viel, daß die Verhandlungen erfolgreich abgeschlossen waren, doch schon neideten sie Beust den Ruhm, die Verfassungsfrage gelöst zu haben. Auch der frühere Reichsrat, auch Beusts Vorgänger hätten sie unter diesen Bedingungen gelöst. Brauch ma dazu an Ausländer? – fragte man sich. Doch die Nörgelei hatte keine Tiefe. Man muß halt nörgeln, wenn man Wiener ist.)

Beust war nun Andrássys Gegenpart: der österreichische Ministerpräsident. Auf seinen Wunsch hin verlieh ihm der Kaiser einen Titel, den bis dahin nur Kaunitz und Metternich geführt hatten: Reichskanzler. Vielleicht meinte Franz Joseph, dadurch seinem Ministerpräsidenten aus Sachsen im Innern wie im Ausland mehr Ansehen zu verschaffen. Allerdings war der Titel nicht mehr einmalig: Bismarck führte ihn als Regierungschef des Norddeutschen Bundes, und auch der alte Gortschakow erhielt von seinem Zaren anläßlich seines goldenen Jubiläums im auswärtigen Dienst den Titel eines kaiserlichen Kanzlers.

Reichskanzler Beust sah sich gefordert. Denn es nörgelten nicht nur die Wiener, sondern es formierten sich auch diverse Gruppierungen, Nationalitäten im Bund mit hohen Aristokraten, dann die tschechisch-feudale Partei, die sich durch den Ausgleich um ihre Hoffnungen auf Selbständigkeit betrogen sah, und sie alle stießen Kassandra-Rufe aus und prophezeiten den Untergang der Monarchie. Beust bemühte sich um die Unterstützung der Deutschösterreicher. Diese wiederum blickten mit einigem Neid nach Pest, wo das politische Leben aufblühte, dessen Mittelpunkt der Reichstag war – in Wien aber sahen sie sich auf die Rolle von Ja- oder Neinsagern beschränkt. Beust entschied, dem österreichischen Reichstag den Ausgleich als eine beschlossene Sache zu präsentieren. In Wirklichkeit waren die Abgeordneten gar nicht so abgeneigt, den Ausgleich anzuerkennen – nur sollte dafür Beust allein die Verantwortung tragen. (Die kleinlichen Ränke, hier kurz angedeutet, lieferten die tagespolitische Hintergrundmusik zu dem Werk, das ein halbes Jahrhundert lang nicht nur innere Stabilität gewährt, sondern auch ein fester Pfeiler bleibt im sensiblen Gleichgewicht der europäischen Mächte, das wiederum Bismarcks „Rückversicherungsvertrag“ später so meisterhaft ausbalanciert.)

30. März 1867. Deák unterbreitete dem Reichstag zu Pest das Elaborat über den Ausgleich, und die Mehrheit der Abgeordneten – 257 gegen 117 – nahm es an: Es ist der Gesetzesartikel XII:1867. Die dadurch geschaffene neue Staatsform der habsburgischen Monarchie erhielt in der Geschichtsschreibung – als Gegenstück zum Schmerlingschen „Zentralismus" – den Namen „Dualismus". Von nun an sprach man vom „dualistischen Staatensystem", von der „Doppelmonarchie". (Dann, nach 1918, von deren „Nachfolgestaaten".)

Nichts stand mehr der Krönung im Wege! Oder doch? Beust und Andrássy arbeiteten fieberhaft daran, die Hindernisse zu beseitigen. Denn der Wiener Reichstag konnte in der kurzen Zeit bis zum 8. Juni, dem vorgesehenen Krönungstag, die parlamentarische Prozedur der Annahme des Ausgleichsgesetzes nicht bewältigen; auch mußte mit Kroatien als einem Land der Stephanskrone dessen Teilnahme an der Ausfertigung des Inaugurationsdiploms ausgehandelt werden. Beust ersann eine Lösung: Der Krönungsakt solle als eine von den politischen Beratungen des Reichsrats unabhängige Angelegenheit über die Bühne gehen, und die Verfassungspartei stimmte dem zu. In letzter Minute stemmte sich noch die ungarische Opposition gegen den Staatsakt, und zwar mit einem Argument, das man nicht so einfach vom Tisch wischen konnte:

In der Abdankungsurkunde König Ferdinands V. (Kaiser Ferdinands I.) von 1848 war Ungarn nicht erwähnt – das hieß: Der in Prag lebende Ferdinand war immer noch der rechtmäßige König von Ungarn! Zumindest argumentierte die Opposition damit. (Auch Kossuth berief sich in einem spektakulären Prozeß in London darauf.) Es fehlte auch die Entsagung seines Bruders, des Erzherzogs Franz Karl, des Vaters Franz Josephs. Der Reichstag von 1861 hatte die Abdankung anerkannt, die nachträgliche Berichtigung des Formfehlers beschlossen, und die Opposition forderte nun dessen Beseitigung. Andrássy durchschaute die Absicht: Mit dem „leeren Formprozeß", meinte er, wolle man die Krönung auf unbestimmte Zeit verschieben. Er telegrafierte nach Wien, der Herrscher solle dem Reichstag die Befugnis erteilen, einen eigenen Gesetzesartikel zu schaffen, der besage, Ungarn erkenne die Abdankung trotz des Versehens an; in Zukunft müsse der ungarische Reichstag in einem solchen Fall benachrichtigt und in der Urkunde Ungarn speziell erwähnt

Franz Joseph I. mit den königlichen Insignien, 1867

werden; der ungarische Ministerpräsident sei zur Erklärung ermächtigt, der König werde nach der Krönung ein solches Gesetz sanktionieren. So geschah es dann auch. Und nun waren tatsächlich alle Hindernisse aus dem Weg geräumt, und bald sollten die hymnischen Klänge der „Krönungsmesse“ erklingen, vom „großen Musiker im Erdenrunde“ (so ein Dichterwort), von Franz Liszt, eigens zu diesem Anlaß geschaffen.

Und man überführte die vielgeprüfte, die Staatsmacht der Nation in sich vereinende heilige Krone in die Matthias-, in die Krönungskirche in Buda, und man bot Ferenc Deák die einmalige Ehrung an, beim Krönungsakt anstelle des Palatins

Julius Graf Andrássy in ungarischer Magnatentracht

und zusammen mit dem Fürsterzbischof an der Seite des Thrones zu stehen. Und Deák lehnte auch diese Ehre ab und schlug für das hohe Amt Andrássy vor. Und Franz Joseph meinte, als ihm die Reichstagsdeputation dies mitteilte: „Gerne willige ich ein. Einen Besseren, Verdienstvolleren als Graf Andrássy hätte man gar nicht zur Ausübung dieser Würde erwählen können."

Und der 8. Juni 1867 sah eine Prunkentfaltung, in der einfache Ergriffenheit, nationaler Stolz und politischer Weitblick sich manifestierten. Alle weltlichen und geistlichen Würdenträger des Königreichs erschienen in Prunkgewändern und vollzogen das Krönungszeremoniell nach jahrhundertealter Tradition.

Und als die Musik der Lisztschen Messe erklang, da schwebte die Krone, rechts vom Fürsterzbischof Simor, links vom Stellvertretenden Palatin Andrássy gehalten, einen endlosen Augenblick lang über dem knienden Franz Joseph. Dann setzten die beiden höchsten Würdenträger des Königreichs sie auf das königliche Haupt. Dann trat Andrássy vor in den Altarraum und rief nach alter, geheiligter Sitte: „Es lebe der gekrönte König!" – und dreimal erscholl der Éljenruf. Dann wurde Elisabeth gesalbt und gekrönt, und sie war so schön und unirdisch, daß mancher Augen sich mit Tränen füllten. Dann leistete der König auf dem Pfarrhausplatz in Pest unter freiem Himmel den Eid auf die Verfassung, dann ritt er auf den Krönungshügel, aufgeschüttet aus Erde aus den 63 Komitaten des Königreichs, und vollführte die traditionellen vier Schwertstreiche, in jeder Himmelsrichtung einen, um zu bekunden, daß er das Land gegen jeden Feind, aus welcher Himmelsgegend er auch kommen mochte, verteidigen werde. Dann zogen sie alle in die Königsburg zu Buda, zur Festtafel.

Franz Joseph war müde und bat seinen altbewährten Kammerdiener Hannakampf um eine Flasche Champagner, „aber", sagte er, „mit zwei Gläsern, damit Sie mit mir auf das Wohl des neu gekrönten Königs von Ungarn anstoßen können". Und an der Tafel saßen außer dem Königspaar der Primas von Ungarn, der Erzbischof von Kalocsa, der päpstliche Nuntius und Andrássy. An allen Festlichkeiten, außer am Krönungsmahl, nahm auch Beust teil, und er wurde überall begeistert begrüßt, so daß Franz Joseph sich die Bemerkung nicht verkneifen konnte: „So ist noch kein österreichischer Minister in Ungarn empfangen worden."

Der Ausgleich. Von keinem anderen Ereignis im mitteleuropäischen Habsburgerreich wurde so viel gesprochen und geschrieben, über kein anderes so langanhaltend und leidenschaftlich diskutiert, über kein anderes gehen die Urteile, heimische wie fremde, so weit auseinander wie über den Ausgleich 1867. Bis heute noch gibt es darüber kein abschließendes Urteil, und das hat wohl nur den einen Grund: Die Probleme – die staatspolitischen, die kulturellen, die wirtschaftlichen, die ethnischen und dann die machtpolitischen Probleme –, welche den Ausgleich erzwangen, welche der Ausgleich löste oder nicht löste,

Andrássy begrüßt das Herrscherpaar in Gödöllö (Schloß und Jagdrevier waren das Krönungsgeschenk der Nation an das Herrscherpaar im Jahr 1867)

wirken, oft nur anders gewandet, fort. Anders gewandet – je nach nationaler, weltanschaulicher, zeitlicher Zugehörigkeit dessen, der die Probleme beim Namen nennt und dann urteilt. Das ist nur zu natürlich. Und weil also darob ein objektives Urteil, etwa meßbar mit der Präzision der Torsionswaage des Lóránt Eötvös, nicht möglich ist, wollen wir lieber versuchen, die geschichtlichen Wege nachzuzeichnen, welche zum Ausgleich geführt hatten und die nachfolgenden Entwicklungen bestimmten.

In der vorangegangenen Zeit, genauer gesagt: während des Übergangs vom aristokratischen Feudalismus zum bürgerlichen Kapitalismus, wurden fast alle Staaten von Erschütterungen erfaßt. Der Übergang wurde im Habsburgerreich auch noch durch nur ihm eigene Besonderheiten erschwert: Staat und Nation bildeten hier keine Einheit (wie in anderen, nationalen Siedlungsgebieten, aus welchen dann die Nationalstaaten hervorgehen), sondern es wurden Völkerelemente mit verschiedenem kulturellem, religiösem Bewußtsein, mit unterschiedlicher historischer Tradition zusammengefaßt – manche sogar von ihrem Ursprungsland getrennt wie die Polen und die Italiener (oder auch die Serben und Rumänen; allerdings hatten sich deren Vorfahren als Flüchtlinge vor dem Osmanenreich unter den Schutz des ungarischen Staates begeben, und nicht die habsburgische Herrschaft hatte sich über ihr Gebiet, wie etwa über das italienische und das polnische, ausgeweitet). Die Völkerschaften konnten nicht vereint werden – man rufe sich die entsprechenden Passagen in Eötvös' Werk in Erinnerung. Vielleicht hätte Maria Theresia der historischen Herausforderung, aus ihrem Reich einen funktionierenden Gesamtstaat zu bilden, entsprochen, hätten ihr die Schlesischen Kriege, der Erbfolgekrieg und der Siebenjährige Kraft und Zeit gelassen. Als dann Joseph II. den heroischen Versuch der Vereinheitlichung unternahm, war es schon zu spät: Zu den versteinerten ständischen Partikularismen, besonders zum ungarischen, gesellten sich neue Entwicklungstendenzen: die durch die einsetzende Industrialisierung sich erneuernde Warenproduktion und die Verteilung, der Handel, und die durch die Aufklärung hervorgerufenen bürgerlichen nationalen und liberalen Bestrebungen, Ideen und Forderungen.

Auf dem Wiener Kongreß etablierte man einen Konservativismus, der schon längst keinen Inhalt mehr hatte. Der Metternichsche Polizeistaat bediente sich des leeren Konservativismus – hier setzt unsere Erzählung ein –, und die natürliche Entgegnung darauf war das „Reformzeitalter", der „Vormärz". Diese beinahe exakt meßbare Epoche von 1815 bis 1848 brachte die wahren Inhalte zum Vorschein, indem sie nicht nur die versteinerten staatlich-gesellschaftlichen Formen verneinte, die Umgestaltung des absolutistischen Herrschaftssystems in ein bürgerlich-parlamentarisches Repräsentativsystem forderte (das tat sie auch außerhalb des Habsburgerreiches) – nein: Im Alpen-Karpaten-Raum forderte sie auch noch die Gleichberechtigung der Nationalitäten und die Vereinigung jener, die von ihrem Ursprungsland getrennt lebten, mit dem Mutterland. Wenn man diese Forderungen zu Ende dachte, kam man zur Schlußfolgerung, daß ihre Erfüllung die Auflösung der habsburgischen Monarchie bewirken mußte (den gewichtigsten Ansatz dazu bot die Dethronisierung Habsburgs in Ungarn 1849).

Die Revolutionsjahre konnten einige zeitbedingte Fragen lösen: Die Hörigkeit wurde abgeschafft, neue wirtschaftliche Grundlagen wurden geschaffen. Aber das größte, das spezielle Problem konnten sie nicht lösen: die Schaffung supranationaler Staatsstrukturen für das Zusammenleben der Nationalitäten (allerdings war diese gegebene Forderung auch noch dadurch erschwert, daß genaue ethnische Grenzen nicht gezogen werden konnten). Die Dynastie konnte außer der eigenen Militärmacht auch noch die überlegene ihrer Verbündeten einsetzen – und außerdem noch eine andere, eine besonders gefährliche Waffe: die Spaltung der Nationalitäten; sie spielte die Nationalitäten gegeneinander aus. Das führte zum Fehlschlag der Revolution und zum Sieg der Dynastie.

Die Chronologie der allgemeinen Entwicklung, „Herrscherwille" – „Staatswille" – „Nationalstaat", stimmte hier nicht, konnte nicht stimmen: Das Postulat der demokratischen Gleichheit geriet in Gegensatz zur Einheit des Staates, indem der nationale Separatismus sich seiner bediente – während gerade das nationale Prinzip das Postulat der demokratischen Gleichheit verneinte, indem die stärkere Nation jeweils die Vorherrschaft anstrebte. Der liberale deutsche Nationalismus strebte nicht nur die Einigung Deutschlands an, sondern auch eine politische wie kulturelle Hegemonie des deutschen Elements im Habsburgerreich; der „Austroslawismus" strebte mit dem politischen Mittel des demokratischen Föderalismus die Vorherrschaft oder doch ein Übergewicht der slawischen Völker an; der „Austrohungarismus" strebte beim Ausscheiden Österreichs aus einem geeinten Deutschland – in der verbleibenden habsburgischen Monarchie eine ungarische Großmachtstellung an (nach dem mittelalterlichen Beispiel, dessen überlieferte Symbolkraft die Stephanskrone darstellte). Aber die Einigung Deutschlands wurde 1849 verhindert, die Revolten in Wien und Prag wurden niedergeschlagen, und in Kremsier trafen sich der deutschösterreichische Zentralismus und der slawische Föderalismus: Es entstand der Kremsierer Verfassungsentwurf, beispielhaft in seinen Ansätzen, aber unter der Ägide des dynastischen Absolutismus; der Reichstag wurde im März 1849 aufgelöst. Die Ungarn kämpften zwar gegen den Absolutismus, konnten aber die Nationalitätenfrage auf der Basis der Gleichberechtigung nicht mehr lösen – der Lösungsversuch kam zu spät:

erst in den letzten Tagen des Freiheitskrieges. Keine der einander bekämpfenden Kräfte – dynastischer Absolutismus, Nationalismus, Liberalismus, Föderalismus – vermochte dauerhafte Strukturen aufzubauen. Wie ging's weiter?

Während des Neoabsolutismus mit seiner Politik der Vergeltung, der engstirnigen Zentralisierung, der brutalen Vereinheitlichung dauerten die alten ungelösten Probleme der Monarchie unter der Tünche einer scheinbaren Konsolidierung an. Der Neoabsolutismus stützte sich auf die Armee. Sobald seine Stütze Risse bekam, mußte er stürzen. So geschehen im Jahr 1859.

Dann folgte eine abgeschmackte Neuauflage des josephinischen Gesamtstaates. Dann wurden Scheinlösungen präsentiert, denn nichts anderes waren die föderalistischen Kompromisse, die geradezu würdelosen konstitutionellen „Zuckerln". Dann kam Königgrätz.

In der Staatenwelt nach 1849 stand die Monarchie vereinsamt da: Durch ihre bewaffnete Neutralität im Krimkrieg begab sie sich der Unterstützung Rußlands, ohne jene der Westmächte zu gewinnen. Diese, die 1849 noch die Niederwalzung des ungarischen Freiheitskampfes mit offenem Wohlwollen geduldet hatten, begegneten einander bald in einer Front gegen Rußland – viel zu gewichtig waren die Gegensätze im östlichen Mittelmeerraum und auf den Ozeanen. Die Tendenzen der Zeit begünstigten die Bestrebungen Cavours und Bismarcks: Sie drängten Habsburg aus Italien und Deutschland hinaus und schufen den italienischen und den deutschen Nationalstaat. Das Prestige der Monarchie war dahin. Diese beiden Faktoren, die außenpolitische Vereinsamung und der Prestigeverlust, bildeten den Hintergrund, sie wirkten auf die bereits vor Königgrätz begonnenen Gespräche über den Ausgleich belebend, anregend. Wie sahen denn die anderen Staaten die Habsburgermonarchie?

Wenn sie auch deren innerer Konsolidierung gleichgültig gegenüberstanden, erachteten sie doch deren Fortbestehen als unabdingbar. Ihre Machtinteressen verlangten die Erhaltung des Gleichgewichts, als dessen einen Pfeiler sie die Monarchie ansahen. Das tat sogar das Zarenreich – entgegen den Forderungen der kämpferischen slawophilen Presse, weil die zaristische Regierung sich dem monarchischen Prinzip mehr als den panslawistischen Forderungen verpflichtet fühlte. Und auch Bismarck wünschte nichts sehnlicher als einen starken Habsburgerstaat, sofern dieser nicht nach der Vormacht in Deutschland griff und bereit war, eine Stütze zu sein gegen allzu weit ausholende slawische Machtgelüste. Bismarck war unerbittlich als Gegner – als Verhandlungspartner zeigte er sich konziliant und verständnisvoll (er hatte ja seinem König den billigen Triumph eines Einzugs in Wien versagt). Sonderbarerweise beruhte diese europäische Staatenwelt auf einem inneren Widerspruch: Einerseits war sie konservativ, genauer: jedem revolutionären Gedanken abhold, ja feindlich –andrerseits verwirklichte sie, Schritt für Schritt, sozusagen „auf absolutistische“ Weise, die Postulate von 1848 (darin unterschied sie sich von der Welt nach 1815: Diese war, das Erbe der Französischen Revolution tilgend, zum Polizeistaat erstarrt). Die Monarchie mußte sich in die Staatenwelt einfügen, wollte sie als Großmacht bestehenbleiben. Auch hier ein sonderbarer Widerspruch: Durch den unfreiwilligen Verlust der italienischen Hoheitsgebiete und des Einflusses in Deutschland, gleichsam zweier Ballaste, gestaltete sich die Verständigung zwischen den Deutschösterreichern und den Ungarn leichter. Warum?

Die Kossuthsche Illusion, Ungarns Unabhängigkeit von Österreich mit Hilfe fremder Mächte zu erkämpfen, hatte durch die Einigung Italiens, das ja nicht mehr gegen Österreich kämpfte, ihre schwerste Niederlage erlitten. Die Erweiterung Preußens zu Deutschland, das heißt, das Bismarksche Einigungswerk, weckte nicht nur in Österreich Mißtrauen, ja Angst, sondern auch in Ungarn: Preußens Bündnis mit Rußland beunruhigte die ungarischen Staatsmänner zutiefst. Also sahen sie ihre dringlichste Aufgabe darin, ihre österreichischen Gesprächspartner zu überzeugen, daß die Wiederherstellung der Konstitution die beste Garantie für die Sicherheit des Reiches sei (man denke wieder an Eötvös). Man begann, aufeinander zuzugehen: die Ungarn von der Rechtsbasis der Konstitution und des – zu modifizierenden! – Gesetzeswerks von 1848, die Österreicher von der „Reichsidee“ („Gesamtstaat“) aus.

Die deutschliberale Verfassungspartei schritt voran, nachdem Schmerlings scheinkonstitutionelle Versuche versagt hatten. Daß Beust ein Fremder war, hatte auch Vorteile. Von außen her sah er manches klarer, und er sprach es auch aus: Man könne nur festen Boden gewinnen „in dem Zusammengehen des deutschen und des ungarischen Elementes gegen den Panslawismus".

Zwar hatte Franz Joseph die Verhandlungen persönlich gelenkt, dennoch wäre es eine Simplifizierung, zu sagen, der Ausgleich sei bloß ein Werk der Aussöhnung zwischen Krone und Nation gewesen – nein: Nach Königgrätz erkannte auch die führende österreichische Schicht, daß ein Ausgleich mit Ungarn lebenswichtig und unaufschiebbar sei, also verzichtete sie lieber auf das Prinzip des „Gesamtstaates", um den gesamten Staat als Großmacht zu erhalten.

Der Ausgleich entsprach den waltenden Kräfteverhältnissen – das sei betont. Die slawischen Völker der Monarchie waren zersplittert, in sich uneinig, politisch, militärisch, wirtschaftlich zu schwach. Sie blickten auf die Obrigkeit, oder sie blickten nach außen. Ihre Bestrebungen nach einiger Selbständigkeit waren, wie Kossuths Vorstellungen von der ungarischen Unabhängigkeit, in jener Staatenwelt illusorisch.

Es entstand ein schwerfälliger Staatsapparat: die Finanzen, die Außenpolitik, das Heerwesen wurden durch die sogenannte „Quote" geregelt – das war die Summe der Beitragsleistung Ungarns zu den gemeinsamen Angelegenheiten. Die „Delegationen", bestehend aus österreichischen und ungarischen Parlamentsausschüssen, tagten abwechselnd in Wien und in Budapest und mußten die Quote aushandeln. Ein besonderer Aspekt des gesamten Ausgleichs war der Finanzausgleich, dessen schwierigsten Punkt bildete die Staatsschuld, das heißt, jene Schuldsumme, die sich, so im Gesetzestext, während „des absoluten Systems" – also bis 1867 – „angehäuft hat". Zur guten Letzt beteiligte sich Ungarn auch an der Tilgung der alten Schuld.

Die unzähligen ineinandergreifenden Zahnräder des Apparats quietschten unaufhörlich: Zwei zumindest formell selbständige Staaten lebten miteinander in einem Reich; dabei gab es zwei Regierungen, eine österreichische und eine ungarische; diese arbeiteten unabhängig voneinander, rechtlich zumindest – aber auch in der Praxis? Keine von ihnen konnte, was das Ganze betraf, ohne die andere etwas unternehmen, und jede mußte auf die andere Rücksicht nehmen.

Das Nationalitätengesetz von 1868 sicherte den Minderheiten weitgehende Rechte zu: Es erkannte die Gleichberechtigung aller Nationalitäten an, legte im Berufsleben niemandem wegen seiner nationalen Zugehörigkeit Hindernisse in den Weg; es erhob das Ungarische zur Staatssprache, garantierte aber den Nationalitäten den Gebrauch ihrer Muttersprache im politischen Leben der Gemeinden, Städte, Komitate und besonders in den kulturellen Institutionen und im Volksschulunterricht; es verwarf das Mehrheitsprinzip, das hieß, jede Minderheit, die mindestens zwanzig Prozent der Bevölkerung stellte, konnte den Gebrauch einer zweiten oder dritten Sprache in der jeweiligen Gemeinde beantragen.

Das war positiv, das war fortschrittlich – und besonders schwierig in der Handhabung, wenn man bedenkt, daß die nach den Türkenkriegen zugewanderten und neu angesiedelten Völkerelemente nun schon seit Jahrhunderten Tor an Tor, Dorf an Dorf miteinander und nebeneinander lebten, so daß sich genaue ethnische Grenzen nicht ziehen ließen. (Später verschärft sich das Nationalitätenproblem, als die Nationalitäten in ihrer Propaganda sich immer ungeduldiger, immer rechthaberischer gebärden, nicht wegen des Gesetzes von 1868, sondern wegen dessen mangelhafter Durchführung.)

Eine besondere Stellung nahm Kroatien ein: Der ungarisch-kroatische Ausgleich von 1868 erkannte die Autonomie des Landes und das Recht des Parlaments in Zagreb an, Gesetze über innenpolitische Fragen zu beschließen.

Der Staatsapparat quietschte erbärmlich, aber er funktionierte. Eine nie geahnte, zuvor auch nicht gedachte Blüte setzte ein: in der Wirtschaft, in den Künsten, den Wissenschaften, in der Literatur. Der Glaube an den Fortschritt, den Primat des Geistes, den Rechtsstaat war allen gemeinsam, er durchdrang das Leben. Die Monarchie fand den Anschluß an die allgemeine Entwicklung: Die Franzisko-josephinische Zeit fügt sich nahtlos ein in das Victorian Age, die Belle Époque, das Wilhelminische Zeitalter. Es war dies die letzte Entwicklungsperiode eines im Lebensgefühl einheitlichen Europa – sie ließ den Zweifel zu! –, ehe zu Staatsgewalten entartete Ideologien – welche den Zweifel verpönen! – die Völker trennen, den Niedergang des Kontinents einleiten. Ein österreichischer Schriftsteller, Stefan Zweig, sagte von ihr: „Es war das goldene Zeitalter der Sicherheit."

Hat dieses goldene Zeitalter auch seine Probleme gelöst?

Im Rückblick erscheint es, gewiß, unvollkommen. Aber zu seiner Zeit war der Ausgleich das Ergebnis gegebener Kräfteverhältnisse, allgemeiner Entwicklungstendenzen. Nach dem Verlauf von Jahrzehnten vermochten seine Institutionen das Zusammenleben der „Völkerbruchstücke" „im mächtigen Ganzen" nicht mehr zu koordinieren, deren nationale Entwicklung im Zeichen der neuen, der „völkischen" Sehnsüchte nicht mehr zu gewährleisten. Hat aber – und die Antwort auf diese Frage muß zwangsläufig auch die Antwort sein auf die Frage nach der Daseinsberechtigung des Dualismus –, hat denn die Welt von 1918 bis 1939 und dann die Welt von 1945 an die alten Probleme im Alpen-Karpaten-Raum gelöst? In den Jahren der europäischen Umwälzung, 1989, 1990, klingt ein Wort Lenins, das er vor 1914 zu Papier gebracht hat, geradezu makaber – oder aber prophetisch: „Die Ungarn, dann auch die Tschechen streben nicht nach einer Trennung von Österreich, sondern nach Erhaltung der Unversehrtheit Österreichs, eben im Interesse der nationalen Selbständigkeit, die die räuberischen und stärkeren Nachbarn total zertreten könnten." (Hinzuzufügen ist dies: Dreimal haben fremde Mächte den Alpen-Karpaten-Raum als imperiales-militärisches Vorfeld und als Wirtschaftsbasis mißbraucht: im 16. und 17. Jahrhundert das Osmanenreich, im Zweiten Weltkrieg des 20. Jahrhunderts das nationalsozialistische Deutschland, dann das Sowjetimperium. Nach langen, schweren, schmerzlichen Jahrzehnten winkt nun den Völkern wieder einmal die Hoffnung, ihr Schicksal ohne fremden Einfluß zu gestalten. Das ist der geschichtliche Sinn der Ereignisse der Jahre 1989, 1990.)

Das also war, in groben Zügen dargestellt, das dualistische Zeitalter, an dessen Zustandekommen unser Titelheld mitgewirkt hat. Seine spätere Tätigkeit als Außenminister müßte ohne Kenntnis des Gesagten unverständlich bleiben.

Doch zunächst blieb Andrássy ungarischer Ministerpräsident. Die Etappen dieses seines Amtes wollen wir nur kurz streifen – kurz, weil sonst zuviel Spezifisches, ins Detail Gehendes, Verwaltungstechnisches (das manchesmal der Komik nicht entbehrt) zu erörtern wäre; kurz auch darum, weil die längere Zeit seines Wirkens der Außenpolitik gewidmet war, und hier leistete er etwas, das ihn über den Rahmen von akademischer

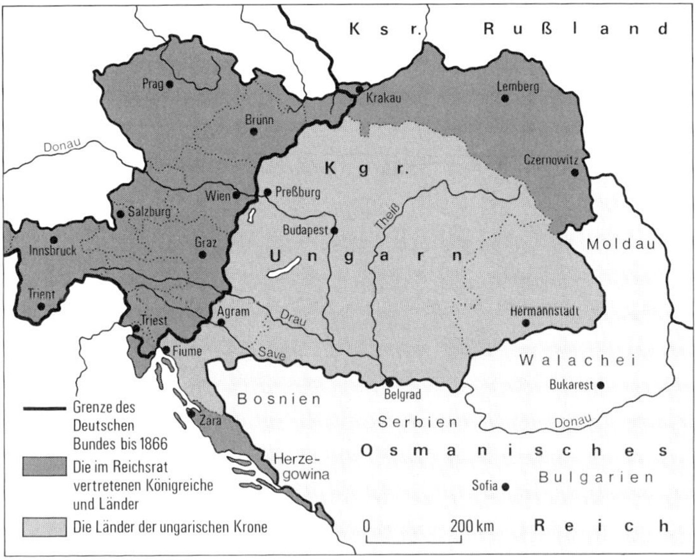

Österreich-Ungarn nach dem Ausgleich von 1867

Fachliteratur hinaushebt ins allgemeine Geschichtsbewußtsein nachkommender Generationen.

Das Wehrgesetz. Es ging darum, ein Gesetz für die Verteidigung der gesamten Monarchie zu schaffen – das hieß also, daß es keine selbständige Honvédarmee geben konnte, denn diese mußte ein Bestandteil der „gemeinsamen Angelegenheit" Wehrpolitik werden. Die nationale Leidenschaft der Separatisten sah die Welt ohne Honvéds einstürzen, sie donnerte gegen die Gesetzesvorlage, gegen den Ausgleich, überhaupt gegen alles mit Österreich Gemeinsame. Deák kam Andrássy, dem auch das Kriegsministerium unterstand, zu Hilfe: Mit zwei getrennten, voneinander unabhängigen Armeen, meinte er im Reichstag, wäre den Gefahren, die Ungarn und Österreich bedrohten, nicht zu begegnen: „Wenn wir es unterlassen, für den Schutz des Landes und der Monarchie das zu tun, was nötig und zweckmäßig ist, könnten wir dieses Versäumnis noch bitter mit dem Preis des Untergangs bezahlen. Denn gerade die Landesverteidigungsmaßnahmen sind von der Art, daß es gefährlich ist, sie unter Schwankungen der Verschiedenheit zu verschieben oder sie nur zur Hälfte auszuführen. Leicht könnte es dann geschehen, daß die Ereignisse nicht warten." Endlich einigten sich die Herren von Pest, die die Welt nicht ausschließlich in ungarischen Farben sehen wollten, und jene von Wien, die an die Honvéd nicht nur mit Abscheu dachten, auf einer Sitzung am 5. Dezember 1868 unter dem Vorsitz des Monarchen. Dieser 5. Dezember war der Geburtstag der „k. u. k." Armee, die bald zum wirkungsvollen Bindestoff zwischen den Völkern der Monarchie und ihr, getreu ihrem Eid, bis zuletzt dienen wird.

Fiume. Das italienische Wort heißt Fluß. Das war auch der Name der Hafenstadt an der Adria. (Auf kroatisch heißt sie Rijeka, was ebenfalls „Fluß" bedeutet. Das ist ihr heutiger Name.) Sie schaute auf eine bewegte Geschichte zurück: Mehrmals hatte sie den Herrn gewechselt, bis Kaiser Friedrich III. sie 1471 angekauft hatte. Kaiser Karl VI. hatte ihr 1719 das Freihafenpatent verliehen. Maria Theresia hatte sie 1779 als ein „separatum sacrae regni coronae adnexum corpus" (einen „besonderen, der heiligen Königskrone angegliederten Körper") mit Ungarn vereint. Nun bildete Fiume einen ungeklärten Punkt im ungarisch-kroatischen Ausgleich. Der Hafen sollte der Schiffahrt der gesamten Monarchie zur Verfügung stehen. Nach vielen kleinlichen, oft auch national gefärbten Diskussionen fand man endlich eine Lösung: Die kroatische Regnikolardeputation, der Landtagsausschuß also, machte den Vorschlag, die Stadt Fiume solle von der ungarischen Regierung übernommen werden, das Komitat Fiume an Kroatien fallen.

Am 15. März 1870 beriet der ungarische Reichstag den Vorschlag, doch wartete man auf Andrássys Wunsch die Zustimmung des kroatischen Landtags ab; dieser stimmte am 20. Juli mit 55 gegen 10 Stimmen dem Vorschlag zu. Am 1. November übernahm der neu ernannte Gouverneur von Fiume und dem ungarisch-kroatischen Küstenland das Amt. „Elisabeth" hieß das Kriegsschiff, an dessen Bord der Gouverneur die ihm unterstellten Küstenstädte aufsuchte. Es fiel ihm auf, daß in den südlichen Gegenden ein nationaler und religiöser Kult mit dem Zaren von Rußland getrieben wurde. Noch vor der Regelung der Fiume-Frage hatte Andrássy erklärt: „Ich bin", und dachte dabei an Kroatien als ein integriertes Land der Stephanskrone, „ich bin ebenso Kroate wie Ungar, weil ich kein ungarisches Interesse kenne, das zu einem kroatischen im Gegensatz stünde.“

Ein neuer Staat. Es war freilich ein sehr alter, genauer gesagt, es waren sehr alte Staatskörper, welche nach der Regelung ihrer Beziehungen, also nach dem Ausgleich, unter ebenso alten wie neuen Namen vor die Welt treten sollten: das „Kaisertum Österreich“ und das „Königreich Ungarn“. Der neue Name sollte die Gleichstellung der beiden alten Staatskörper, ihr gemeinsames Vorgehen in aller Welt, ihre gemeinsame Verantwortung manifestieren.

Der Vollständigkeit und des besseren Verständnisses halber, auch um die doch divergierende Auffassung zu dokumentieren, seien die Titel der beiden Ausgleichsgesetze, des ungarischen und des österreichischen, angeführt: 1. der ungarische Gesetzesartikel XII vom 12. Juni 1867 „über die zwischen den Ländern der ungarischen Krone und den übrigen unter der Regierung Sr. Majestät stehenden Ländern obwaltenden Verhältnisse von gemeinsamem Interesse und den Modus ihrer Behandlung“; 2. das österreichische Gesetz vom 21. Dezember 1867, RGBl. Nr. 146, „betreffend die allen Ländern der österreichischen Monarchie gemeinsamen Angelegenheiten und die Art ihrer Behandlung“. Ergänzend kam hinzu der Gesetzesartikel XXX:1868 über den ungarisch-kroatischen Ausgleich.

Die divergierende Auffassung, die Quelle mancher Ärgernisse werden sollte, bestand darin, daß im österreichischen Gesetz Ungarn als ein Teil der österreichischen Monarchie betrachtet wurde, obwohl der ungarische Gesetzesartikel XII:1867 die staatsrechtliche Selbstständigkeit Ungarns anerkannte und bereits am 12. Juni, also vor dem österreichischen Gesetz, sanktioniert worden war. Haarspalterei, so kann man es gewiß abtun, aber es erhitzte manchmal die Gemüter. Doch was tut’s? Der Dualismus funktionierte.

Wie aber sollten fortan die beiden Staatskörper mit ihren gemeinsamen Angelegenheiten genannt werden? Es herrschte Verwirrung. Man einigte sich darauf, eine bequeme Lösung, daß die Titelfrage einen „souveränen Akt“ des Monarchen bilde. Mit einem „Allerhöchsten Handschreiben“ vom 14. November 1868 wurde das seit 1804 existente „Kaiserthum Österreich“ wahlweise in „Österreichisch-Ungarische Monarchie“ oder „Österreichisch-Ungarisches Reich“ umbenannt – die erstgenannte Bezeichnung setzte sich durch, ging in den allgemeinen Sprachgebrauch und die Geschichtsschreibung ein. Franz Joseph I. führte den Titel „Kaiser von Österreich und Apostolischer König von Ungarn“. Die gemeinsamen Ministerien hießen „k. u. k.“. Auch die Welt von 1867 bis 1918 hieß „k. u. k.“.

Und dann wurde die alte Militärgrenze, der langgedehnte Landstrich von der Adria bis Siebenbürgen – ursprünglich als Schutz gegen die Osmanen gegründet – aufgelöst. Die siebenbürgische Militärgrenze war bereits 1851 aufgehoben worden, 1870/71 wurden die ungarische und die kroatische aufgehoben. Sie waren ein politischer Zankapfel gewesen, nun gab es sie nicht mehr. Österreich-Ungarn präsentierte sich der Welt. Einer Welt, in der Kriegslärm zu vernehmen war.

Die Fronten werden sichtbar

Gewiß, es war noch kein richtiger Kriegslärm, nicht im Spätsommer des Jahres 1867. Es rumorte bloß. Andrássy hatte ein feines Gehör, und er hatte, am Reichskanzler Beust vorbei, direkten Zugang zu Franz Joseph, an dessen Seite ein ungarischer Minister „am Allerhöchsten Hoflager" tätig war; und dieser erhielt seine Instruktionen von Andrássy. Somit hatte der ungarische Ministerpräsident ein Instrument, das ihm ermöglichte, nicht nur zum Herrscher, zu dessen ziviler und Militärkanzlei den Kontakt zu pflegen, sondern auch sein Mitspracherecht oder Zustimmungsrecht (das übrigens im Ausgleichsgesetz verankert war) in den außenpolitischen Belangen wahrzunehmen. Er pflegte also ständigen Kontakt mit Beust. Das muß man wissen, um das Kommende richtig zu sehen.

Man wird sich erinnern, daß Beust in Ungarn für seine Rolle beim Zustandekommen des Ausgleichs gefeiert wurde wie noch „kein anderer österreichischer Minister". Doch nur zu bald wollte es scheinen, daß er den Ausgleich aus ganz anderen Gründen vorangetrieben hatte. Seine Preußenfeindlichkeit, sein Trachten nach einer Revanche für Königgrätz seien, sagte man sich, die Triebfedern seines Tuns. Er habe durch den Ausgleich nur Österreichs Rücken frei bekommen wollen, um gegen Preußen – im Bündnis mit Napoleon III., dessen Wohlwollens er sich rühmte – eine Front bilden zu können. Und er wollte, als Gegengewicht zum Norddeutschen Bund, einen Süddeutschen gründen, anzuführen von Österreich, und er, Beust, wollte selbst der süddeutsche Bundeskanzler werden, wie Bismarck der norddeutsche war. So eindeutig waren aber seine Ziele nicht zu erkennen. Beust war ein kluger Diplomat.

Als im Jahr des Ausgleichs Luxemburg neutral wurde und die preußische Besatzung abzog, wollte Napoleon das Land erwerben; es kam beinahe zu bewaffneten Auseinandersetzungen mit Preußen – da bot Beust seine Vermittlerdienste an, und dies trug ihm die Anerkennung Bismarcks ein. Doch eine engere Verbindung mit dem norddeutschen Kanzler eingehen? – nein, das nicht! Beust fand am Wiener Hof einen mächtigen Verbündeten, einen Mann an höchster Stelle, einen ruhmreichen Feldherrn auch, der gleichfalls auf eine Revanche für die Niederlage von 1866 sann: Erzherzog Albrecht. Und beide blickten, da sie wußten, daß Österreich im Alleingang nichts ausrichten konnte, auf Frankreich.

Nein, kein Bündnis mit Preußen! Die Mission des bayerischen Grafen Tauffkirchen, des Abgesandten Bismarcks, im April 1867 mußte scheitern, weil Beust seine Argumente nicht gelten ließ: nicht die von Bismarck angebotenen Orientgarantien in Anbetracht der russischen Ambitionen und auch nicht das Angebot einer kurzfristigen Allianz mit der Gesamtmonarchie. Tauffkirchen verließ Wien unverrichteter Dinge. Bei seiner Abschiedsaudienz sagte ihm Franz Joseph, Österreich sei von den deutschen Regierungen im Stich gelassen, es könne im Augenblick nur eine Interessenpolitik betreiben, eine Annäherung an Deutschland sei nur möglich, wenn dieses bedeutende Gegenleistungen böte. Mit umso größerem Eifer konnte sich Beust also der Vorbereitung einer österreichisch-französischen Annäherung widmen. Einen traurigen Anlaß dazu bot ihm die Hinrichtung des mexikanischen Kaisers Maximilian, des Bruders Franz Josephs, am 19. Juni 1867.

Napoleon III. hatte daran seinen unrühmlichen Anteil, und so schien es angebracht, daß er dem österreichisch-ungarischen Herrscherpaar einen Kondolenzbesuch abstattete. Das Zusammentreffen der beiden Kaiser in Salzburg im August 1867 war Beusts Werk – sein Ziel: die durch den Tod Maximilians eingetretene Entfremdung zwischen Wien und Paris zu beseitigen und so den Weg zu der von ihm angestrebten Annäherung zu ebnen. Aber ganz eindeutig wurde Beust nie. Gewiß, er wäre zu einem Zusammengehen mit Paris sofort bereit gewesen, hätte er die Überzeugung gewonnen, Frankreich würde Preußen in einem raschen Feldzug besiegen – aber vielleicht wieder auf der Verliererseite zu stehen, nein, das wollte Beust nicht. Und er unterschätzte keineswegs die russischen Agitationen auf dem Balkan und die russischen Truppen an der galizischen Grenze als Gefahr für die Monarchie, darum sah auch er das russisch-preußische Einvernehmen mit Mißtrauen. Er machte Napoleon Avancen, und Napoleon, der so gerne den großen Staatsmann mimte, deutete Beusts freundliche Äußerungen als ein Zeichen dafür, daß Österreich vielleicht zusammen mit Frankreich gegen Preußen marschieren würde. Napoleon durchschaute Beusts Agieren nicht.

Aber bot sich überhaupt eine reale Chance, die Niederlage von Königgrätz zu vergelten? Gewiß nicht, nicht im Jahr 1867. Nicht einmal die Unterredungen vom Dezember 1868 bis Juni 1869 in Wien, Paris und Florenz mit dem Ziel, zwischen Österreich-Ungarn, Frankreich und Italien ein großes Bündnis gegen Preußen, vielleicht auch gegen Rußland, zu schmieden, führten zu irgendeinem Ergebnis. Es bedurfte erst der katastrophalen Fehleinschätzung der internationalen Lage durch Napoleon III., daß es zu einem Waffengang gegen Deutschland kam. Doch darüber später.

Vorläufig sind wir noch Zeugen dieses so wendeträchtigen Jahres 1867, und besonders eines Ereignisses darin, das alle Feinheiten der zeitgenössischen Diplomatie erkennen läßt. Denn nun, da Napoleon sein Beileid höchstpersönlich ausgedrückt hatte, bestand für Franz Joseph kein Grund mehr, die Pariser Weltaustellung nicht zu besuchen. Er wollte Ende Oktober dorthin reisen.

Sein Weg führte ihn über das badische Pfarrdorf Oos, das er am 21. Oktober erreichen sollte. Der Zufall wollte, daß König Wilhelm I. sich gerade in der Nähe, in Baden-Baden aufhielt. Die freundschaftlichen Bande Beusts zu Paris waren allgemein bekannt; die kurzfristig aufeinanderfolgenden Treffen der beiden Kaiser schien eine weitere Annäherung zwischen ihren Reichen anzudeuten, und das mußte in Berlin Verstimmung hervorrufen. Und Beust mußte das wissen, sollte dem entgegenwirken. Wollte er es auch?

König Wilhelm meinte, eine durch den Zufall herbeigeführte, spontane Begegnung mit Franz Joseph könnte die nach Königgrätz entstandene ungute Atmosphäre entspannen, fragte also am 17. Oktober telegrafisch bei Bismarck an, ob nicht eine Zusammenkunft angebracht wäre. Noch am selben Tag telegrafierte Bismarck zurück, seines Erachtens möge der König auf jede diesbezügliche österreichische Initiative in liebenswürdiger Form eingehen, aber eine preußische, da deren gute Aufnahme ungewiß sei, vermeiden.

Bismarck unternahm auch noch etwas anderes. Er hatte das Telegramm seines Königs im Reichstag im Beisein des sächsischen Ministers von Friesen erhalten, und seine erste Reaktion darauf war, Preußen könne doch nicht die Initiative zur Begegnung in Oos ergreifen. Friesen hatte entgegnet, daß von Franz Joseph als dem Besiegten eine solche Initiative noch weniger erwartet werden könne; aber er, Friesen, sei überzeugt, der Vorschlag König Wilhelms würde in Wien mit Freude aufgenommen werden. Daraufhin ließ Bismarck die beiden Telegramme, Wilhelms und seines, durch den Preußischen Gesandten von Werther Beust vertraulich vorlegen. Nun lag die Entscheidung beim österreichischen Ministerpräsidenten.

Dessen Entscheidung gipfelte in Ausflüchten. Er riet Franz Joseph, ein Zusammentreffen mit Wilhelm um vier Uhr morgens – zu so früher Stunde sollte die Durchreise stattfinden – nicht vorzuschlagen, denn der Zeitpunkt sei „unschicklich"; aber selbstverständlich solle er, Franz Joseph, es als freundliche Aufmerksamkeit empfinden, wenn Wilhelm ihn doch begrüßen wollte.

Von Werther teilte dies Bismarck im Telegramm vom 19. Oktober mit. Noch am selben Tag riet Bismarck dem König davon ab, sich zu so ungewohnter Stunde am Bahnhof einzufinden. Schon war der Hofstaat in Wien aufgebrochen, da änderte man die Reisebestimmungen, und Beust telegrafierte von Linz aus an Werther, Franz Joseph werde nicht schon um vier, sondern erst um sieben Uhr in Oos eintreffen. Da es aus Zeitgründen nicht mehr möglich war, Bismarcks Rat einzuholen, handelte Wilhelm auf eigene Faust und traf sich mit Franz Joseph.

Die Begegnung dauerte zwar nur zehn Minuten, aber dieses erste Treffen der beiden Monarchen seit Königgrätz war herzlich und freundlich. Und das kam Beust äußerst ungelegen, wirkte es doch seiner Absicht entgegen, in Paris die Bande zwischen Österreich-Ungarn und Frankreich fester zu knüpfen. – Diese beinahe schon anekdotenhafte Begebenheit zeigt auch den grundlegenden Gegensatz zwischen den Standpunkten Beusts und Andrássys. Auch das muß man wissen, um das Kommende richtig zu sehen.

Andrássy ließ sich nicht, wie manchmal Beust, von seinen

„Der Ballhausplatz“, Sitz der Staatskanzlei (Außenministerium) in Wien im 19. Jahrhundert

Emotionen leiten, er betrachtete Preußen kühl, abwägend, einzig vom Gesichtspunkt der Monarchie aus. Beusts Schaukelpolitik, seine Art, niemals eine eindeutige Stellung zu beziehen, erregten naturgemäß das Mißtrauen, ja den Haß Bismarcks. Aber auch das Mißtrauen Andrássys. Und Andrássy verstand es, sehr zum Verdruß Beusts, Einfluß auf die Außenpolitik der Monarchie zu nehmen. Er konnte, im Gegensatz zu Beust, kein besonderes Interesse Österreich-Ungarns darin erblicken, Vergeltung für Königgrätz zu üben. Er sah die Bestrebungen Preußens, die Interessenlage der Monarchie klarer als Beust. Ein Brief beweist das, ein Brief, der erst nach Andrássys Tod im „Pester Lloyd“, der deutschsprachigen Budapester Tageszeitung, vom 30. Mai 1897 veröffentlicht wurde – in diesem seinem Brief vom 13. März 1855 (!) hatte Andrássy aus seinem Pariser Exil an einen Freund geschrieben: „Der gesunde Verstand sagt, daß Preußen, will es Deutschlands Unabhängigkeit bewahren, zuerst damit anfangen muß, seine Vorherrschaft in

Deutschland herzustellen, und daß dies schwerlich mit österreichischer Hilfe geschehen kann."

Andrássy sah das Salzburger Treffen Franz Josephs mit Napoleon mit Bedauern; in der luxemburgischen Angelegenheit trat er für die Neutralität der Monarchie ein. Er plädierte auch dagegen, daß Wien, zusammen mit Frankreich, vielleicht auch mit England und Preußen dem Papst Schützenhilfe gewähre (wie Beust vorhatte), damit dieser (gegen den Wunsch der italienischen Regierung) Rom in seinem Besitz erhalten könne.

Es war dies jener Papst Pius IX., der eine Versöhnung der Kirche „mit dem Fortschritt, mit dem Liberalismus, mit der modernen Zivilisation", mit ziemlich allen Geistesströmungen der Zeit schroff ablehnte und aus diesem unbeugsamen geistigen Verhalten heraus 1854 das Dogma der Unbefleckten Empfängnis Mariä und 1869/70 jenes der päpstlichen Unfehlbarkeit schuf. Sosehr sich auch Pius IX. als ein Verbündeter der ihrer „Staaten" entledigten italienischen Fürsten und sogar des Hauses Habsburg gab, eine Unterstützung des Papstes durch Österreich-Ungarn hätte die Monarchie in einen gefährlichen Gegensatz zu Italien hineinmanövriert. Darum sagte Andrássy Beust, als die beiden Minister am 21. Oktober die Nachricht vom Marschbefehl des italienischen Heeres gegen Rom erhielten (Beust war entsetzt): Das Interesse der Monarchie erfordere die volle Neutralität.

Außerdem war es nur zu fraglich, ob England, dessen führende Schichten aus geschichtlichen Gründen gegen das Papsttum eingenommen waren und sich aus den Gedichten Brownings, Byrons, Keats', Shelleys ein besonderes Italienbild gemacht hatten, für ein Engagement für den Papst hätte gewonnen werden können; ebenso fraglich war eine Mitwirkung Preußens.

All das mußte nicht folgerichtig bedeuten, daß Andrássy unbedingt für eine Allianz mit dem Norddeutschen Bund eintrat – durchaus nicht. Andrássy trat mit dem ganzen Gewicht seines Amtes dafür ein, daß die Monarchie ein Pfeiler des Kräftegleichgewichts bleibe, denn er wußte, daß Österreich-Ungarn nur als solcher bestehen konnte.

Einen, nur einen Grund hätte es für ihn gegeben, die Monarchie einer Koalition gegen Preußen zuzuführen: wenn Bismarck eine Macht im Osten unterstützt hätte, vor allem Rußland mit seinen später immer offensichtlicher werdenden Ambitionen auf dem Balkan. Doch das hätte jedem verantwortlichen ungarischen Staatsmann einen Grund geliefert, Verbündete gegen Deutschland zu suchen. Der Generation, welche die russische Invasion des Jahres 1849 erlebt hatte und der auch Andrássy angehörte, war Rußland ein Trauma; dessen Wühlarbeit unter den Slawen in Ungarn ebenfalls. Andrássy wußte, über welche Kanäle St. Petersburg den Rubel nach Ungarn rollen ließ, um die slawischen Bewegungen zu unterstützen – doch das wußten auch Beust und sein Sektionschef Hofmann, das wußte der preußische Legationsrat Ladenberg; das war ein offenes Geheimnis. Nur daß Ungarn, in diesem Fall ein gebranntes Kind, auch noch befürchtete, daß Rußland einen preußisch-französischen Krieg dazu benützen würde, die von außen geschürte Unzufriedenheit der slawischen Bevölkerung zur Explosion zu bringen. In wie hohem Maß diese Befürchtung der Wirklichkeit entsprach, wie groß die tatsächliche Macht des treibenden Panslawismus war, läßt sich nicht mit Zahlen und Daten belegen. Aber dic Angst der österreichisch-ungarischen Staatsmänner war Realität und bestimmte die außenpolitische Ausrichtung der Monarchie mit.

Ganz in der Manier der damaligen „Kabinettsdiplomatie“ meinte Andrássy im November 1868 zum italienischen Gesandten in Wien, er, Andrássy, stehe der nationalstaatlichen Politik Preußens wohlwollend gegenüber; sollte aber die Berliner Regierung in Rumänien Bestrebungen begünstigen, welche den Interessen der Monarchie zuwiderliefen, dann bliebe der ungarischen Regierung nichts anderes übrig, als in Paris eine Stütze zu suchen. Der preußische Gesandte in Florenz erfuhr sofort von diesen Worten des ungarischen Ministerpräsidenten und telegrafierte sie am 18. November nach Berlin. Und gleich, am 22. November, erhielt der preußische Generalkonsul in Bukarest die telegrafische Weisung von Bismarck, er solle dem rumänischen Fürsten Karl nahelegen, alle Umtriebe unter den siebenbürgischen Rumänen einzustellen, sonst würde der norddeutsche Kanzler die rumänischen Hetzereien öffentlich mißbilligen.

Die Fronten nahmen immer schärfere Konturen an.

Planspiele waren im Gange. Wir wollen sie in groben Zügen aufzeigen – deshalb nur in groben Zügen, weil die meisten auch Planspiele blieben und manchesmal abenteuerlich anmuteten; doch sie geben ein getreues Bild von den Vorstellungen, Befürchtungen, diplomatischen Ränken jener Zeit, von der Autarkie, nach der die Staaten strebten. (Der Begriff schloß sowohl das Streben nach wirtschaftlicher Unabhängigkeit wie auch das Streben nach außenpolitisch selbständigem Handeln ein; ein Charakteristikum, welches daraus erwuchs, daß die Staaten auf dieser Etappe der Entwicklung ausgeprägte nationale und dynastische Einheiten bildeten wie Italien und Preußen oder aber dynastische und geographische, geopolitische Einheiten wie Österreich-Ungarn – Einheiten, wie es sie heute, zur Zeit der ideologischen, politischen, militärischen Blöcke, nicht geben kann, es wird sie auch dann nicht wieder geben können, wenn die Blöcke ihre ursprüngliche Gestalt abschütteln.)

Preußen/Rußland – Österreich-Ungarn/Frankreich. Das war ein mögliches Planspiel. Bismarck maß der Haltung Ungarns im Fall eines preußisch-französischen Waffenganges besondere Wichtigkeit bei, ließ sich also vom Legationsrat Ladenberg über die Stimmung in Ungarn berichten. Dieser meinte, die führenden Schichten lehnten ein Einbeziehen der Monarchie in einen preußisch-französischen Konflikt entschieden ab, allerdings nur so lange, als nicht auch Rußland, und zwar an Seite Preußens, sich am Kampf beteilige; ihr vornehmstes Ziel sei es, die Errungenschaften des Ausgleichs zu erhalten; Andrássy sei der Repräsentant dieser Richtung.

Das stimmte zwar – aber nicht ganz. Gewiß, Andrássy war entschlossen – und wußte dabei die Mehrheit des ungarischen Reichstags hinter sich –, mit Napoleon III. einen Bund einzugehen, wenn Rußland und Preußen gemeinsam marschierten (und in Kenntnis der ungarischen Angst vor Rußland dürfte diese Möglichkeit auch Ladenberg und Bismarck nicht überrascht haben). Aber mit der gleichen Entschlossenheit wollte Andrássy auch jeden nur erdenklichen Anlaß vermeiden, der zu einem solchen Schritt hätte führen müssen. Und gerade deshalb suchte er die Politik Beusts zu durchkreuzen, der mit all seinen diplomatischen Winkelzügen nur auf das eine Ziel hinarbeitete: auf eine Revanche gegen Preußen. Die beiden höchsten Amtsträger der Monarchie hatten grundverschiedene Ansichten über die Berufung des ihnen anvertrauten Staatswesens.

Die orientalische Frage. Für Beust war sie nur ein Mittel

zum Zweck, das heißt, er wollte sie nur soweit gelöst wissen, als sie (wie auch der Ausgleich mit Ungarn) ihm den Rücken freihielte zur erfolgreichen Durchführung seiner preußenfeindlichen Pläne. Hingegen erachtete Andrássy einen Autoritätszuwachs der Monarchie auf dem Balkan als Gegengewicht zu den russischen Bestrebungen als eine Aufgabe, lebenswichtig für den Fortbestand Österreich-Ungarns. Wogen nicht bei solchen Überlegungen auch die Lebensinteressen Ungarns schwer? Gewiß! Aber mußte nicht eine Schwächung Ungarns durch panslawistische Umtriebe auch Österreich, also den gesamten Staat schwächen? Und war es nicht nur zu selbstverständlich, daß ein ungarischer Ministerpräsident dagegen ankämpfte? Und erkannte Beust das alles wirklich nicht? Oder wollte er es bloß nicht wahrhaben?

Auf jeden Fall wollte er nur den Status quo erhalten, aber Andrássy wollte das Fürstentum Serbien dem Einfluß Rußlands entziehen – doch nur, indem er diesem denkbar freundlichst entgegenkam. Etwa in der Art, daß die osmanischen Provinzen Bosnien und Herzegowina zwischen Serbien und Österreich-Ungarn geteilt werden sollten; für ihre Zustimmung sollte der Hohen Pforte der Schutz der Monarchie gegen jeden feindlichen Angriff von außen (von Rußland? – damit die Pforte natürlicher Verbündeter der Monarchie würde?) zugesichert werden. Doch Andrássy mußte befürchten, daß Beust die Zustimmung Frankreichs nur dadurch würde erwirken wollen oder können, daß Österreich-Ungarn sich zur Unterstützung Frankreichs verpflichtete – und wie ein Alptraum lastete auf Andrássy die Vorstellung, im Falle eines preußisch-französischen Krieges die Neutralität aufgeben zu müssen und vielleicht auch noch einem kombinierten preußisch-russischen Angriff ausgesetzt zu werden. Schweren Herzens verschob er die Regelung der Orientfrage auf günstigere Zeiten. Aber die Kluft zwischen ihm und Beust wurde von Tag zu Tag tiefer.

Österreich-Ungarn/Frankreich/Italien. Es sollte ein Dreibund werden: ein Planspiel von besonders abenteuerlicher Art. So abenteuerlich, daß der ungarische Sektionschef im Außenministerium, Orczy, ein Vertrauensmann Andrássys (mit Genehmigung des Monarchen zu dem Zweck ernannt, daß er den ungarischen Ministerpräsidenten über die Vorgänge in der Außenpolitik offiziell informiere), daß also der redliche und hochgebildete Beamte Orczy es nicht einmal seinem Tagebuch anzuvertrauen wagte. (Beust sprach sich später in seinen Aufzeichnungen ausführlich darüber aus.)

Es gab einen früheren sächsischen Diplomaten namens Vitzthun; Beust hatte ihn 1867 an den Ballhausplatz geholt. Vitzthun war dem Reichskanzler völlig ergeben, billigte nicht nur dessen Pläne und Vorgangsweise, sondern war auch Beusts Ratgeber, einig mit ihm in der Gegnerschaft zu Preußen im allgemeinen und zu Bismarck im besonderen; gebildet, geistreich, wendig, vielleicht sogar eine Spur konservativer als Beust selbst, unerschütterlich im Glauben an die heilige Tradition der europäischen Staatenwelt, wie sie nach 1815 entstanden war. Beust verwendete ihn zur Durchführung geheimster Aktionen: in London, in Paris, in Brüssel, wo er von 1868 bis 1872 die Monarchie vertrat (sehr zum Verdruß österreichischer Diplomaten). Sein politisches Credo offenbarte Vitzthun selbst in einem an Beust gerichteten persönlichen Brief bei seiner Ernennung zum Gesandten in Belgien am 25. April 1868:

„1. Meine politische Überzeugung, vor allem meine tief eingewurzelte Vorliebe für Österreich, welches ich immer als die Vormacht unseres deutschen Vaterlandes betrachtet habe; 2. Mein Vertrauen zu Ihnen, den ich als den Einzigen ansehe, der Österreich und mit und durch Österreich Deutschland retten kann."

Nun, im September 1868, kam Vitzthun nach Wien und brachte die Vorstellungen Napoleons III. mit, wie denn der Dreibund zu bewerkstelligen wäre. (Ein von Beust erdachter und von Vitzthun dem britischen Premier Disraeli in London vorgetragener Plan, Großbritannien in eine kontinentale Kombination hineinzuziehen, und zwar an der Seite Frankreichs und Österreich-Ungarns gegen Preußen, war – selbstredend! – gescheitert.) Also bot Napoleon Österreich-Ungarn als Entschädigung für dessen aktive Beteiligung an einem Waffengang gegen Preußen die Wiederherstellung der früheren Vormacht in Deutschland an! Ist das vorhin gebrauchte Eigenschaftswort „abenteuerlich" zur Charakterisierung der Beustschen Vorstellungen übertrieben? Großbritannien für einen Krieg auf dem europäischen Kontinent zu gewinnen – dazu hätte es einer mächtigen Bedrohung der britischen Lebensinteressen bedurft! Und diese Lebensinteressen lagen, wie die Machtquellen des

Empire, außerhalb Europas – es sei denn, eine Macht hätte das kontinentaleuropäische Kräftegleichgewicht umzustoßen gedroht. (Dies zu erkennen, bedurfte es keines besonderen Scharfsinns, das wußte man in den Kanzleien der Mächte.) Und Napoleons Angebot, Österreich möge nach einem erfolgreichen Feldzug in Deutschland dort die frühere Vormacht wieder einnehmen, hätte geheißen, das sprichwörtliche Rad der Zeit zurückdrehen zu wollen. Nein, Napoleons politische Träumereien waren wirklich nicht mehr ernst zu nehmen. Doch das mußte Beust am besten wissen, hatte ihm doch der österreichische Botschafter in Paris, Richard Fürst Metternich (Gemahl der in Wien mit so manch spöttisch-liebevollen Worten bedachten „Fürschtin Paulin"), bereits Anfang 1868 berichtet: „Mein Grundgedanke, daß nämlich der ‚Caesar' moralisch und physisch sehr gesunken, steht trotz alledem aufrecht." Und das Ehepaar Metternich stand mit dem Kaiserpaar auf freundschaftlichem Fuß – Metternich schickte sonst eher wohlwollende Berichte nach Wien. Offensichtlich ließen sich Beust und Vitzthun von ihren Revanchegedanken blenden.

Und Andrássy? Sein gesunder Menschenverstand, sein praktischer Geist sträubte sich gegen die unrealistischen Vorstellungen Beusts; aufgebracht meinte er zu Orczy: „Wenn wir wieder hinter der Rückgewinnung der deutschen Stellung herlaufen, waren unsere bisherigen Bemühungen vergebens und unsere Erfolge zwecklos. Schon als unser Rücken noch gedeckt war, war dessen Verteidigung eine mühevolle Aufgabe, nun aber, da wir im Orient bedroht sind, gehört die Erhaltung der deutschen Stellung überhaupt zu den Unmöglichkeiten." Das war eine klare Sprache.

Er lehnte auch die bewaffnete Neutralität im Fall eines preußisch-französischen Krieges ab, die Monarchie dürfe nur Zeugin sein zwischen den beiden Kriegführenden, niemals Beteiligte; und man solle auch offen sagen, daß man sich zur vollen Neutralität bekenne: „Wenn es uns gelingt, dadurch den Frieden aufrechtzuerhalten, umso besser; wir bedürfen der Ruhe, um uns zu sammeln, und wenigstens bedrohen wir auch niemanden. Bricht der Krieg dennoch aus, dann können wir unsere Kräfte vereinen, damit kein Dritter, sei es Rußland oder seien es die christlichen Nationalitäten der Türkei, sich einmische. Damit haben wir auch Frankreich gegenüber unseren guten Willen genügend zum Ausdruck gebracht." Man müsse auch Preußen von der Ehrlichkeit der Monarchie überzeugen, davon daß Österreich-Ungarn seine militärische Macht nicht einmal im Fall einer preußischen Niederlage gegen Deutschland einzusetzen gedächte. Doch ebenso klar müsse man erklären, daß die Monarchie, sollte sie von dritter Seite angegriffen werden, ihre Interessen zu verteidigen wissen würde. (In den europäischen Kanzleien neigte man eher dazu, im Fall eines Waffengangs einen französischen Sieg anzunehmen.)

Andrássy setzte seine Sicht der Dinge auch Franz Joseph auseinander: Diese Unterredung mit dem Monarchen am 28. Dezember 1868 dürfte heftig verlaufen sein – in Anbetracht der stets obwaltenden höfischen Formen will hier das Eigenschaftswort „heftig" den Ernst der Sache, die Überzeugungskraft Andrássys, die gewiß leidenschaftliche Art der Darlegung seiner Argumente kennzeichnen. Denn Andrássy führte Franz Joseph schonungslos vor Augen, welche Gefahren für die Monarchie die preußenfeindliche Politik Beusts bedeute: Sie müsse für ein nebuloses Ziel in einen verlustreichen Krieg münden – noch dazu zu einem Zeitpunkt, da die Reorganisation der Armee noch im Gange sei; in einen Krieg, der alle bisherigen Errungenschaften des Ausgleichs in Frage stellen, den gesamten Staat in Chaos stürzen würde.

Und Franz Joseph? Gewiß, der 1866 erzwungene endgültige Verzicht auf die Vormachtstellung in Deutschland schmerzte ihn zutiefst, doch er fügte sich den Tatsachen: Königgrätz war schließlich nur der letzte Akt in einem langen Prozeß; eine wirkliche Gefahr drohte der Monarchie nicht mehr im Norden, sondern im Osten; dort die Grenzen zu schützen, mußte die vornehmste Aufgabe der Außenpolitik sein. Und so sah der Monarch ein, von Andrássy überzeugt, daß der Staat in einem Waffengang zwischen Preußen und Frankreich neutral bleiben müsse.

Aus dem Arbeitszimmer des Monarchen in der Hofburg ging Andrássy hinüber in das ehrwürdige Gebäude am Ballhausplatz, in dem schon Kaunitz die Entgegnungen auf die Schritte Friedrichs II. von Preußen formuliert hatte. Er suchte Beust auf. Und die Unterredung der beiden höchsten Minister verlief tatsächlich heftig. Der Reichskanzler zog es zunächst vor, den Schmollenden zu spielen. Als er sah, daß sein Verhalten auf Andrássy nicht den geringsten Eindruck machte, versuchte er, seine preußenfeindlichen Ansichten als die unbedingt zu befolgende Politik der Monarchie zu verteidigen. Andrássy blieb unerbittlich. Als Beust die Rechtfertigung seiner Vorstellungen in einen Redeschwall ausufern ließ, schnitt ihm Andrássy das Wort ab: Wenn der Reichskanzler seine gefährliche diplomatische Fehde mit Preußen nicht einstelle, wolle er, Andrássy, sofort zurücktreten; er sei nicht bereit, seinen Namen zu einem „schimpflichen Rückzug" (wie er auf die Politik vor Königgrätz gefolgt war) herzugeben. Spätestens bei diesen Worten Andrássys erkannte Beust, daß er es war, der den Rückzug antreten mußte; er erkannte, daß ein Bruch mit Andrássy seinen eigenen Sturz nach sich ziehen würde. Doch das Amt, das er so liebte und an dem er mit seinem ganzen Ehrgeiz hing, für seine Prinzipien zu opfern – nein, das brachte Beust nicht übers Herz. Lieber trat er den Rückzug an. In Wien und in Pest atmete man auf. Denn die Stimmung zwischen Wien und Berlin war bereits so frostig geworden, daß man von einem Abbruch der diplomatischen Beziehungen sprach.

Unmittelbar nach der erregten Unterredung mit Beust traf Andrássy den französischen Botschafter, den Herzog von Gramont (wir begegnen ihm in den spannungsgeladenen Sommermonaten des Jahres 1870 noch einmal, als er, schon Außenminister, den Krieg mit Preußen geradezu herbeiführt), und sagte ihm geradeheraus: „Glauben Sie nicht halben Worten und halben Versprechungen, wer immer es auch sei, der sie Ihnen gibt" – eine unmißverständliche Anspielung auf Beust. Dann klärte er Gramont auf, daß Frankreich auf keinen Fall auf das ungerüstete Österreich-Ungarn zählen dürfe. Der Franzose dankte für die aufrichtigen Worte des Ministerpräsidenten – und sprach mit ihm nie mehr auch nur ein Wort über Politik, nicht einmal bei seinem einstündigen Abschiedsbesuch im Mai 1870, den er wohl oder übel abstatten mußte, ehe er nach Paris zurückkehrte.

Allerdings darf man nicht verkennen, wie schwierig die Lage Beusts war, schon allein von seiner Ausgangsposition her: Ein Protestant im erzkatholischen Wien, ein Fremdling unter dem alteingesessenen österreichisch-böhmisch-ungarischen Hochadel, ohne eine breite parlamentarische Basis, ja vielleicht überhaupt ohne eine politische Basis, es sei denn, man sieht in dem doch schwankenden Vertrauen des Herrschers eine solche. Unter so widrigen Bedingungen mußte Beust die Geheimverhandlungen mit den fremden Mächten, voran Frankreich und Italien, führen. Hingegen konnte sich sein Gegenpart auf eine feste politische Basis stützen, auf die Mehrheitspartei des ungarischen Reichstags, die entschlossen war, ihre seit dem Ausgleich stets wachsende Macht in der Gestaltung der gemeinsamen Außenpolitik auch zu gebrauchen und dafür die Verantwortung zu tragen. Auch der Unterschied der Charaktere, der Unterschied der Interessenlagen, die sie, Beust und Andrássy, vertraten, mußte für Beust eher Hemmschuh denn Ansporn sein; der nicht auszuräumende Unterschied in beider Konzeptionen ließ eine gütliche Zusammenarbeit auf die Dauer nicht zu. Andrássy wußte auch die „schöne Vorsehung", Elisabeth, über sich und seiner Sache wachen, wenn man auch ihren Einfluß auf wesentliche politische Entscheidungen nicht überschätzen sollte. Daß Beusts Verhandlungen mit dem Ziel eines „Friedens-, Beistands- und Freundschaftspaktes" zwischen Österreich-Ungarn, Frankreich und Italien letztlich scheiterte, lag am Widerstand der ungarischen Partei, die der Orientfrage naturgemäß größeres Gewicht beimaß als der Reichskanzler, und an der Interessenlage der Monarchie.

Und doch hatte Beust Verbündete, in Paris sowohl wie in Wien. Dort war es die altfranzösische Adelspartei, die von einem Feldzug gegen Preußen den Sturz des Emporkömmlings Napoleon erhoffte; hier ein mächtiger Kreis von Hochadligen, der auf die Demütigung Preußens und dadurch die Wiederherstellung seiner alten Positionen hinarbeitete. Sein Hoffnungsträger war der Chef der Militärpartei: Erzherzog Albrecht.

Die preußischen Staatsmänner, an der Spitze Bismarck, sahen in Beust einen Kriegstreiber. Doch so einfach läßt sich die Rolle des Reichskanzlers nicht bestimmen. Er spielte auf mehreren Instrumenten: Polen sollte eine Bastion gegen Rußland sein, um Preußen von seinem etwaigen Bundesgenossen zu trennen; Frankreich sollte an Österreich-Ungarn gebunden, Italien gewonnen werden. Das unstete Hin und Her ließ ihn in einem sehr ungünstigen Licht erscheinen. Er selbst war es, der in Berlin Mißtrauen gegen sich weckte.

Dennoch stimmten Beust und Andrássy in manchen Punkten sogar überein: Darin nämlich, daß im Fall eines französisch-preußischen Krieges Österreich-Ungarn Paris nicht nur seiner freundschaftlichen Gefühle versichern, sondern ihm auch die Zusage erteilen sollte, die Monarchie werde sich, wie immer auch der Krieg verlaufe, nicht mit Preußen verbünden. Auch darin waren sich die beiden Minister einig, daß ein Bündnis zwischen Preußen und Rußland Österreich-Ungarn an die Seite Frankreichs ziehen müsse.

Der Gegensatz zeigte sich darin: Der Reichskanzler wünschte sich im Fall eines französisch-preußischen Krieges vollkommen freie Hand gegenüber Preußen (was immer das in der Praxis hätte bedeuten sollen) – Andrássy lehnte das entschieden ab; vielmehr wünschte er in einer offiziellen Erklärung an Berlin festzuhalten, daß die Monarchie bei einer kriegerischen Auseinandersetzung vollkommene Neutralität wahren würde, solange der Krieg auf die beiden Parteien beschränkt bliebe.

Die Fronten waren abgesteckt. 1870, das Jahr der Entscheidung, brach an.

1870

Das Entscheidungsjahr? Hinterher ist das leicht gesagt – daß in diesem so oft apostrophierten Jahr Entscheidungen von welthistorischer Tragweite gefaßt worden waren. Die Nachwirkungen waren fatal, die Folgeerscheinungen verderblich. Aber die Akteure, welche die Entscheidungen zu fassen gehabt hatten, dachten nicht an die Nachwirkungen und schon gar nicht vermochten sie vorauszusehen, daß ihre Entscheidungen die Atmosphäre in Europa für mehrere Generationen vergiften würden, tödlich vergiften. Vom preußisch-französischen Krieg ist die Rede; von seinen Folgen. Und von der Haltung Österreich-Ungarns.

Wir wollen uns eines dramaturgischen Kunstgriffs bedienen: Zunächst lassen wir die Ereignisse in kurzen Streiflichtern Revue passieren und dann wollen wir in deren Kenntnis den Staatslenkern über die Schulter schauen, ihr Agieren nachvollziehen, es in das Geschehen einfügen.

Jahrhundertelang war die deutsche Politik des bourbonischen Frankreich darauf ausgerichtet gewesen, die Angelegenheiten des Reichs, des „Heiligen Römischen", möglichst in „Unordnung" zu halten. Nur daß dieses Sacrum Imperium niemals ein einheitlich funktionierender, nur von einem Herrscherwillen gelenkter Staatskörper gewesen war! Dem Kaisertitel wohnte viel mehr symbolische als tatsächliche Macht inne. Die Kaiser residierten in Wien, ihre primären Machtquellen waren die österreichischen Erblande, Ungarn, Böhmen, nur in geringerem Maß Deutschland. Die bourbonischen Staatslenker verbanden sich mit dem außereuropäischen Osmanenreich gegen den Kaiser in Wien; vorübergehend auch mit den Schweden und den protestantischen deutschen Ständen und Fürsten. Nachdem das Osmanenreich seine imperiale Macht eingebüßt hatte, vom Prinzen Eugen hinter die südliche Donaulinie zurückgedrängt worden war, Verfallserscheinungen zeigte, trat in den deutsch-französischen Beziehungen im 18. Jahrhundert eine gewisse Beruhigung ein, bis – nun ja, bis der König von Preußen, Friedrich II., nach Schlesien griff. Spätestens in diesem Augenblick wurde aller Welt offenbar, daß das „Heilige Reich" nur noch eine hehre historische Illusion veranschaulichte. Da gelang es dem gewieften Diplomaten und scharfsinnigen Staatsmann Kaunitz, Frankreich für den Kaiser, also für Deutschland (natürlich: für Maria Theresia) und gegen das feindliche Glied Preußen zu gewinnen: Durch das Meisterstück Renversement des alliances, die Umkehr der Bündnisse, versöhnten sich Habsburg und Bourbon. Wie ein Jahrzehnt zuvor Maria Theresia sich gegen halb Europa behauptet hatte, so behauptete sich nun Friedrich gegen das mächtige Bündnis: der Machtdualismus in Deutschland wurde zementiert. (Alfred von Arneth begründete die wachsende Berühmtheit, Beliebtheit Friedrichs im nördlichen Deutschland in seiner grandiosen Biographie Maria Theresias, an der er zur Zeit unsrer Erzählung schrieb, damit, der Preuße habe gegen die „Nationalfeinde Deutschlands" erfolgreich gekämpft – gegen die Franzosen also.)

„Nationalfeinde" – ein unglückliches Wort, aber die Menschen empfanden so. Das Wort saß fest im Bewußtsein beider Völker; seit den „Befreiungskriegen" (1812–1815) im deutschen Bewußtsein besonders fest.

In den kurzen zwei Jahrzehnten nach dem revolutionären Aufbruch von 1848/49 trug sich etwas Sonderbares zu: Preußen war im Begriff, sich zu „Deutschland" zu erweitern (dessen Schwerpunkt hatte sich von Wien nach Berlin verlagert); ein geeintes Italien wurde geboren; sogar ein konsolidiertes „Österreich-Ungarn" entstand. Sie alle waren Großmächte, zwei von ihnen Grenznachbarn Frankreichs. Nur Frankreich selbst verblieb innerhalb jener vorrevolutionären Grenzen – der Grenzen vor 1792! –, die ihm seinerzeit, 1814/15, der listenreiche Talleyrand gerade noch hatte herausschlagen können.

Napoleon III. gab sich gerne als „Erwählter des Volkes", als „Revolutionär", gab sich als der Sieger von 1866; er hatte dem französischen Volk so manches versprochen, das nicht zu halten war. Nun wollte er für geleistete Dienste – so nach 1866 für seine Neutralität im „Siebenwöchigen Krieg" – „Dank" einheimsen: Kompensationen, Zahlungen, er wollte „kassieren". Das ging jammervoll daneben. Deutsche Karikaturisten spotteten über ihn; Bismarck war nicht bereit, das vor dem Feldzug mit undeutlichen Worten in Aussicht gestellte „Trinkgeld" nach dem Sieg auch zu bezahlen. Um seinem Volk doch einen kleinen Gewinn vorweisen zu können, wollte Napoleon von Holland Luxemburg ankaufen. Ein Aufschrei der Empörung ging durch die deutsche Presse, die deutschen Lande: Kein Jota alter deutscher Erde den „Nationalfeinden"! Selbst Bismarck war von der Heftigkeit des Volkszorns überrascht; er fügte sich. Holland verkaufte nicht, Luxemburg wurde neutral, Napoleon ging leer aus. Und das ruhmlose mexikanische Abenteuer war ebenfalls noch in aller Erinnerung.

Botschafter Metternich hatte den armen falschen Cäsar richtig charakterisiert. Napoleon kränkelte, verlor sich immer mehr in unrealistischen Vorstellungen; er hatte sich selbst macht- und geldhungrigen Abenteurern in die Hände gespielt; sein Parlament war eine erbärmliche Versammlung von Jasagern. Und die Armee? Sie lebte von der alten Glorie. Man glaubte an sie, an Armee und Glorie. Auch außerhalb Frankreichs glaubten viele an sie. In Paris waren auch Kriegstreiber am Werk.

Die unmittelbare Vorgeschichte des Krieges mutet – das Wort drängt sich immer wieder auf! – anekdotenhaft an:

Nach der Abdankung der Königin Isabella war der spanische Thron vakant geworden. 1869 bot man ihn einem Prinzen von Hohenzollern-Sigmaringen an, das Angebot wurde abgelehnt. Ende Februar 1870 suchte ein spanischer Abgesandter den Prinzen Karl-Anton, Oberhaupt des katholischen Zweiges der Familie, auf und bot die spanische Krone dessen Sohn Leopold an. Diesmal wurde das Angebot angenommen; wenn auch nicht mit einhelligem Entschluß. Die Hohenzollern waren nicht gerade begeistert, König Wilhelm schon gar nicht; er meinte, die Spanier hätten in den letzten Jahrzehnten eine Revolution nach der anderen inszeniert – was stimmte. Aber Kriegsminister Roon und Generalstabschef Moltke hatten strategische Argumente parat: Ein Hohenzoller auf Spaniens Thron würde jeden französischen Generalstabschef zwingen, eine Armee an der Südgrenze des Landes zu stationieren, und das würde bei einem etwaigen Krieg die französischen Truppenkontingente im Norden schwächen. Bismarck ließ das Argument gelten.

Hatte Bismarck die Hohenzoller-Kandidatur von langer

Hand vorbereitet, wie behauptet wird, um Napoleon III. eine Kriegsfalle zu stellen? Oder wählte er, als das französische Kriegsgeschrei unüberhörbar wurde, lieber den Krieg als eine diplomatische Demütigung? Ergriff er bloß die Chance, Preußens Macht weiter zu mehren? Müßige Fragen. Aber sie wurden auf Hunderten Druckseiten gestellt, untersucht. Die Antwort auf eine müßige Frage kann auch nur müßig sein. Jedenfalls trugen beide Seiten ein gehöriges Maß an Kriegsschuld; und beide Seiten waren gleichermaßen schuldlos. Die Entwicklung besitzt oft Eigendynamik; dann ist sie nicht lenkbar. Bismarck wußte das.

So ging's weiter: Prinz Leopold nahm das Angebot am 19. Juni an, es sollte geheim bleiben, blieb es aber nicht: Am 4. Juli veröffentlichte es die französische Presse. Die Pariser Zeitungen heulten auf. So heftig war die Reaktion der Franzosen, daß König Wilhelm seinen Adjutanten nach Sigmaringen schickte und Leopold zum Verzicht auf die Kandidatur veranlaßte. Das geschah am 12. Juli. Wilhelm meinte nämlich, kopfschüttelnd und murrisch, das Projekt sei so nichtssagend, so gewichtlos, daß es sich wahrhaft nicht lohne, deswegen einen Krieg vom Zaun zu brechen. Womit er recht hatte. Aber er hatte Bismarcks Pläne durchkreuzt. Zudem versicherten ihm Roon und Moltke, die preußische Armee sei der französischen überlegen.

Die Franzosen wußten das nicht. Gramont, seit drei Monaten Außenminister, verlangte vom preußischen Botschafter, der ihm die Verzichtserklärung Leopolds überbracht hatte, König Wilhelm solle Kaiser Napoleon einen zur Veröffentlichung bestimmten entschuldigenden Brief schreiben. Er wies den französischen Botschafter Benedetti am 13. Juli an, von Wilhelm die Versicherung zu erlangen, niemals in eine etwaige spätere Kandidatur des Sigmaringenprinzen einzuwilligen. Gramont dürfte selbst nicht an eine nochmalige Kandidatur geglaubt haben, aber er und seine Freunde wollten Preußen demütigen, vielleicht hofften sie auch, Bismarck aus dem Kanzleramt zu drängen, den Einfluß des Norddeutschen Bundes auf die Südstaaten zu schwächen.

An jenem 13. Juli, einem Mittwoch, begegnete Benedetti – welch ein Zufall! – auf der herrlich sanften Lahnpromenade von Bad Ems – König Wilhelm. Weisungsgemäß bat er ihn um die von Paris verlangte Garantie. Wilhelm lehnte höflich, aber entschieden ab. Benedetti wurde aufdringlich, der Arme, aber schließlich hatte er seine Weisungen. Wilhelm wurde ärgerlich, telegrafierte Bismarck, der Kanzler dürfe, wenn er wolle, die lästige Angelegenheit publik machen. Bismarcks Pressenotiz wirkte in Paris wie eine Bombe, sie wurde dort gerade am 14. Juli, dem Nationalfeiertag, bekannt; die Wortführer meinten, Frankreich sei brüskiert worden. Napoleon III., krank, entschlußunfähig, ließ sich die Kriegserklärung abringen. Man schrieb den 19. Juli.

Frankreich stand allein. Die deutschen Südstaaten schlossen sich Preußen an. Die gesamte deutsche Armee – die erste Aufstellung zu den Operationen, die beiden Reservearmeen, die Landwehr – betrug 1,021.000 Mann! Die Franzosen zogen bei Metz 150.000 Mann zusammen, bei Straßburg 100.000 Mann, eine Reserve von 50.000 Mann, und 30.000 Mann wollte man den Dänen, deren Eintritt in den Krieg man erhoffte, zu Hilfe schicken.

Napoleon reiste zu seinen Truppen; Wilhelm reiste zu seinen Truppen. Die deutschen Generalstäbler hatten den Feldzug meisterhaft vorbereitet, von langer Hand: Der Nachschub war mit vollendeter Präzision organisiert, ganze fertige Brücken wurden der Armee nachgeliefert, ihre vorher berechneten Längen entsprachen wirklich den Breiten der zu überquerenden Flüsse. Am 18. August wurden die Franzosen bei Gravelotte besiegt, zehn Kilometer westlich von Metz; am 15. August überschritten die Deutschen die Mosel. Napoleon war in Sedan, der Kampf um die Stadt begann am 1. September. Ein blutiger Kampf. Die Festung konnte nicht gehalten werden. Napoleon ließ die weiße Flagge hissen. Er schrieb an Wilhelm: „Da mir nicht vergönnt war, an der Spitze meiner Truppen zu sterben, übergebe ich Ew. Majestät meinen Degen. Ew. Majestät guter Bruder – Napoleon.“ (Der mittelalterliche Rittercodex wurde auch noch in dieser düsteren Minute eingehalten. Erschütternd Hans Fronius’ „imaginäres Porträt“: „Napoleon III. bei Sedan“, wie er den falschen Cäsar, hin und her gerissen zwischen historischem Erbe und schlecht gemimter Größe, beim Sturz ins Nichts für einen letzten Augenblick verklärt.)

Aber wie hatte die französische Außenpolitik, voran Gramont, auf die deutschen Südstaaten, sogar auf Italien, auf Österreich-Ungarn rechnen können?! Es war keinen Augenblick zweifelhaft gewesen, daß Bayern, Württemberg, Baden zu Preußen stehen würden. So war die allgemeine Stimmung. Auch wären sie sonst einfach überrannt worden. Nun war der Main nicht mehr die trennende Linie, ihr Hüter, Frankreich, war besiegt.

Aber der Krieg ging weiter. Aus dem „Kabinettkrieg", der er bis dahin gewesen (wie jener von 1866), wurde ein grausamer Krieg der Völker. Denn nun sammelten sich die Franzosen gegen ihre „Nationalfeinde", entfalteten ihre soldatischen Tugenden, improvisierten phantasievoll, mutig, blutig. Der Krieg entwickelte seine schreckliche Eigendynamik, sein Sinn (sofern Krieg einen Sinn haben kann) entglitt seinen Lenkern – er war nur noch Krieg, nicht „Verteidigungskrieg", nicht „Angriffskrieg", einfach nur „Krieg". Der „böse" Kaiser, der ihn heraufbeschworen, war bereits weggefegt (damit wäre das preußische „Kriegsziel" erreicht gewesen), aber nun kämpfte das französische Volk verbissen weiter. Vergebens. Paris litt unsäglich, dann wurde es besetzt. Bayerns König bot, nicht ganz aus Überzeugung, dem König von Preußen die Kaiserkrone an. Widerstrebend nahm Wilhelm sie an, denn er liebte nur das „alte Preußen". Er tröstete sich damit, daß jener Mittwoch, der 18. Januar 1871, an dem er im Versailler Spiegelsaal Ludwigs XIV. zum „Deutschen Kaiser" proklamiert werden sollte, auf den Tag fiel, an dem einhundertsiebzig Jahre zuvor der erste König von Preußen gekrönt worden war.

Was Zar Alexander I. im August 1815 dem preußischen Abgesandten Stein verweigert hatte (siehe Seite 9), die Eingliederung des Elsaß nämlich, wurde jetzt triumphal nachgeholt – allerdings wurden die Elsässer, die Lothringer nicht gefragt. Leidenschaften waren am Werk, und Bismarck ließ sie gelten. Sie wurden gespeist aus hochgepeitschtem nationalem Stolz, geschichtlicher Sentimentalität, bloßem Rachedurst, vernunftwidrigem Haß (Haß ist immer vernunftwidrig) – auf beiden Seiten. Das alles wirkt in den nächsten acht Jahrzehnten nach. Wilhelm nannte den Staatsakt im Spiegelsaal die „Kaiserpantomime" Bismarcks.

Wien, der 18. Juli. An diesem Tag war die französische Kriegserklärung unterwegs nach Berlin. An diesem Tag fand ein Ministerrat unter dem Vorsitz Franz Josephs statt; er sollte über Krieg oder Frieden entscheiden.

Seit dem Ausgleich war der gemeinsame Ministerrat der beiden Reichshälften das höchste verfassungsmäßige Organ der Monarchie, es hatte über gemeinsame Angelegenheiten zu beschließen. An dieser Sitzung vom 18. Juli unter dem Vorsitz Franz Josephs nahmen teil: Ministerpräsident Andrássy und Potocki, seit dem 15. April österreichischer Ministerpräsident; Außenminister Beust; Lónyay als gemeinsamer Finanzminister; der gemeinsame Kriegsminister Kuhn; hinzugezogen wurde, da es ja um einen etwaigen Krieg ging, auch der Oberkommandierende der Armee, Erzherzog Albrecht. Es waren die höchsten Würdenträger der Monarchie. Sie alle waren Wortführer verschiedener, nicht selten einander widersprechender Überzeugungen. Vertraten sie auch das gemeinsame Interesse der Monarchie? Und – die Kernfrage! – war dieses gemeinsame Interesse schon eindeutig definiert? Stellten sie sich denn überhaupt die Frage?

Betrachten wir sie näher.

Der Kaiser und König, ihm zur Linken der Erzherzog: Mitglieder der „ersten Familie Europas“. Ihr Selbstbewußtsein war ein archaisch-dynastisches: Gott habe Habsburg die Gnade zu herrschen verliehen – so etwa könnte man ihren strengen Glauben an die Berufung ihres Hauses deuten. Der Umstand, daß ihre Muttersprache Deutsch war und sie überwiegend im deutschen Kulturkreis lebten, wog nicht viel gegenüber ihrem ausgeübten Gottesgnadentum: der Herrschaft in vielen Staaten verschiedener Sprache, Religion, Kultur. Doch gerade in Deutschland hatte eine andre Fürstenfamilie ihrem Haus die angestammte Herrschaft streitig gemacht, und gerade unter Anrufung der gleichen göttlichen Prinzipien: die Hohenzoller, die auch noch das jedem Fürsten ureigene Machtmittel, die Armee, so hervorragend modernisiert hatten. Franz Joseph und Albrecht empfanden tiefe Abneigung gegen die Hohenzoller und wünschten deren Demütigung. Doch Franz Joseph war einsichtiger, kompromißbereit, ließ die Realitäten gelten.

Im preußenfeindlichen Geist gesellte sich ihnen Kriegsminister Kuhn zu: Als Großdeutscher und Liberaler, der er war, sah er bei einem Sieg Preußens „finis Austriae“, das Ende Österreichs, voraus, er sah bereits die preußische Pickelhaube am

Inn und die Donau als deutschen Strom und das Reich der Magyaren samt ihrem unbequemen Ausgleich vernichtet.

Potocki mochte die slawische Bevölkerung der Monarchie repräsentieren. Er neigte übernationalen, föderalistischen, etwas konservativen Ansichten zu – eine eher blasse Erscheinung; er bleibt nur bis zum 7. Februar 1871 Ministerpräsident.

Der Reichskanzler und Außenminister Beust. Eigentlich hätte er glücklich sein sollen, denn nun schien es, daß sein Lebensziel, das Zurückdrängen oder zumindest die Demütigung Preußens, bald erreicht sein würde. Dennoch war er nicht so recht glücklich. Nicht nur deswegen, weil er sicher sein mußte, daß sein Widersacher Andrássy mit dem ganzen Gewicht seines Amtes gegen eine Verwicklung der Monarchie in den Krieg votieren würde. Beust fühlte sich auch von der rasanten Eigendynamik der Ereignisse überrumpelt, diese schienen seinen Händen zu entgleiten – wobei zu fragen wäre, ob er sie je fest in Händen gehabt hatte? Seine Vorstellungswelt war ausgefüllt vom Streben nach der Wiederherstellung der Vormacht Österreichs in Deutschland, zu bewerkstelligen durch einen mächtigen Süddeutschen Bund, in Allianz mit Frankreich, auch vom Streben nach dem Wiederauferstehen seiner Heimat Sachsen. Um dieses Ziel zu erreichen, war ihm – fast – jedes Mittel recht. Er identifizierte seine Vorstellungswelt mit den Daseinsfragen der Monarchie. Doch warum auch nicht, wenn die Monarchie dadurch an Größe, Wohlstand, Ansehen hätte gewinnen können? Schlimm war nur, daß so manche Realitäten nicht in jene Vorstellungswelt passen wollten. Vielleicht fühlte es Beust selbst, vielleicht arbeitete er deswegen mit Vieldeutigkeiten, mit einer fast schon verdächtigen Wendigkeit nach allen Seiten, die bei allen Mißtrauen weckte – bei Bismarck ebenso wie letztlich bei seinen französischen Freunden. Die Frage vorhin, wie denn Gramont auf Österreich-Ungarn hatte rechnen können, war nicht ganz aufrichtig: Beust hatte ihm sehr wohl Andeutungen gemacht, die Gramont durchaus als handfestes Versprechen von Hilfeleistung verstehen konnte. Nun war aber Beust kaum in der Lage, auch nur einer seiner Andeutungen Taten folgen zu lassen.

Der gemeinsame Finanzminister Lónyay war Fachminister, er nahm am Ministerrat von Amts wegen teil, sein Einfluß auf die Außenpolitik der Monarchie war nicht nennenswert.

Zuletzt Andrássy. Er dachte in praktischen Kriterien, war kein Theoretiker, seine Formulierungen wirkten oft durch ihre Derbheit treffend, er besaß nicht das philosophische Denken seines Freundes und Landsmanns Eötvös. Andrássy sah die Dinge, wie sie sich ihm in ihrer ungeschminkten Wirklichkeit darboten. Das bedeutet aber nicht, daß er die tieferen Zusammenhänge nicht erkannte! Er wußte, daß die Magyaren des Stephansreichs ihre staatstragende Rolle nur im Verein mit den Deutschösterreichern wahrnehmen konnten. Er sah die lauernden Gefahren ganz genau. Daher hatte in seiner Vorstellungswelt ein Streben Österreichs nach der Wiederherstellung der Vormacht in Deutschland oder auch nur in einem Süddeutschen Bund keinen Platz – und das nicht bloß aus einer magyarisch-patriotischen Sicht heraus, etwa aus Furcht vor einer wiederaufflackernden österreichischen Hegemonie zuungunsten Ungarns – nein. Bei der gegebenen Kräftekonstellation vermochte er keine reelle Chance zur Verwirklichung eines solchen Strebens, das ihm wie ein Irrlicht erscheinen mochte, zu erkennen – ohne die Grundlagen der k. u. k. Monarchie tödlich zu gefährden. Wohl aber erkannte er die reellen Gefahren, die von Rußland, von dessen traditioneller Gegnerschaft zum Osmanischen Reich, von dessen Ambitionen auf dem Balkan und im Orient ausgingen und primär Ungarn treffen mußten; einen eventuellen russischen Angriff mußte ja Ungarn auffangen (ein auch später nicht weichender Alptraum ungarischer Staatsmänner). Auch er identifizierte seine Vorstellungswelt mit den Daseinsfragen der Monarchie – darum sprach er sich bei allen Gelegenheiten für die Neutralität aus. Das aber war ein Punkt, bei dem das Interesse der einen Reichshälfte, Ungarns, identisch sein mußte mit dem Interesse des Ganzen. (Fast auf den Tag genau 44 Jahre später, in den fiebernden Julitagen von 1914, versucht ein andrer ungarischer Ministerpräsident, der im Zusammenhang mit der Krönung Karls schon einmal aufgerufene István Tisza, aus der gleichen grundlegenden Interessenlage Ungarns und der Monarchie heraus die Verwicklung in einen sich anbahnenden Krieg zu verhindern; er versucht es gegenüber seinen österreichischen, tschechischen, kroatischen Kollegen im entscheidenden Ministerrat unter dem Vorsitz desselben Herrschers wie 1870; auch auf ihm lastet der Alptraum eines Krieges mit Rußland. Vergebens. Tisza erwartet nicht einmal von einem

Sieg über Serbien etwas Gutes, denn, so fragt er, was sollte die Monarchie mit noch mehr Slawen anfangen? In einem eindrucksvollen Memorandum warnt er vor einem möglichen großen europäischen Krieg. Letztlich unterwirft er sich dem deutschen Machtwort. Sein bitterer Trost: Auf seinen Vorschlag hin geht Österreich-Ungarn in den Krieg, seinen ersten, der dann sein letzter wird, mit der Erklärung, kein fremdes Gebiet annektieren zu wollen.)

Da saßen sie nun an jenem 18. Juli 1870 und berieten. So spannungsgeladen jene Tage, jene Stunden der Frage nach Krieg oder Frieden auch gewesen sein mochten – das Resultat des Ministerrats mußte im voraus gewiß sein. Die Überzeugungen und Positionen waren bekannt. Dennoch ist dieser Ministerrat, dessen Protokoll der ungarische Historiker István Diószegi als erster publiziert hat, von eminenter Bedeutung für die Geschichtsschreibung: „Die vorgetragenen Positionen und Argumente gestatten", so ein weiterer großer Kenner der Materie, Heinrich Lutz, „tiefe Einblicke in die inneren, strukturellen und politischen Fragen der Monarchie und bieten ein weitreichendes Panorama der internationalen Politik, wie es sich im Hinblick auf die Lebensfragen Österreich-Ungarns den Verantwortlichen in sehr unterschiedlicher Optik darbot."

Beust referierte: Man stehe unmittelbar vor dem Kriegsbeginn; die süddeutschen Staaten hätten sich, getragen vom „deutschen Nationalgefühl", Preußen angeschlossen; Dänemark werde wahrscheinlich mit Frankreich marschieren; Rußlands Haltung sei insofern beunruhigend, als bei einer Niederlage Preußens mit einem russischen Eingriff zu rechnen sei; Italiens Haltung hänge davon ab, ob Kaiser Napoleon hinsichtlich der Besetzung des päpstlichen Rom (das zur Hauptstadt des Königreichs Italien auserkoren worden war) Konzessionen mache; mit dem Osmanischen Reich stehe man in ständigem Kontakt. Nur von Preußen sagte er nichts, davon, daß er Berlin beruhigende Erklärungen hatte zukommen lassen.

Sodann sprach Andrássy: Er verwehre sich gegen gewisse preußische Agitationen im Innern der Monarchie, er lehne eine Beteiligung am Krieg an der Seite Frankreichs ab, spreche sich für die Neutralität mit begrenzter Rüstung aus; diese solle man Preußen gegenüber durch eine vertrauliche Mitteilung plausibel machen – so könne man den Ausgang des Krieges abwarten und bei einem Sieg Frankreichs immer noch eingreifen. Im Protokoll stand ursprünglich „zu Gunsten Deutschlands“ – Andrássy korrigierte die Aussage, als ihm das Protokoll zur Unterschrift vorlag, in „zu Gunsten effektiver Garantien des europäischen Gleichgewichts“. Dann, zum Schluß, das schwerste, das quälende Problem: „Nur wenn Rußland sich einmenge, bleibe uns keine andere Wahl.“

Auch Potocki trat für die Neutralität, verbunden mit späterer Rüstung, ein und wies auf die parlamentarischen Schwierigkeiten bei der Bewilligung der Rüstungsausgaben hin.

Nun griffen der Monarch und Erzherzog Albrecht ein, allerdings nur in bezug auf die Modalitäten der Rüstung: „Entweder vollständige Armeeausrüstung oder Passivität“, meinte Franz Joseph und verwies auf die Mobilmachungsfrist von sechs Wochen.

Lónyay sekundierte Andrássy: Die Monarchie müsse in defensiver Position bleiben, könne diplomatische Aktionen zu Gunsten Frankreichs unternehmen; allein schon die Neutralität der Monarchie sei für Preußen ein Gewinn.

Die beiden Krieger waren am Zug: Albrecht und Kuhn. Man wußte, wenn es auch im laufenden Ministerrat nicht zur Sprache kam, daß Erzherzog Albrecht im März in Paris gewesen war – man wußte nur nicht, ob zu einem privaten Aufenthalt oder in geheimer Mission. Erst hinterher erfuhr man, daß Albrecht Napoleon den Plan eines Frühjahrsfeldzugs der drei Mächte Frankreich, Italien und Österreich-Ungarn gegen Preußen vorgelegt hatte, in dem er mit der Mobilisierung von insgesamt etwa 1,700.000 Mann gerechnet und als Ort der Entscheidungsschlacht die Leipziger Ebene vorgeschlagen hatte. Am 6. Juni war der französische General Lebrun in Wien eingetroffen, um die sofortige Mitwirkung der Monarchie bei einem Kriegsausbruch durchzusetzen. Doch am 14. Juni mußte er bei einer Audienz im Schloß Laxenburg bei Wien von Franz Joseph vernehmen: „Ich will Frieden; wenn ich in den Krieg ziehen soll, muß ich dazu gezwungen sein“ – denn der Monarch wußte, daß er zum Plan Albrechts niemals die Zustimmung des ungarischen Reichstags erhalten würde.

Aber die Mitglieder des Ministerrats dürften kaum oder, wenn überhaupt, nur zum Teil von Albrechts Extratour gewußt haben. Kuhn jedenfalls rechnete als einziger mit einem eindeutigen preußischen Sieg und trat für eine sofortige Rüstung ein. Albrecht meinte: „Die Franzosen dürften am 27.–30. Juli den Rhein überschreiten. Sie können Ende August an der sächsischen Grenze sein, Anfang September könne also die entscheidende Schlacht stattfinden, die uns zur Tat ruft." Also rüste man sofort oder lasse man es sein.

Beust ergriff wieder das Wort, sprach zum erstenmal offen davon, daß man allen Mächten eine allgemeine und öffentliche (also keine geheime) Neutralitätserklärung zukommen lassen sollte. Warum? Um im Schutz der Neutralität aufrüsten zu können, somit gleichzeitig eine „médiation armée", eine „bewaffnete Vermittlung" auf diplomatischer Ebene zu starten, wobei man sich auf Italien und die Türkei stützen könnte.

Sofort wandte Andrássy ein, wie unzuverlässig die Franzosen seien, welche Risiken eine so eindeutig auf die Unterstützung Frankreichs ausgerichtete Politik enthalte. Und plötzlich wies Beust selbst, heftiger noch als Andrássy, auf die russische Gefahr hin. Doch warum? Wollte er mit diesem Schachzug die Unterstützung der Ungarn bei der Beschließung der Rüstungskredite erkaufen? Auch Andrássy hatte eine, wenn auch begrenzte, Rüstung vorgeschlagen. Oder wollte Beust nur Bismarck eine Warnung zukommen lassen, Rußland nicht ins Spiel zu bringen? Aber Bismarck war Ungarns Haltung in bezug auf Rußland hinlänglich bekannt. Oder warum sonst? Wir wissen es nicht. Beust wurde gerne vieldeutig, wenn er einen Gedanken geheimhalten wollte.

Wir wissen nur, daß in diesem Ministerrat die Positionen, die Überzeugungen deutlich geworden sind – sie verdeutlichten die Existenzfragen der Monarchie, aber sie deckten auch manch internationale Fäden auf. Das Resultat der Sitzung war ein Kompromiß, Franz Joseph faßte ihn zusammen: „. . . vorläufig Neutralität, [wobei] zugleich aber mit der nötigen Armierung . . . begonnen werden sollte. Den Mächten sei die Neutralität Österreich-Ungarns bekannt zu geben und gleichzeitig mit dieser Deklaration eine, die Rüstungen motivierende Aufklärung zu geben."

Ein Kompromiß also, ein vorläufiger, war das Resultat. Doch hätte man ein anderes als vorläufiges Ergebnis erzielen können? Andrássy ließ seine Position in den beiden großen schwelenden Fragen erkennen, in der orientalischen, damit in der russischen, und in der deutschen: Abwehr der durch Rußland geschürten slawischen Gefahr, möglichst durch Trennung Preußens von Rußland; dabei wäre eine Annäherung an Preußen ein mögliches Mittel. Ob dies durchzuführen war, konnte im Augenblick, da der preußisch-französische Krieg erst ausgefochten werden mußte, wohl niemand sagen. Dieser Existenzfrage der Monarchie, wie Andrássy und seine Mehrheitspartei sie verstand, wurde von der anderen Reichshälfte keine gleichgewichtige Frage entgegengestellt.

Aber Beust ist es gelungen, den preußenfeindlichen Akzent in der von ihm wie von Andrássy befürworteten Politik des Zuwartens insofern geltend zu machen, als er den öffentlichen Charakter der österreichisch-ungarischen Neutralitätserklärung durchsetzte und dadurch die von Andrássy gewünschte Vertraulichkeit der Mitteilungen an Preußen, die eine freundlichere Atmosphäre hätte schaffen können, verhinderte.

An jenem 18. Juli blieben die beiden großen Fragen, die deutsche und die russisch-orientalische, ungelöst. Für die nichtungarischen Teilnehmer des Ministerrats war die russisch-orientalische, das heißt slawische Frage von gleichermaßen kleinem Gewicht wie für die ungarischen Teilnehmer die österreichisch-deutsche. Hinzu kam der Umstand, daß die cisleithanische (österreichische) innenpolitische Szenerie ein Bild der Uneinigkeit, ja Zerfahrenheit bot, hingegen war die transleithanische (ungarische) einheitlicher.

Einige Wochen später wußte es alle Welt besser. Das zweite französische Kaiserreich war kläglich untergegangen, aus seinen Trümmern entstand die Dritte Republik. Durch die Ausrufung des deutschen Kaiserreichs schuf Bismarck den Rahmen eines einheitlichen Deutschland. In diesem Deutschen Reich erhielt das Haus Österreich keine wie immer geartete Funktion mehr. Doch gerade dadurch stellten sich ihm unausweichlich die wirklichen Existenzfragen der Monarchie. Wie Königgrätz den unmittelbaren zwingenden Anstoß zum Ausgleich gebracht hatte, so wies die Gründung des deutschen Kaiserreichs Österreich die Lösung der Aufgaben im Donauraum zu.

Der Minister des Äußeren

Welche waren die Aufgaben? Es gibt keine eindeutige Antwort, es kann sie nicht geben. Die „deutsche Frage“ war vorwiegend eine österreichische Frage, lebten doch in der Monarchie acht Millionen deutschsprachige Bürger. Diesen widerstrebte die supranationale Integrierungsabsicht der gesamten Staatsführung und deren Beamtenschaft (Preußens Sieg über Frankreich hatte ihnen verständlicherweise großen Auftrieb gegeben). Sie wußten nicht so recht, ob sie „Deutsche“ bleiben oder „Österreicher“ werden wollten, wiewohl kaum jemand mehr dem großdeutschen Ideal nachhing. Auch wurde nie der Wunsch nach einem „Anschluß“ formuliert; selbst Bismarck lehnte jeden Gedanken daran entschieden ab.

Das Verständnis der ungarischen Nation für die Deutschfreundlichkeit der Österreicher war durch die Art der preußisch-russischen Beziehungen bestimmt. Die ungarische Außenpolitik machte Front gegen die imperialen Bestrebungen Rußlands, sie war bereit, eine Ausschaltung des russischen Einflusses auf dem Balkan, in welcher Form immer, zu unterstützen; sie war auf eine Trennung Deutschlands von Rußland ausgerichtet.

Das dritte gewichtige Element war das tschechische. Seine außenpolitischen Ziele ergaben sich aus seiner Abneigung gegen Deutschland, wobei althergebrachte Angst auch eine Rolle spielte, und aus seiner Russenfreundlichkeit, wobei nicht nur slawisch-nationalistische Gefühle am Werk waren: Viel unmittelbarer sahen die Tschechen die Auswirkungen des immer stärker werdenden deutschen Nationalismus als die supranational einigende Absicht der Staatsführung; sie hätten gerne eine Zusammenarbeit Österreich-Ungarns und Rußlands bei der Bewältigung der nationalen Probleme auf dem Balkan gesehen. Ihre nationale Kultur im 19. Jahrhundert war deutsch gefärbt, französisch angehaucht, tschechisch vollendet. Nun sollte ein Staat geschaffen werden, ein echtes Königreich Böhmen, zwar im Rahmen der Monarchie, aber so selbständig wie etwa im 16. Jahrhundert unter den Jagiellonen – darin die Tschechen als „Staatsvolk", die Deutschen als (zugelassene?) Minderheit.

Vollends unlösbar erschien das nationale Problem der Polen, die in drei Staaten lebten: in Rußland, in Preußendeutschland, in Österreich-Ungarn. Die Polen waren ebenso deutschfeindlich, wie sie russenfeindlich waren (die Österreicher nannte man die „liebenswürdigen Landräuber"); ihr römischer Katholizismus war ein einigendes Band gegen das protestantische Preußen und das orthodoxe Rußland.

Die serbische und die rumänische Außenpolitik verfolgten gleiche Ziele, beide waren sie russenfreundlich, aber nicht deutschfeindlich.

Konnte denn bei der Widersprüchlichkeit der außenpolitischen Interessen, die sich alle aus den nationalen Bestrebungen der einzelnen Völkerelemente ergaben – konnte da eine einheitliche, eindeutige außenpolitische Linie der Monarchie formuliert werden?

Eötvös hatte es versucht, allerdings zu einer Zeit, da Frankreich sich noch als mächtiges Kaiserreich präsentiert und es ein Deutsches Reich nicht gegeben hatte. Aber untersuchen wir die Intensität der Gefahren, welche die Monarchie bedrohten – vielleicht ergibt sich daraus zumindest eine Priorität der außenpolitischen Interessen:

Die Italiener der Monarchie fühlten sich zwar vom neuen Nationalstaat ihrer Brüder mächtig angezogen, aber davon, daß Italien Österreich-Ungarn ernstlich bedrohe, konnte nicht die Rede sein („Trentino" und „Alto Adige" werden erst später zu drohenden Schlagwörtern).

Ebensowenig konnte man von einer Bedrohung durch Preußen sprechen, im Gegenteil, ein erstarkendes Österreich-Ungarn lag im Interesse des Reichs (Bismarck tat dies des öfteren kund), zumal die Wege des deutschen Imperialismus, des Handelsimperialismus, in Richtung Balkan und Naher Osten durch die Monarchie führten. Großbritannien zog sich von seinen Positionen im Nahen Osten Schritt für Schritt zurück; also fiel die Verteidigung Südosteuropas gegen die russischen Bestrebungen der Monarchie zu – eine Aufgabe, die sie ohne deutsche Hilfe nie erfüllen konnte. Das wußten sie beide, Wien und Berlin; in Berlin wußte man's besser.

Zentrum der südslawischen Einigungsagitation war Serbien, das heftig von seiner mittelalterlichen Größe träumte. Rußland sah in ihm den Angelpunkt für seinen Imperialismus im europäischen Südosten. Schließlich waren sie alle Slawen. Rußland verstand sich als Träger einer gemeinsamen „slawischen Sache". Vielleicht ein „Heiliges Byzantinisches Reich Slawischer Nation"? So hohl, so bizarr, so unwirklich das auch klingt, manche mochten daran glauben. Sie wollten nur nicht wahrhaben, daß Slawen nicht gleich Slawen waren, und schon gar nicht waren es die beiden Nachbarn, die Kroaten und die Serben: Die Kroaten waren in ihrem Schrifttum, ihrer Religion, ihrer Geschichte seit mehr als tausend Jahren im Westen verankert. Die Slowenen auch. Die Serben nicht. Rußland war auf dem Balkan niemals relevant gewesen, es konnte dort keinerlei geschichtlichen Anspruch geltend machen, keine Rechtfertigung einer Anwesenheit nachweisen – außer natürlich die irrationale „slawische Sache" und den dahinter steckenden imperialen Wunsch. Wenn man aber die südslawische Einigungsagitation zu Ende dachte und im Hintergrund Rußland sah, dann gelangte man zu der alarmierenden Schlußfolgerung, daß ein geeintes „Südslawien" notwendigerweise die Auflösung der k. u. k. Monarchie zur Vorbedingung haben mußte. War das eine reale Bedrohung? Das war es (viel eher als die italienische Irredenta, die nach dem Berliner Kongreß, 1878, so richtig einsetzt). Wie real die Bedrohung war, läßt sich nicht mit Zahlen, mit Daten belegen. Aber die k. u. k. Staatsmänner sahen sie so. Und Rußland und in seinem Gefolge Serbien machten diese Sicht durch ihr Agieren durchaus plausibel. Somit wurde sie zu einem außenpolitischen Problem, zum gewichtigsten. (Das war auch mit ein Grund für die gegen Ende des Jahrhunderts ausufernde Magyarisierung: „30 Millionen Magyaren" – so die illusionäre Losung – wollte man „schaffen", um die slawischen Elemente und das rumänische zurückzudrängen.)

Beust war trotz allem ein hervorragender Politiker, wendig, klug, sprachgewandt, auch nicht ohne Prinzipien, die da waren: liberaler Konstitutionalismus, europäische Rechtsordnung, föderatives Gedankengut – niemand wollte es bestreiten. Daß seine Zeit zu Ende ging, hatte nichts mit seinen Fähigkeiten zu tun, sondern war die Folge der Veränderung in den inneren Strukturen der Monarchie; war auch die Folge der schnellen, unerwarteten, ohne einen europäischen Konsens erzwungenen Umgruppierung der Kräftefelder, der Erweiterung Preußens zu Deutschland. Doch Beusts Hinwendung zur neuen preußisch-deutschen Macht kam zu spät. Und im Innern begann sich der Ausgleich auszuwirken, das hieß, daß Ungarn mit seinem verantwortlichen Ministerium, mit dessen dynamischem Premier Andrássy immer mehr Gewicht erlangte. Das bedeutete auch, daß die ungarischen außenpolitischen Interessen immer stärkeren Einfluß auf die Außenpolitik der Monarchie nahmen. Der Reichskanzler war von der Tradition des Deutschen Bundes beseelt, wie dieser noch vor 1866 bestanden hatte. Seine Zeit mußte zu Ende gehen. Dieses war mit einem sonderbaren Zwischenspiel verbunden, das mit dem Namen Hohenwart etikettiert wird.

Hohenwarth wurde im Februar 1871 zum österreichischen Ministerpräsidenten berufen, sein engster Mitarbeiter war der Handelsminister Schäffle. Er versuchte eine föderalistische, proslawische Verfassungsreform, namentlich den Einzug der tschechischen Nationalisten in den Reichsrat, durchzusetzen und die cisleithanische Verfassung mit den Ansprüchen der einzelnen Länder und Königreiche in Einklang zu bringen. Das stieß auf den heftigsten Widerstand der Deutschliberalen und der ungarischen Mehrheitspartei, der Deák-Partei. Beust selbst war bereits im Dezember 1870 auf eine prodeutsche Linie eingeschwenkt. Im Oktober 1871 stürzte Hohenwart.

Die Lage war verworren. Beust stützte sich auf die Deutschliberalen, deren Treue zur Dynastie manchmal fraglich erschien – das bedeutete aber keineswegs, daß Beust je illoyal gewesen wäre! Doch Treue zur Dynastie, zur Person des Herrschers und zugleich eine überzeugte, nun schon so notwendige deutschfreundliche Politik ortete Franz Joseph eher bei den Ungarn, bei Andrássy.

Aber nicht allein der Herrscher entschied darüber: Die ungarischen Delegierten standen gegen Beust, zu ihnen gesellten sich die österreichischen, namentlich die Führer der Verfassungspartei, und selbst auf die Deutschliberalen konnte er nicht unbedingt rechnen. Hingegen wurde Andrássy von der Mehrheitspartei Ungarns unterstützt, von so gewichtigen Persönlichkeiten wie der „alte Herr“ Deák, von Eötvös. Hinzu kam auch noch ein psychologisches Moment. Beust hatte sich den Ruf eingehandelt, „unberechenbar“, „aalglatt“ zu sein – es rächte sich nun seine Wendigkeit, seine Art, Andeutungen zu machen, die weder ein bestimmtes Ja noch ein bestimmtes Nein enthielten (die Franzosen, die im Augenblick höchster Gefahr geglaubt hatten, auf Österreich-Ungarn zählen zu können, hatten es am eigenen Leib erfahren). Andrássy kannte man als „offenen Charakter“, der seine Meinung geradeheraus sagte und auch dazu stand – der „berechenbar“ war. Nach dem Sturz Hohenwarts lebte Beust in einer unguten Atmosphäre.

Am 5. November begab er sich in die Hofburg, um seine Demission anzubieten. Er erhielt vom Herrscher die Weisung, noch etwas zuzuwarten und nichts davon verlauten zu lassen.

Franz Joseph befand sich in einer peinlichen Lage: Er hatte Andrássy das Amt noch gar nicht angetragen. Also schickte er in aller Eile, gleich nachdem Beust gegangen war, Wenckheim, den Minister „am Allerhöchsten Hoflager“, mit dem Schnellzug nach Pest, um Andrássy die Leitung des Auswärtigen Amtes anzubieten. Gleichzeitig informierte er in einem Telegramm Elisabeth von seinem Entschluß.

Wenckheim kam spät am Abend an und fuhr zum Palais Andrássy; dessen Tore waren bereits geschlossen, er mußte warten, bis man öffnete. Im Salon traf er den Ministerpräsidenten und dessen Frau an. Wenckheims erste Worte waren: „Jetzt ist die Sache ernst.“ Andrássy wußte sofort, worum es ging.

Er wurde am 8. November, um fünf Uhr nachmittags, in der Hofburg vom Monarchen empfangen. Andrássy meinte, die Entlassung Beusts könnte das gute Einvernehmen mit Deutschland gefährden. Franz Joseph aber entgegnete: „Gerade dies [das gute Einvernehmen] kann erst jetzt und durch Sie zur Wahrheit werden.“ Daraufhin erklärte sich Andrássy bereit, die Leitung des Ministeriums zu übernehmen. (Der deutsche Gesandte Schweinitz telegrafierte die Nachricht gleich am 9. November nach Berlin.)

Am selben 8. November dankte Franz Joseph seinem scheidenden Minister in einem Handbillet für dessen „ausdauernde und selbstlose Hingebung“. Mehr noch: Am 12. suchte er Beust unangemeldet in dessen Amtssitz am Ballhausplatz auf – eine besondere Auszeichnung.

Die offizielle Ernennung Andrássys zum Minister des k. u. k. Hauses und des Äußern war vom 14. November datiert, sie wurde am darauffolgenden Tag veröffentlicht. Mit einem „Allerhöchsten Handschreiben" vom selben Tag wurde er seiner Ämter als ungarischer Ministerpräsident und Honvédminister enthoben.

Boshaft, wie sie nun einmal waren, nannten die Wiener den frischgebackenen Würdenträger den Minister „des schönen Äußeren". Andere Töne klangen böser: Die „Neue Freie Presse" maß dem Einzug Andrássys am Ballhausplatz eine „beinahe demütigende Bedeutung" zu – „demütigend" für manche österreichischen Kreise, die befürchteten, die Außenpolitik Österreich-Ungarns, bis dahin ihre Domäne, werde von „überwiegend magyarischen Gesichtspunkten beherrscht sein". Wieder andere, besonders tschechisch-feudale Kreise nannten Andrássy einen „Mongolen", den „Totengräber Österreichs". Auch die Beamten am Ballhausplatz zeigten ihm die kalte Schulter. Aber was tut's? Wir wollen lieber in die Akten schauen und sehen, was die Vertreter fremder Mächte ihren Regierungen berichteten.

Doch zunächst mußten die frei gewordenen Ämter wieder besetzt werden: Der Ordnung halber sei vermerkt, daß Andrássy die Kandidatur des Fürsten Adolf Auersperg für das Amt des österreichischen Ministerpräsidenten und die des Grafen Menyhért Lónyay für das Amt des ungarischen unterstützte; beide Herren führen dann lange Jahre hindurch die Geschäfte ihres Ressorts. Und nun zu Andrássy selbst.

Schweinitz, früherer Militärattaché in Wien, 1869 Gesandter des Norddeutschen Bundes, seit 1871 Botschafter, berichtete am 22. November 1871 Bismarck von seiner ausführlichen Unterredung mit Andrássy einen Tag zuvor. Die beiden waren alte Bekannte, hatten schon viele vertrauliche Gespräche miteinander geführt, so ist anzunehmen, daß Schweinitz persönlich ein klein wenig für Andrássy eingenommen war. Andrássy habe ihm gesagt, berichtete er, das enge Zusammengehen mit Deutschland bilde die Basis seines politischen „Systems", das er nicht als ein „Erbstück Beusts" übernommen, sondern schon viel früher entwickelt habe; er, Schweinitz, bestätigte dies. Und der k. u. k. Gesandte in Berlin, Károlyi, berichtete am 13. Januar 1872 nach Wien, der deutsche Kanzler messe den guten Beziehungen zu Österreich-Ungarn „durch den unbedingten Glauben, den er [Bismarck] in Ihr politisches Wort setzt", hohen Wert bei.

Welchen Stellenwert die guten Beziehungen zur Monarchie in den Gedanken Bismarcks einnahmen, zeigt auch seine Weisung an Schweinitz vom 2. November: Es sei irrig gewesen, wenn Andrássy als ungarischer Ministerpräsident der Bedrohung seines Landes durch eine gute Freundschaft mit Rumänien und mit den Südslawen entgegenzuwirken gesucht oder geglaubt habe, sich jener Gefahr mit der Kraft Ungarns erwehren zu können; so entschlossen die Selbständigkeitsbewegungen Rumäniens und Serbiens auch seien, Rußland würden sie nie ernsthaften Widerstand entgegensetzen. Daher werde Ungarn stets auf das deutsche Bündnis angewiesen sein. Schweinitz solle in diesem Sinn auf Andrássy einwirken und ihn überzeugen, daß gute Beziehungen zu Deutschland wichtiger und zuverlässiger seien als die Stimmungen, wie sie von Zeit zu Zeit in Bukarest oder Belgrad vorherrschten.

Selbstverständlich war die Absicht Bismarcks unverkennbar, an der Südostflanke des Reichs einen willigen Verbündeten zu wissen, um den Zugang zum Nahen Osten zu sichern. (Das ging so weit, daß er sich sogar gegen die nationalen Bestrebungen der Deutschen in Ungarn, namentlich der Sachsen in Siebenbürgen, aussprach und am 2. März 1883, schon nach der Amtszeit Andrássys, den deutschen Konsul in Budapest wissen ließ, er lege auf das Erstarken und die Einheit des „ungarischen Reichs" so großen Wert, daß dem gegenüber die gefühlsmäßigen Wünsche – für die Deutschen in Ungarn – in den Hintergrund treten müssen.) Und so wurde der k. u. k. Botschafter Graf Károlyi, ein alter Freund Andrássys, am 22. Dezember von Kaiser Wilhelm in feierlicher Audienz empfangen – und sofort danach, um 2 Uhr nachmittags vom kränkelnden Bismarck, der zuvor wochenlang niemanden zu sich gelassen hatte.

Großbritannien. Lord Robert Bulwer-Lytton, Diplomat, Poet und Gentleman, Erster Sekretär der britischen Botschaft in Wien, hatte sich bereits im Februar 1871 die Mühe gemacht, in einem Bericht an seinen Chef, Granville, Andrássy ausführlich zu charakterisieren: „. . . Soldat, Sportsmann und so etwas wie ein Dandy mit einem Hauch von einem Zigeunerhäuptling."

(Ob er je einen Zigeuner gesehen hat? Wohl kaum, es sei denn in der Zigeunerkapelle eines Spezialitätenrestaurants. Aber es war die Blütezeit des Victorian Age und des Empire, und da sprach ein britischer Gentleman, ein „trueborn Englishman" von Nichtbriten mit unnachahmbar subtiler Herablassung als von „continental people" – nein, das Wort läßt sich nicht übersetzen, der Tonfall, mit dem es gesprochen wurde, noch weniger.) Doch Bulwer-Lytton war ein hervorragender Diplomat, und so ist sein Bericht vom 27. Dezember besonders aufschlußreich.

Andrássy gewährte dem Briten mit „vollkommener Offenheit" Einblick in seine innersten Gedanken. Er näherte sich Großbritannien, „dem ältesten und natürlichen Verbündeten der Monarchie", um die Ruhe und die friedliche Entwicklung Österreich-Ungarns zu sichern. Er begreife, sagte er, die Nichteinmischungspolitik der Londoner Regierung in kontinentaleuropäische Angelegenheiten; ihr Sinn sei es, sich nicht um die geographischen Vorteile der insularen Lage zu bringen, doch diese Haltung sei mit dem Streben nach Wahrung des europäischen Friedens vereinbar – besonders einer Macht wie Österreich-Ungarn gegenüber, die vom gleichen Wunsch erfüllt und auch in der Lage sei, Britanniens wirksamen guten Willen nicht nur zu beanspruchen, sondern ihn auch zu erwidern. Denn mit keiner anderen Macht könnte Großbritannien freundschaftliche Beziehungen pflegen, ohne dadurch den andren Anlaß zu Mißtrauen zu geben. Enge Beziehungen zu Frankreich würden sofort das deutsche Mißtrauen wecken, wie eine britisch-deutsche Annäherung Frankreich beunruhigen würde. Und ein Bund mit Rußland – nun, dann müßte London seine politischen Grundsätze verleugnen und schwere Opfer an nationalen Interessen bringen, für die es keine adäquaten Entschädigungen erhielte. Aber keine dieser Schwierigkeiten erwüchse aus einem guten Verhältnis zwischen Großbritannien und Österreich-Ungarn. Also schmeichle er, Andrássy, sich mit der Hoffnung, daß die britische Regierung den Wunsch der Monarchie nach freundschaftlichen Beziehungen erwidern werde. Hiebei vermeide er absichtlich das Wort „Allianz", weil es schon so oft auf internationale Verbindungen angewendet worden sei, die aber einen ganz anderen Charakter gehabt hätten als der von ihm gewünschte. Er strebe auch nicht nach einem militärischen

Bündnis, sondern nur nach einem guten Einvernehmen im Interesse der Erhaltung des Friedens.

Er wolle auch keine Heimlichkeiten, bestehe doch keine Rivalität zwischen Frankreich und der Monarchie, also auch kein Anlaß zu Mißtrauen. Und Deutschland müßte einen Bund Großbritanniens und Österreich-Ungarns nur begrüßen als eine Garantie für die Erhaltung des gegenwärtigen europäischen Zustands.

Erst nach diesen allgemeinen Ausführungen kam Andrássy darauf zu sprechen, was ihn am meisten bewegte, was das Kernstück seines – um es mit einem zeitgemäßen Wort zu sagen – „Systems" war: eine Verbindung zwischen Großbritannien, Deutschland, Italien und Österreich-Ungarn. Denn, meinte er, ein solches Bollwerk müßte etwaige Angriffsabsichten Frankreichs und Rußlands vereiteln. Sein größtes, sozusagen politisches Lebensziel aber sei, eine Allianz zwischen Deutschland und Rußland zu verhindern. Zwar sei eine solche unnatürlich, aber nicht unmöglich – sie wäre die größte Gefahr für die Völker Europas. Wenn aber Berlin, das um die Sympathien Britanniens und Österreich-Ungarns werbe, wisse, daß es sich im Falle eines drohenden Krieges auf die beiden friedliebenden Mächte stützen könne, dann werde es nicht seine Zuflucht zu Rußland nehmen. Sollte aber Deutschland zur Erkenntnis gelangen, daß Großbritannien und Österreich-Ungarn nicht gemeinsam vorgingen, ja unfähig seien, den Wert der deutschen Unabhängigkeit von Rußland zu ermessen, erst dann würde es – vor die Möglichkeit eines neuen Angriffs seitens Frankreichs gestellt – keine andere Lösung als die Allianz mit Rußland sehen, gleichsam als letztes, verzweifeltes Mittel.

Zum Schluß wies Andrássy noch auf manche beiden Mächten gemeinsamen Interessen hin: am Schwarzen Meer, entlang der Donau, in Konstantinopel, und dann darauf, von welchem Wert es für Großbritannien wäre, wenn Österreich-Ungarn dem Russen – falls er Britannien in Indien bedrohen sollte – „ein mächtiges und unmittelbar wirkendes Zugpflaster auf den Rükken zu setzen vermöchte". Und das vermöchte es, denn „binnen sehr kurzer Zeit werden wir über eine wohlorganisierte militärische Macht verfügen, die für den Fall europäischer Verwicklungen selbst die stärksten militärischen Staaten froh sein werden an ihrer Seite zu haben. Und, glauben Sie mir, diese Tatsache wird nach ihrem ganzen Wert von unseren deutschen Nachbarn geschätzt."

Drei Wochen später, am 16. Januar 1872, ließ Granville Bulwer-Lytton wissen: „Es ist erfreulich zu erfahren, wie richtig Graf Andrássy über die Aufgaben und die Politik der Regierung Ihrer Majestät in den auswärtigen Angelegenheiten urteilt." Der britische Außenminister stimmte mit Andrássy darin überein, daß das Hauptinteresse beider Mächte die Erhaltung des Friedens sei, daß man kein förmliches Abkommen schließen, es aber nicht nur bei allgemeinen Höflichkeitsfloskeln bewenden lassen sollte: „Ihrer Majestät Regierung erklärt, daß Großbritannien und Österreich, angeregt durch die gleichen ehrenwerten Beweggründe, in allen Fragen, die den gegenwärtigen und den zukünftigen Frieden Europas berühren, sich in ihren Ansichten stets übereinstimmend begegnen werden; daß die moralische Wirkung einer solchen selbstbestimmenden Aktion eine bedeutende sein wird, und zwar nicht nur zur Lösung einzelner Fragen, sondern auch dadurch, daß die Erkenntnis hievon sich unaufhaltsam Bahn brechen wird, der Einfluß dieser zwei Mächte in allen Fragen über Krieg und Frieden, über Recht und Unrecht vereint zu treffen sein wird." (Und nun lese man auf Seite 70 nach, was Eötvös 1859 über ein englisch-österreichisches Einvernehmen gesagt hat.)

Ein Wechsel unter den diplomatischen Vertretern der Monarchie wurde unumgänglich – aber nicht bloß deswegen, weil ein neuer Minister die Geschäfte übernommen hatte. Der Pariser Botschafter Fürst Metternich wurde untragbar, war er doch mit dem gestürzten Kaiser befreundet und dessen eifriger Parteigänger gewesen; sogar jetzt noch verkehrte er mit Leuten, die dem Kaiserreich nachhingen. Thiers, Präsident der Republik, der noch beim greisen Talleyrand in die Schule gegangen war, reagierte sehr empfindlich auf die unterschwellige kaiserliche Agitation. Metternich wurde in den Pariser Salons mit scheelen Blicken angesehen, so daß er schließlich selbst um seine Entlassung bat. Er wurde per 13. Dezember 1871 abberufen. Am selben Tag wurde Rudolf Graf Apponyi zum neuen k. u. k. Botschafter in Paris ernannt. Er hatte die Monarchie fünfzehn Jahre lang in London vertreten, nun mußte der dortige Posten neu besetzt werden. Und da bot sich Beust am 8. November Andrássy in der liebenswürdigsten Weise für den Londoner

Posten an. Andrássy nahm Beusts Anerbieten aus Noblesse an – und bereute es bald. Denn kaum war Beust in London angekommen, schon hatte er nichts Besseres zu tun, als seinen Chef bei führenden britischen Persönlichkeiten anzuschwärzen – über Beusts Wühlarbeit berichtete der deutsche Botschafter Graf Bernstorff am 13. Dezember Bismarck. Doch schließlich wogen die Meinungen Bulwer-Lyttons und Granvilles schwerer.

Rußland. „Gott sei gedankt, jetzt ist Sewastopol gerächt!" rief Alexander II. am 3. September 1870 aus, als ihm gemeldet wurde, Napoleon III. habe sich bei Sedan ergeben (er meinte die russische Niederlage im Krimkrieg). Zwar glaubte kein europäischer Staatsmann an Gottes Mitwirkung, aber alle begannen zu überlegen, welche Folgen der deutsche Sieg für die Staatenwelt, für deren politisches Gleichgewicht haben würde. Und allen war klar, daß an die Stelle des kraftlosen alten Deutschen Bundes ein geeintes Deutschland trat, das seinen Nachbarn industriell und militärisch überlegen war. Und alle dachten darüber nach, wie sie das Interesse der ihnen anvertrauten Staaten in einem – wie man wohl annehmen durfte – von Berlin zu gestaltenden neuen „System" am besten wahren könnten.

Die Italiener griffen sofort zu: Die französischen Truppen verließen in aller Eile den Kirchenstaat, und am 20. September durchbrachen italienische Soldaten die Mauern Roms, zwangen Pius IX., sich in die vatikanischen Paläste zurückzuziehen. Gegen Ende des Jahres war die italienische Nationwerdung vollendet, indem die „ewige Stadt" zur Hauptstadt des Königreichs wurde.

Großbritannien profitierte im Mittelmeerraum vom Abstieg Frankreichs: Die arabischen Würdenträger befreiten sich aus der bonapartistisch-französischen Vormachtstellung – und boten den Briten ungewollt eine unverhoffte Chance, sich in Ägypten und in der Levante zu etablieren.

Zar Alexander II. war von tiefem Haß gegen Österreich erfüllt. Er hatte ihn von seinem Vater, Nikolaus I., geerbt, es war ein Haß wegen der österreichischen „Undankbarkeit" im Krimkrieg, wegen der Mitwirkung Österreichs am Pariser Frieden von 1856, der Rußland das Schwarze Meer vorenthalten hatte. Beust hatte zwar versucht, das österreichisch-russische Verhältnis zu entschärfen, aber Kanzler Gortschakow bezeichnete Beusts Politik im November 1871 gegenüber dem preußischen Gesandten als ein „Chaos". Und Andrássy hielt er für einen Erzfeind Rußlands.

Doch nun, beim Amtsantritt des neuen k. u. k. Außenministers, wollte Gortschakow zunächst abwarten, wenn er auch Rußlands Interessen Österreich-Ungarn gegenüber abzusichern suchte, und zwar durch ein enges Zusammengehen mit Deutschland. Bismarck, einsichtsvoll und den primären deutschen Interessen entsprechend, verstand die Rolle Deutschlands als „ein Bindemittel zwischen Österreich und Rußland" – nach beiden Seiten hin gleich befreundet, dadurch zur Vermeidung eines Konflikts beitragend. Das hatte er auch dem Vertrauensmann Andrássys, Graf Károlyi, gesagt (dieser hatte Österreich auch vor Königgrätz in Berlin vertreten; Bismarck schätzte ihn, sie verstanden sich gut). Der Kanzler hatte auch das deutsch-russische Verhältnis charakterisiert: Preußen sei Rußland für dessen Verhalten im preußisch-französischen Krieg zu Dank verpflichtet; die beiden Monarchen seien befreundet und miteinander verwandt; dem Zaren schwebte eine Wiederbelebung der alten „heiligen" Allianz vor; Rußland werde seine Politik gegenüber Deutschland zu Lebzeiten Alexanders II. gewiß nicht ändern. Und dann, zum Schluß, war das Wort gefallen, das Károlyi mit großer Genugtuung erfüllt hatte: „Unsere Dankbarkeit geht aber nicht soweit", hatte Bismarck gesagt, „daß, wenn Rußland ein Attentat auf Österreich begehen wollte, wir hiezu irgendwie die Hand bieten würden." Und – auch das hatte Károlyi begriffen – die deutsche „Dankbarkeit" würde sich auf die Lebzeiten Alexanders beschränken.

Sogleich nach Andrássys Amtsantritt bekam Gortschakow jenes „Zirkular" zu lesen, das der neue k. u. k. Außenminister allen Gesandtschaften hatte zukommen lassen. (Es war eine alte Gepflogenheit, daß der scheidende Minister sich in einem Zirkular verabschiedete, der neue in einem solchen seine Politik umriß.) In seinem Antrittsschreiben sagte Andrássy – das war die ernsthafte, glaubwürdige Quintessenz seiner Worte –: Er strebe keine Gebietserweiterung an, denn jede Gebietserweiterung wäre nur „eine Quelle der Schwächung für die Monarchie". Als Gortschakow dies las, rief er aus: „Das ist doch mein Programm! Seit achtzehn Jahren predige ich hier die gleiche Politik, rate, alle äußeren Verwicklungen zu vermeiden und sich im Inneren zu konsolidieren.“ Der neue k. u. k. Gesandte, Langenau, wurde betont herzlich empfangen, sowohl vom Kanzler wie auch vom Zaren, und konnte schon am 9. Dezember 1871 nach Wien melden, daß „eine Verständigung über alle Fragen, die entstehen könnten, selbst über jene des Orients, nicht gar zu schwer wäre, daß man dazu sogar sehr wohl geneigt ist“.

Lagen die Dinge wirklich so gut? Täuschten nicht die höflichen Worte über manch alte Gegensätze hinweg? Denn es gab nun einmal den Panslawismus, und seine zerstörerische Wirkung war nicht zu leugnen. Die vergleichende Sprachwissenschaft, die deutsche Romantik, Herder, seine „Stimmen der Völker in Liedern“ gaben ihm Anregungen, lieferten den Nachweis sprachlicher und kultureller Gemeinsamkeit aller Slawen, entfachten den Traum von der Gemeinschaft all jener Slawen, die keinen eigenen Staat bildeten, sondern in anderen Staaten als Minderheiten lebten. Deren nationales Selbstbewußtsein strebte nach einer politischen Verwirklichung: nach dem eigenen Staat. Nicht so in Rußland – waren doch die Russen die einzigen Slawen, die in einem unabhängigen, mächtigen Staat lebten. In Rußland faßte das slawophile Gedankengut erst nach Krieg und Niederlage in der Krim so richtig Fuß. Die Slawophilen verkündeten einen allen Slawen wesensbedingt gemeinsamen Gegensatz zu Europa, entwickelten eine betörende Ideologie – Pogodin, Dostojewski, Tolstoi an der Spitze. Allerdings verstanden die russischen Slawophilen den Panslawismus immer nur als einen Ausdruck des Panrussismus, des großrussischen Nationalismus: Alle slawischen Ströme sollten in das russische Meer münden. Sie wollten sich selbst, wollten ihre slawischen Brüder erlösen. Wovon? Von „Europa“, dem verfallenden, sündhaften Europa. (Das gleiche missionarische Bewußtsein des Erlösens zeigt auch der ideologische Chauvinismus der gläubigen Bolschewisten im 20. Jahrhundert.)

Der eigene Nationalismus war immer „gut“, der des andren immer „böse“. Und so standen einander Nationalismen gegenüber, der eine bedingte den andren, der eine stärkte den andren, der eine schloß den andren aus. Nur eines vermochten die ausländischen Beobachter den k. u. k. Verantwortlichen nie so richtig nachzuempfinden, und auch heute noch, im Rückblick, vermögen es die Forscher aus anderen Ländern kaum – dies nämlich: Der deutsche Nationalismus mochte gegen den französischen gerichtet sein, der französische gegen den deutschen. Doch nie war der deutsche Nationalismus gegen den deutschen Staat gerichtet oder der französische gegen den französischen! Aber der Nationalismus der Slawen der Monarchie richtete sich gegen den k. u. k. Staat, konnte sich politisch – also in einem selbständigen Staat – nur auf den Trümmern oder auf einem kümmerlichen Rest der Monarchie verwirklichen. Bei allen wohlwollenden Überlegungen von k. u. k. Staatsmännern über mehr Rechte für die Slawen – und solcher Überlegungen gab es viele! – mußte die quälende Frage der letzten Verantwortung, die nach dem Fortbestehen der Monarchie, offen bleiben. Die Ungarn verstanden sich als „politische Nation", nicht als eine „ethnische": Ihr konnte jeder, gleich welcher ethnischen Herkunft, angehören, wenn er nur bereit war, die staatstragende Funktion im Stephansreich mitzuverantworten. Das von Rußland ausgehende allslawische Gedankengut mußte die Existenz der „politischen Nation" leugnen. (Am 22. August 1870 – die Deutschen hatten schon die Franzosen bei Wörth im Unterelsaß und bei Gravelotte, zehn Kilometer westlich von Metz, besiegt – trat in Schönbrunn unter dem Vorsitz Franz Josephs der Ministerrat zusammen. Hier sprach Andrássy – gleichsam als Entgegnung auf den immer noch schwelenden Wunsch Beusts, mit Großbritannien und Rußland zusammenzuarbeiten, und in der Hoffnung, die territoriale Unversehrtheit Frankreichs zu schützen, zwischen Berlin und Paris zu vermitteln – hier also sprach Andrássy das bemerkenswerte Wort: „Österreichs Mission besteht nach wie vor darin, ein Bollwerk gegen Rußland zu sein. Seine Existenz bleibt nur so lange für Europa notwendig, als es diese Mission erfüllt." War das „franzosenfeindlich" oder sogar „russenfeindlich" gemeint? Ganz und gar nicht. Andrássy wollte den Stellenwert Österreich-Ungarns in der Staatenwelt präzisieren. Wie ein Jahrzehnt zuvor Eötvös.)

Und nun wollen wir noch schnell hineinleuchten in das nationalistisch-panslawistische Gestrüpp rundum.

Bismarck bemühte sich um eine Annäherung zwischen Wien und St. Petersburg. Die Slawophilen bemühten sich um ihre „Brüder" innerhalb und außerhalb der Monarchie. Die russischen Staatsmänner klagten, Andrássy wolle ein selbständiges Polen als Schutzmauer gegen Rußland errichten, unterstütze die polnische Agitation im österreichischen Galizien. Daraufhin meinte Andrássy in seiner derben, bildhaften Art (und Bismarck selbst gab die Bemerkung an Gortschakow weiter): Das Schiff Ungarns sei so überfüllt, daß jeder „Zusatz" es zum Kentern bringen würde, sei dieser Zusatz nun ein Zentner Gold – was die Herren Polen zweifellos wären – oder ein Zentner Schmutz. (Galizien war seit 1869 autonom.)

Die orientalische Frage. Die russischen Staatsmänner betrachteten sie als ihre Domäne. In Istanbul intrigierten sie gegen die Monarchie, in Ragusa gleichfalls (die montenegrinische Zeitung „Tschernogorak" erschien mit russischem Geld). Schweinitz berichtete Bismarck, Andrássy habe Nachrichten erhalten, daß St. Petersburg über die Annäherung Österreich-Ungarns an Deutschland so gar nicht erfreut sei; in Bukarest erscheine eine Zeitung in französischer Sprache, „L'alliance Latino-Russe", sie habe sich zum Ziel gesetzt, alle tschechischen, kroatischen und montenegrinischen panslawistischen Agitatoren im Kampf gegen die Monarchie zu vereinen. Mußten nicht solche Nachrichten Andrássy in seiner Annahme bestärken, Rußland organisiere, unterstütze auf dem Balken eine Wühlarbeit?

Dann: Im Oktober 1871 reiste der noch nicht volljährige serbische Fürst Milan Obrenowitsch nach Livadia, der Sommerresidenz der Zarin an der Südküste der Krim, nur vier Kilometer vom damals noch gänzlich unbedeutenden Jalta entfernt – ohne vorhin in Wien gewesen zu sein. Andrássy empfand diese „Huldigungsfahrt" zum Zaren, zumal er Serbien gegenüber stets um eine entgegenkommende Politik bemüht war, geradezu als Beleidigung. Die Serben wollten die Einwilligung (!) des Zaren zur Erwerbung Bosniens und der Hercegovina erwirken, Milan sollte eine Großfürstin heiraten. Selbst der russische Hof dürfte eine Verstimmung Österreich-Ungarns befürchtet haben und ließ wissen, der Zar hielte eine Ehe Milans mit einer Großfürstin seines Hauses für eine Mesalliance und lehne sie ab – wie er zuvor auch eine Vermählung des rumänischen Fürsten Karl mit einer russischen Prinzessin abgelehnt habe, da Karl ein Vasall der Pforte sei. Allerdings ging es bei dieser Begebenheit weniger um Huldigungen und Mesalliancen als darum, daß die Hohe Pforte die Macht Rußlands im Fall engerer Beziehungen mit Serbien höher hätte einschätzen können als die Macht der Monarchie – das aber hätte die ohnehin gefährlich labile Gewichtsverteilung im Südosten Europas nur noch störempfindlicher gemacht. Und so mußten die k. u. k. Staatsmänner bei ihren Erfahrungen mit den kleineren und größeren Potentaten rundum irgendwann zu der Überzeugung kommen, daß weniger eine entgegenkommende Politik als vielmehr die Demonstration von Macht und Unbeugsamkeit das beste Mittel zur Wahrung der Ruhe sei.

Rumänien. Es bestand aus den beiden Donaufürstentümern Moldau und Walachei; sie hießen seit der Pariser Konvention von 1858 „Vereinigte Fürstentümer". Sie standen unter der nominellen Oberhoheit des Sultans. Die Völker waren slawisch durchsetzt, die Sprache war – das ließ sich aufgrund der neuen, epochalen vergleichenden Sprachwissenschaft nachweisen – romanischen Ursprungs. Und so entstand ein mächtiger Sprachnationalismus, er eiferte, er uferte zur „dako-rumänischen Agitation" aus. Diese verkündete, die Rumänen siedelten in Ostungarn, in Siebenbürgen, an der Schwarzmeerküste, seit es in der altrömischen Kaiserzeit ein Dacien gegeben hatte. Und sie leiteten daraus ein legendenumwobenes „Besitzrecht" auf Siebenbürgen ab. Andere, verläßlichere Quellen zeugten davon, daß die walachische Bevölkerung zur Zeit der magyarischen „Landnahme" im 10. Jahrhundert auf den Südhängen der Karpaten Viehzucht betrieben hatte; sie war später in großen Scharen, getrieben von den Tataren und dann den Türken, nach Siebenbürgen gekommen. Hier hatte die ungarische Staatlichkeit während der langen Türkenzeit weitergewirkt, eine Hochkultur in beispielhaftem nationalem Frieden aller dort ansässigen Völker geschaffen. Die beiden antagonistischen Nationalismen im 19. Jahrhundert, der ungarische und der rumänische, blieben eine nie versiegende Quelle unseliger, selbstzerfleischender, Haß fördernder Zwietracht – bis in unsere Tage hinein.

Langsam, unterschwellig, begann man die beiden Fürstentümer „Rumänien" zu nennen: Im April 1872 sagte Bismarck zu Károlyi, er habe die Anwendung des Wortes „Rumänien" „stillschweigend zugelassen". Andrássy sagte zu, den berechtigten Wunsch der Rumänen, ihr Land „Rumänien" zu nennen, bei der Pforte zu unterstützen, doch nur dann, wenn Fürst Karl (von Hohenzollern-Sigmaringen) sich „Fürst von Rumänien" und nicht „Fürst der Rumänen" nannte, denn das hätte auch das Hoheitsrecht über die Rumänen in Siebenbürgen mit eingeschlossen. Allerdings war es die russische Regierung, die mit dem neuen Sprachgebrauch begonnen hatte, um Bukarest zu Dank zu verpflichten. Mit seiner Intervention bei der Pforte wollte aber Andrássy eine gesetzliche Zustimmung zur Änderung des Staatsnamens der Donaufürstentümer erreichen und damit vor aller Welt dokumentieren, daß eine Abänderung der Pariser Bestimmungen nur mit Einwilligung aller Großmächte erwirkt werden konnte. Letztlich ging es ihm darum, Rumänien durch eine freundschaftliche Politik dem russischen Einfluß zu entziehen – aber auch darum, der Monarchie den Beistand der Pforte für alle Eventualitäten zu sichern. Tatsächlich gelang es ihm, beide Teile, Rumänien wie die Türkei, zufriedenzustellen. Es wollte scheinen, daß der russische Einfluß langsam abnahm.

Andrássy tat auch noch mehr für Rumänien: 1875 schloß er mit dem formell noch unter türkischer Oberhoheit lebenden Land für zehn Jahre einen Handelsvertrag – als erster Vertreter einer Großmacht. Der Vertrag war gleichsam ein Vorschuß auf die völkerrechtliche Anerkennung der rumänischen staatlichen Unabhängigkeit, eine Einführung in die europäische Staatenwelt. Er war auch ein Bestandteil der Außenpolitik Andrássys, die darauf abzielte, die Hegemonie Österreich-Ungarns auf dem Balkan durch die Unterstützung der kleinen Entwicklungsländer auszubauen.

Ein Unruheherd blieb der Balkan dennoch. Das Osmanenreich stand im Begriff, eine der vielen Bühnen seiner welthistorischen Herrlichkeit nach fünf Jahrhunderten wieder zu verlassen; aus dem fernen Norden strahlte ein aufgehendes helles Licht, das der allslawischen Gemeinsamkeit, über der Halbinsel; und die Monarchie unternahm den Versuch, eine ausgleichende Kraft darzustellen.

Drei Kaiser im Gleichschritt

Der Ansatz zum Gleichschritt kam von Andrássy, zumindest der gedankliche Ansatz. Um das Bestehende gegen den von Rußland aus geschürten Panslawismus zu sichern, sah er sich veranlaßt, die Annäherung an Deutschland fortzusetzen, zu vollenden, in welcher Form immer. Auch Bismarck hegte gleiche Gedanken; diese kreisten seit 1870 um Frankreich, darum, daß jede französische Regierung darauf hinarbeiten müßte, die beiden altehrwürdigen Provinzen Elsaß und Lothringen irgendwann einmal wieder Frankreich zuzuführen. Eine diesbezügliche Bemerkung hatte sogar der amerikanische Botschafter fallen lassen, beteuernd, wie wichtig Amerikas Freundschaft für Deutschland sei. Andrássy und Bismarck kamen, unabhängig voneinander, zu dem Schluß, daß die Verbindung ihrer Reiche allein, ohne Rußland, Gefahren für den europäischen Frieden nicht bannen könne. Es wollte scheinen, daß die russische Regierung erst jetzt die ganze Tragweite des deutschen Sieges von 1870 erkannte; sie war nun nicht gewillt, eine weitere Schwächung Frankreichs hinzunehmen. Auch Frankreichs greiser Präsident, Thiers, bemühte sich darum, daß der Zar in Berlin für den baldigen Abzug der deutschen Truppen aus den besetzten französischen Gebieten eintrete. Hier tat sich wieder eine geopolitische Zwangsläufigkeit auf.

Diese hatte ihre Wurzeln im 16. Jahrhundert (siehe auch Seite 16), in der Zeit, als Habsburgs Macht durch die Herrschaft Karls V. über Deutschland, die Niederlande, Spanien, Sizilien, Norditalien, durch die Herrschaft seines jüngeren Bruders Ferdinand I. über Österreich, dann seit der Schlacht von Mohács, 1526, auch über Böhmen und Ungarn das europäische Gleichgewicht umzustoßen gedroht hatte. Franz I. von Frankreich war 1525 bei Pavia von Karls Truppen besiegt, er selbst als Gefangener nach Madrid geführt worden; von dort aus hatte er den

Sultan um Hilfe gebeten. Auch die Wesire der Hohen Pforte hatten ihre Positionen im Mittelmeerraum und in Mitteleuropa bedroht gesehen. Frankreich im Westen und das Osmanenreich im Südosten hatten sich verbündet – es entstand eine für Jahrhunderte gültige, später zum Axiom erstarrte Bündnispolitik: West und Ost gegen die Mitte. Allerdings lag der Schwerpunkt der Mitte zur Zeit unserer Erzählung nicht mehr in Wien, sondern nun schon in Berlin; und der Schwerpunkt des Ostens lag nicht mehr in Istanbul. Um es kurz und einfach zu sagen: Eine alte Verbindung der „Flügelmächte“ gegen die „Mittelmächte“ wirkte, bald unterschwellig, bald offenkundig, fort. Nun galt es, sie zu unterbinden.

Andrássy streckte die Fühler nach St. Petersburg aus. Im Juli 1872 reiste Erzherzog Albrecht in die russische Hauptstadt – nach siebzehn Jahren, seit dem Tod Nikolaus I., 1855, war zum erstenmal wieder ein Erzherzog in St. Petersburg! Sein Auftritt war ein voller Erfolg; er überbrachte die Grüße Franz Josephs an Alexander II., Herzlichkeiten wurden ausgetauscht.

In Berlin liefen schon die Vorbereitungen zu einem Zusammentreffen Franz Josephs mit Wilhelm I. Da entschloß sich Alexander II., seinem Onkel Wilhelm ebenfalls einen Besuch abzustatten, und fragte den deutschen Botschafter Fürst Reuß etwas spitz: „Will man denn mich nicht in Berlin haben?“ Eiligst meldete Reuß dies nach Berlin, und am 28. Juli 1872 traf in St. Petersburg die förmliche Einladung ein.

Anfang September berichtete die Weltpresse von nichts anderem als dem Dreikaisertreffen, mit unterschiedlicher Akzentuierung, versteht sich. In Paris und London redeten die Zeitungen, erschrocken und klagend, von einer wiedererstandenen Heiligen Allianz; in Berlin, Wien und St. Petersburg, feierlich und erhaben, vom Friedenswerk der drei Herrscher. Die Panslawisten waren nicht gerade begeistert, die Südslawen peinlich berührt, sie meinten, vom Zaren sei nun keine Hilfe mehr zu erwarten. Die Bedeutung des Treffens bestand darin, daß die drei Minister, Andrássy, Bismarck, Gortschakow, miteinander sprachen, das heißt, immer zu zweien.

Worüber? Über den Frieden auf der Basis des Status quo. Über die Türkei natürlich. Angeblich sagte Gortschakow zu Andrássy, deren Erhaltung bilde ein gemeinsames Interesse; sie waren sich auch darin einig, daß kein Dritter sich in das

Verhältnis des Osmanenreichs zu seinen christlichen Untertanen einmischen solle (ob Andrássy dem wirklich Glauben schenkte?) und daß niemand den Osmanen Hilfe leisten solle, wenn die Christen sich dort erhöben. Eines steht außer Zweifel: Andrássy war um eine Verständigung mit Rußland bemüht – vorausgesetzt, daß dies nicht die Freundschaft mit Deutschland störte. Denn diese war eine Grundfeste seiner Politik. Und nun ereignete sich etwas Merkwürdiges.

Die Erkenntnis, welches Machtpotential Deutschland durch den Sieg von 1870 besaß und daß diese Macht nun das Gleichgewicht umstoßen könnte, muß den russischen Herren geradezu in die Knochen gefahren sein – hier in Berlin, während der prächtigen Festivitäten, die ja auch Machtdemonstrationen waren, und bei den geheimen Besprechungen. Gortschakow, der alte, schlaue, umsichtige Diplomat, war alarmiert, vielleicht auch von Neid gegen Bismarck erfüllt. Auch Alexander II., wiewohl seinem Onkel Wilhelm ergeben, erging sich in düsteren Vorstellungen. Nein, eine weitere Demütigung Frankreichs wollte das russische Großreich nicht noch einmal hinnehmen. Deutschland, kam es wieder zu einem Krieg, sollte nicht noch einmal mit Rußlands Neutralität rechnen können. Und sie sagten es auch, Alexander und Gortschakow, sie sagten: „Europa bedarf eines starken Frankreich."

Nun spukte es also wieder, das alte Gespenst, die geopolitische Zwangsläufigkeit, das Gespenst einer Verbindung des Westens (Paris) mit dem Osten, dessen Schwerpunkt sich mit dem langsamen Niedergang des Osmanischen Reichs vom Bosporus an die Newa verlagert hatte. Bismarck war verstimmt. (Vielleicht keimte in ihm gerade jetzt jener Gedanke, dessen politische Verwirklichung er später den „Rückversicherungsvertrag" mit Rußland nennt: Rußland und Deutschland verpflichten sich 1887 zur wohlwollenden Neutralität im Fall eines Krieges mit einer dritten Macht – außer Deutschland greift Frankreich oder Rußland Österreich-Ungarn an. Da Deutschland mit jeder der beiden Mächte Defensivverträge hat, gewährleistet es ein Gleichgewicht. Indirekt bewirkt der Vertrag auch, daß Frankreich als möglicher Partner einer Allianz gegen Deutschland isoliert bleibt. Eine Lösung der strittigen Fragen bietet der Vertrag nicht, aber er tariert die Gegensätze aus, zumindest für die Amtszeit Bismarcks.)

Andrássy und Gortschakow stellten fest, daß sie miteinander reden konnten, und das war, wenigstens für den Augenblick, ein gutes Ergebnis. Bismarck stellte fest, daß es ihm nicht gelungen war, die drei Mächte zu einer einheitlichen Haltung gegenüber Frankreich zu veranlassen, und das russische Wort vom starken Frankreich klang ihm nachhaltend in den Ohren. Der „Held" der Berliner Tage war der jüngste der Außenminister: Andrássy – der Zar lobte seine offene, loyale Sprache, Gortschakow ließ sich sogar zur poetischen Bemerkung hinreißen, er sehe in Andrássy sein „eigenes Bild im Spiegel der Jugend".

Kaum wieder in Wien, hielt Andrássy im Finanzausschuß der österreichischen Delegation eine programmatische Rede. Die Ziele der Politik der Monarchie seien, „dem Staate sagen zu können, die Opfer, die man von dir verlangt, sollen den Frieden sichern; dem Landsmanne: Bestelle ruhig deine Felder, sie sollen dir nicht zerstampft werden; die Städte versichern zu können: Bauet eure Häuser, sie werden nicht zerstört werden; dem Kapital die Versicherung zu geben: Es möge angelegt und umgesetzt werden angesichts des gesegneten Friedens". Eine gute Rede, bildhaft, pointiert. Man begriff. Und weiter: Man müsse in der Lage sein, der Welt die Überzeugung zu vermitteln, daß man als Freund verläßlich und als Feind gefährlich sein könne. Und wieder, auch hier, im Finanzausschuß wie bei jeder anderen Gelegenheit, die leidenschaftliche Versicherung, daß die Monarchie nicht an Gebietszuwachs denke, nicht einmal im Orient.

Drei Kaiser im Gleichschritt. Die Runde der Besuche und Gegenbesuche dauerte noch eine Zeitlang an.

Im April 1873 begab sich der betagte Wilhelm in Begleitung Bismarcks nach St. Petersburg und wurde vom Zaren umschwärmt. Für die internationale Politik brachte der Besuch nichts Neues, doch scharfe Beobachter – vor allem die französischen Diplomaten – sahen eine Kluft sich auftun: die Kluft zwischen der Deutschfreundlichkeit des Zarenhofes und der Deutschfeindlichkeit des Volkes – oder was man für das Volk hielt. Eine düstere Kluft. Doch vorläufig wurde sie noch durch den Willen beider Höfe überbrückt. Vorläufig. Wie lange noch?

Im Juni kam Alexander nach Wien. Man hatte eine rückhaltlos offene Aussprache vereinbart, und Alexander fragte seinen

Illustrirte Zeitung.

r. 1565.] Erscheint jeden Sonnabend. Leipzig, 28. Juni 1873. Vierteljährlicher Abonnementspreis 2 Thlr. [LX. Ban

Die drei Kaiser: Franz Joseph I., Kaiser von Österreich, König von Ungarn (S. 188 o.); Wilhelm I., deutscher Kaiser, König von Preußen (S. 188 u.); Alexander II., Kaiser von Rußland, in Begleitung von Franz Joseph auf der Wiener Weltausstellung im Jahr 1873

Gastgeber, auf Königgrätz anspielend, geradeheraus: „Hast du Hintergedanken? Wenn ja, schweige ich, denn es wäre unnütz, weiter zu sprechen." Franz Joseph verneinte die Frage. Am nächsten Tag sprach Alexander mit Andrássy über seine Unterredung mit Franz Joseph, und Andrássy bestätigte seinerseits aus voller Überzeugung die Worte seines Königs. Alexander sprach auch mit Schweinitz über seine Begegnung mit Franz Joseph, und der Botschafter berichtete nach Berlin. Der Zar schrieb einen Brief an Wilhelm, und Bismarck las ihn Károlyi vor. Alle Welt war zufrieden. Besonders zufrieden waren Gast und Gastgeber. So zufrieden, daß sie am 6. Juni in Schönbrunn eine Vereinbarung unterzeichneten: Sie versprachen einander Hilfe für den Fall, daß einer von ihnen von einer dritten Macht angegriffen würde. Das war ein Gegenstück zum deutsch-russischen Vertrag vom Mai. Man war sehr zufrieden mit dem „Dreikaiserbündnis". Doch welche mochte die „dritte Macht" sein? Großbritannien bestimmt nicht. Frankreich vielleicht? Im Augenblick hatte Frankreich andre Sorgen, innere. Es blieb also nur der Orient als möglicher Störenfried. Und hier wollten die drei Mächte Ruhe halten. Die Ruhe hielt auch an. Vorläufig. Doch auch hier galt die unterschwellige Frage: Wie lange noch?

Intermezzo. Nur von Pest war bis jetzt die Rede, wenn es um Ungarn ging, nicht von Budapest. Es hatte nämlich ein solches nicht gegeben – gegeben hatte es ein Aquincum, die alte Römerstadt, die sich zu Ó-Buda (Alt-Ofen) entwickelt hatte; dann ein Buda (Ofen) auf den Hügeln des rechten Donauufers; und schließlich das junge Pest links der Donau. Also schuf man 1872 den Gesetzesartikel XXXVI zur Vereinigung der drei Stadtteile, und 1873 war endlich die ungarische Hauptstadt Budapest geboren.

Die Weltausstellung. Nach London und Paris war nun, 1873, Wien an der Reihe, eine Weltausstellung in Szene zu setzen – Anlaß genug zu aufregend bedeutsamen Besuchen der vornehmsten Souveräne Europas. Der sechsundsiebzigjährige Wilhelm I. hatte einen Schlaganfall erlitten, er mußte die Reise verschieben, an seiner Stelle kam seine Gemahlin Augusta, sie traf am 25. Juni in Wien ein: eine geistvolle, eigenwillige Persönlichkeit mit gewinnendem Wesen. Graf und Gräfin Andrássy gaben am 19. Juni ihr zu Ehren ein Gartenfest.

Ein Teil der früheren Wiener Bastei bestand noch als Wagenauffahrt zum Trakt der Eltern des Monarchen in der Hofburg. Über eine kleine Brücke, die vom Außenministerium (dem heutigen Bundeskanzleramt) auf die Bastei führte, pflegte Andrássy zum Vortrag zum Herrscher zu gehen. Der umliegende Teil der Löwelbastei bildete einen kleinen Park, in ihm stand eine „historische" Linde – „historisch", weil in ihrem Schatten bereits Metternich gearbeitet hatte; sie diente an schönen Tagen auch Andrássy als „Arbeitszelt". In den weitläufigen Räumlichkeiten vom „Ballhausplatz" (so nannte man das k. u. k. Außenministerium gewöhnlich) sorgten ausgesuchte Militärkapellen für Unterhaltung. Im Park spielte eine Zigeunerkapelle auf. Kaiserin Augusta liebte die Musik von Franz Liszt, liebte ungarische Volksweisen, sie bat Andrássy, sie zur Kapelle zu begleiten. Nun spielten die Zigeuner so echt „feurig" auf. Augusta war entzückt und rief aus: „Es macht einen völlig schwindeln!" „Gestatten Euer Majestät", erwiderte Andrássy, „Ihr zu zeigen, wie der Zigeuner spielt, wenn man ihn anfeuert." Und ging mit seinem Gast ganz an die Kapelle heran. In der Tat: Die Zigeuner gerieten beim Anblick der hohen Herrschaften in wahre Ekstase (oder sie spielten sie überzeugend) und machten auf die Kaiserin einen hinreißenden Eindruck (was ja der Zweck der Übung war). Auch Elisabeth war anwesend, aus einiger Entfernung blickte sie ein klein wenig spöttisch, ein bißchen auch liebevoll hinüber zur anderen Kaiserin-Königin. Ehe Augusta das Fest verließ, bat sie Elisabeth, ihr rasch noch einige ungarische Worte beizubringen. Dann sagte sie zur Gräfin Andrássy zum Abschied, als diese gerade den Hofknicks machte: „Köszönöm a gyönyörü mulatságot" – „Ich danke für die wunderschöne . . .", nun ja: „Unterhaltung". (Aber „mulatság" ist viel mehr und andres als bloß „Unterhaltung" – es ist eine wunderbare Mischung aus Weinen und Jauchzen, trunkener Nüchternheit und nüchterner Seligkeit, es ist ein Zustand höchster Sensibilität, von Weltschmerz und Weltbegeisterung, es ist diszipliniertes Außersichsein. Ob die deutsche Dame es erfaßt hat? Elisabeth wußte darum.)

Endlich traf im Oktober Kaiser Wilhelm in Wien ein und mit ihm Bismarck. Die deutschen Herren bekräftigten die Schönbrunner Vereinbarung mit dem Zaren vom 6. Juni, und

Kaiser Wilhelm sprach am 21. Oktober bei dem ihm zu Ehren veranstalteten Galadiner in der Hofburg die ach so rührenden Worte: Die freundschaftliche Gesinnung der beiden Mächte sei „eine Bürgschaft des europäischen Friedens und der Wohlfahrt unserer Völker".

Und alles das war ein Triumph Andrássys – nicht sosehr die Vereinbarungen selbst, sondern der Umstand, daß Wien nun, seit 1815 zum ersten Mal, wieder Zentrum der europäischen Diplomatie war. Auch dann, wenn die wahre Schiedsrichterrolle nicht der k. u. k. Außenminister, sondern der deutsche Kanzler innehatte.

Drei Kaiser im Gleichschritt. Im Februar 1874 reiste Franz Joseph in Begleitung Andrássys nach St. Petersburg, und die Reise bot Anlaß zu manch Mißverständnissen. Denn in Ungarn meinte man, es sei unnötig, dem Zaren nachzulaufen, und Andrássy konterte damit, man könne nicht wissen, ob nicht Deutschland, vielleicht auf Betreiben der nationalen Partei oder aus anderen Gründen, einmal bestrebt sein würde, seine Machtsphäre auf die Deutschen Österreichs auszudehnen, und da sei die russische Rückendeckung von Nutzen. (Ob Andrássy das wirklich glaubte, sei dahingestellt; er mußte ein Gegenargument bieten. Und er sagte es auch Gortschakow, und Gortschakow stimmte ihm lebhaft zu.) Dies kam Bismarck zu Ohren. Doch er vermochte keinen Anlaß zu entdecken, der bei Andrássy einen solchen Verdacht hätte erregen können; er wußte, daß Andrássy die in Österreich „gewohnheitsmäßig" vorhandenen Sorgen wegen eines deutschen Übergreifens nicht teilte. Auf jeden Fall instruierte er in einer langen Depesche vom 25. Februar Schweinitz, dem k. u. k. Außenminister auseinanderzusetzen: Man werde sowohl in Wien als auch in Budapest erkannt haben, daß die Macht und die Einheit des Deutschen Reichs durch dessen Verschmelzung mit den seit vierhundert Jahren getrennten österreichischen Erblanden eher verlieren als gewinnen würden. In Wahrheit war die Angelegenheit durch Zeitungsartikel hochgespielt worden, war Schall und Rauch. Schon am 26. Februar berichtete Schweinitz nach Berlin, der k. u. k. Außenminister teile aus ganzem Herzen das Verlangen nach gegenseitigen guten Beziehungen – immer unter der Voraussetzung, daß Deutschland seine Machtentwicklung als abgeschlossen ansehe und nicht beabsichtige, die deutsche Frage gleichzeitig mit der orientalischen einer endgültigen Lösung zuzuführen. Und das beabsichtigte Bismarck gewiß nicht. Er unterstützte nicht Rumänien bei dessen Bestrebungen, die gegen die Monarchie gerichtet sein konnten, auch nicht die Siebenbürger Sachsen in deren lokal-nationalen Angelegenheiten. Dazu gehörte viel Einsicht, viel Mut. Bismarck hatte erkannt, daß Deutschland eines starken Österreich-Ungarn bedurfte. Aber die Angelegenheit, breitgetreten in den Zeitungen, nahm eine Entwicklung vorweg, die in der ersten Hälfte unseres Jahrhunderts ihren Höhepunkt erreicht.

Drei Kaiser im Gleichschritt. Franz Joseph betete am Grab Nikolaus' I.; Alexander II. war gerührt, die Petersburger Gesellschaft war entzückt. Gortschakow und Andrássy verstanden sich. Der Staatsbesuch war ein voller Erfolg.

Dann geriet der Gleichschritt in Unordnung.

Denn die Musik zum Gleichschritt hatten die rührenden, friedfertigen, in bestem Sinn konservativen Redensarten geliefert, wie sie in den Tischreden erklangen. Und sie stimmten auch, sofern sie mit den Realitäten konform gingen. Doch nie hatten sie so ganz mit den alten, tiefen, ursächlichen Wirklichkeiten übereingestimmt, und schließlich gerieten sie derentwegen in Unordnung. Die neuen und zugleich alten Kräfte waren härter, dynamischer. Salbungsvolle Worte der Monarchen, so gut sie auch gemeint waren, konnten sie nicht mehr zähmen.

Die Bündniskombinationen der letzten Jahrhunderte mahnten. Da hatte es die fast axiomatische Bündniskombination Paris–Istanbul gegen Wien gegeben, dann die Kombination Österreich–Frankreich–Rußland gegen Preußen (Kaunitz), und es hatte die Kombination Rußland–Österreich gegen das Osmanenreich gegeben (Katharina II. und Joseph II.).

Nun schwelte – trotz aller rührenden Worte – doch die Gefahr eines Krieges zwischen Rußland und Österreich-Ungarn. Denn die Balkanslawen eiferten dem Beispiel Deutschlands und Italiens nach: dem Beispiel des Nationalstaates, der von Istanbul unabhängigen nationalen Existenz innerhalb eigener Grenzen. Und die Regierungen des Zaren, hin und her gerissen zwischen den mystischen, kulturnationalistischen, erlösungswilligen Postulaten des Panslawismus und der politischen Vernunft, glaubten doch, den kleinen slawischen Brüdern beistehen zu müssen – jenen, die auf dem Gebiet Österreich-

Ungarns in so großer Zahl Verwandte hatten. Wenn darob die Monarchie und Rußland doch noch in Konflikt gerieten, mußte Deutschland Partei ergreifen. Eine solche Entwicklung konnte durch das Dreikaiserbündnis aufgeschoben werden. Doch wie lange?

Österreich-Ungarn wünschte die Erhaltung des Osmanischen Reichs, eben als Gegengewicht zu Rußland auf dem Balkan, mit dem die Monarchie viel intensiver zusammenlebte als Rußland. Die beiden Mächte, die Monarchie und die Türkei, hinderten Rußland daran, aus dem Schwarzen Meer herauszubrechen in die weiten Gewässer des Mittelländischen Meeres – aber sie konnten es nur mit Hilfe Großbritanniens und Frankreichs daran hindern. Überantwortete einmal Großbritannien diese Aufgabe Österreich-Ungarn – und mit diesem Deutschland! –, dann, nun, dann mußte sich so ein Dreikaiserbündnis in Nichts auflösen, dann trat eine Lage ein, die kaum noch zu meistern war. (Wie 1914. Wir wissen es heute. Andrássy und seine Kollegen konnten es natürlich nicht wissen. Aber sie alle sahen die Gefahren. Angesichts der Zwangsläufigkeit, die sich hier wieder einmal zeigte, waren die drei Monarchen machtlos.)

„Kulturkampf“ und „Krieg in Sicht.“ Es war eine ungute Sache, dieser „Kulturkampf“ in Deutschland, ein Machtkampf zwischen Königtum und Priestertum. Er verletzte Gefühle, er ließ den Haß zwischen Kirche und Staat aufleben. Er mündete in einen Zustand, den man „Krieg in Sicht“ nannte und der die internationale Atmosphäre verdunkelte. Aber er war auch eine Bewährungsprobe für Andrássy.

Papst Pius IX. hatte in seinem „Syllabus“, einer Beigabe zur Enzyklika vom 8. Dezember 1864, die „Irrlehren“ der Gegenwart aufgelistet: die moderne Zivilisation, den Liberalismus, den Fortschritt, den Sozialismus, den Nationalismus. Und er äußerte die Absicht, das gesamte staatliche Leben unter die Herrschaft der Kirche zu stellen. Es war, gewiß, ein politischer, aggressiver Katholizismus aus versunkenen Zeiten, der in Preußen besonders schlecht ankam. Aber für Bismarck war er auch ein „Feindbild“, dessen er manchmal bedurfte. (Später flaut der Kampf ab, es stellt sich heraus, daß Rom doch nicht mehr „die große Scheune des Erdkreises“ ist, als welche der mutige Reformator Ulrich von Hutten es 1520 gesehen hat, „die Scheune, in der alles zusammengeschleppt wird, was in allen Ländern geraubt und genommen wurde". Es stellt sich heraus, daß die Kirche sehr wohl eine positive Rolle im Staat spielen konnte.)

Andrássy war ein liberaler Politiker, ein Verfechter der Rechte des Staates, er konnte niemals zugeben, daß Österreich-Ungarn den Geboten Roms ausgeliefert werde. Das Konkordat von 1855, das noch das Interesse der Kirche über das des Staates gestellt hatte, gehörte seit der Herstellung verfassungsmäßiger Zustände der Vergangenheit an – seit 1867 hätte es kein österreichischer, kein ungarischer Staatsmann gewagt, den entschlafenen „Konkordatsgeist" wieder aufleben zu lassen. Aber Andrássy konnte auch nicht zulassen, daß die Monarchie ins Fahrwasser des deutschen Kulturkampfes gerate – war doch hier der Katholizismus, auch durch das Herrscherhaus, viel mächtiger vertreten als in Deutschland. Andrássy mußte sowohl den Machtanspruch Pius' IX. als auch die Auswirkungen des Bismarckschen Kulturkampfes abwehren. In der Tat: Er war in der Lage, gegenüber beiden Seiten volle Unabhängigkeit zu bewahren. Allerdings war er mit Bismarck darin einig, daß der Nachfolger des greisen Pius IX. (1792 geboren) kein eifernder Jesuitenpapst sein dürfe. Doch von weit größerer Tragweite war die Sicht, die sich nun eröffnete. Denn es war „Krieg in Sicht".

Die Annahme, Bismarck habe diesen „Krieg in Sicht" inszeniert, um von den inneren Schwierigkeiten des „Kulturkampfes" abzulenken, war nur ein Teil der Wahrheit. Aber, wie „ganze Wahrheiten" immer, war auch diese eine sehr komplexe „Wahrheit". Wir wollen einige Tatsachen aufzählen:

Am 12. März 1875 nahm die französische Nationalversammlung ein „Kadergesetz" an, nach dem die Regimenter statt drei nun vier Bataillone umfassen sollten, dadurch erhöhte sich die Kriegsstärke der französischen Armee um 144.000 Mann. Routinemäßig besprach Bismarck mit dem deutschen Botschafter in Paris, dem Fürsten Hohenlohe, mögliche Allianzen, die gegen Deutschland gerichtet sein könnten. Eine Verbindung Frankreichs mit Italien oder sogar mit Österreich-Ungarn tat er achselzuckend ab, denn er wußte die deutsche Armee einer solchen Koalition gewachsen, und eine Frontstellung der Monarchie gegen das Reich kam in Kenntnis der Andrássyschen Politik gar nicht erst in Frage.

Am 5. April erschien in der „Kölnischen Zeitung“ ein „Wiener Brief“ mit dem Titel „Neue Allianzen“ und wies mit erhobenem Zeigefinger auf die drohende Kriegsgefahr hin. Erst jetzt horchte die Welt auf.

Noch schlimmer wurde es, als am 8. April die Berliner „Post“ einen Artikel veröffentlichte, dessen Titel in der Geschichtsschreibung der ganzen Affäre den Namen gab: „Ist Krieg in Sicht?“ Die Erregung nahm von Stunde zu Stunde zu, schon sprach man vom Ausbruch des Krieges, galt doch die „Post“ als die offiziöse Zeitung des Reichskanzlers.

Nur noch bedrohlicher wurde die Lage, als die „Norddeutsche Allgemeine Zeitung“ am 10. April mit unverhüllten Andeutungen aufwartete: Die Reorganisation der französischen Armee ziele nicht nur auf eine solide Wiederherstellung der französischen Wehrkraft ab, da nicht einmal das reichste Land eine solche Steuerlast auf die Dauer ertragen könne, sondern „die Rüstungen [werden] ad hoc mit Konsequenzen betrieben, deren Zweck keinem Sehenden verborgen bleibt“.

Und so richtig zu brodeln begann es, als der deutsche Publizist Wilhelm Wehrpfennig in den „Preußischen Jahrbüchern“, die er seit 1867 zusammen mit dem nationalliberalen Historiker Heinrich von Treitschke herausgab, erklärte: Wollte Frankreich innerhalb von zwei Jahren einen Krieg beginnen, so werde Deutschland um seiner Selbsterhaltung willen vielleicht gezwungen sein, dem zuvorzukommen.

Dem französischen Außenminister Decazes wurde sogar von deutscher diplomatischer Seite der Gedanke zugetragen, Berlin könne angesichts eines revanchelüsternen Frankreich nicht zuwarten, bis dieses seine Allianzen geschlossen habe. Decazes glaubte nun wirklich, Deutschland wolle Frankreich überfallen, und appellierte an die Regierungen der Großmächte. Nicht vergeblich.

Andrássy war sich klar darüber, daß die Monarchie im Fall eines neuerlichen deutsch-französischen Waffengangs nicht wieder neutral bleiben konnte, und bat um Aufklärung. Er bekam sie, sofort und auf die liebenswürdigste Art. Bismarck bemühte sich sichtlich, den k. u. k. Botschafter Károlyi von der Friedensliebe der deutschen Politik zu überzeugen. Dennoch versah Andrássy den Bericht Károlyis hie und da mit Fragezeichen.

Dann platzte in London die Bombe. Am 6. Mai veröffentlichte die „Times“ einen Artikel ihres Pariser Korrespondenten. Gewiß, hieß es darin (angeblich im Auftrag Decazes’), Deutschland könne Frankreich ungehindert angreifen, keine Macht würde ihm in die Arme fallen – nur auf eine müsse es Rücksicht nehmen: auf Rußland; ja, St. Petersburg fühle sich veranlaßt, den Störungen, die stets von neuem die Welt beunruhigten, ein Ende zu setzen.

Das war es also: Rußland mußte ins Spiel gebracht werden! Der ganze Artikel war ein flammender Appell an Gortschakow, die Rolle des Friedensretters zu übernehmen – eine Rolle, die der eitle alte Mann nur zu gerne spielen würde, um aller Welt, besonders aber Bismarck, das Gewicht Rußlands in der Weltpolitik vor Augen zu führen.

Sofort durchschaute Andrássy das abgekartete Spiel, er enthüllte dessen Sinn mit klaren Worten. Am 8. Mai telegrafierte er Károlyi nach Berlin: „Es handelt sich für Frankreich darum, Kaiser Alexander in erster Linie die Rolle des Schützers und Erhalters des europäischen Friedens zuzuwenden. Durch eine möglichst demonstrative Inszenierung der russischen Friedensvermittlung [so kommt es dann auch!] soll das Verhältnis zwischen Rußland und Deutschland zu trüben versucht werden. Und dem liegt unverkennbar die bisher noch unerschüttert gebliebene Illusion zugrunde, Rußland denn doch von Deutschland abzuziehen und für Frankreich zu gewinnen.“ (Diese Worte Andrássys nehmen die weitere Entwicklung bis hin zu den Bündnissystemen am Vorabend des Ersten Weltkrieges vorweg.)

Andrássy war überzeugt, daß die Entzweiung Deutschlands und Rußlands, trotz der zu erwartenden Auseinandersetzungen zwischen Bismarck und Gortschakow, ein Wunschgedanke der Franzosen bleiben würde. Und er beschloß, jede Einmischung zu vermeiden. Zumal er auch davon überzeugt war, daß „der Friede“, so Andrássy in seinem Telegramm an Károlyi, „aus dieser augenblicklichen Krise neu gestärkt hervorgehen“ würde. Aber seine Nichteinmischung war nicht tatenloses Abseitsstehen: Er lehnte die Aufforderung der britischen Regierung, vereint mit ihr für die Erhaltung des Friedens in Berlin vorstellig zu werden, rundweg ab; er überredete die italienische Regierung, die bei ihm Rat gesucht hatte, ebenfalls strikte Neutralität zu bewahren. Denn die Russen, Zar Alexander und Gortschakow, waren schon im Anmarsch.

Sie trafen am 10. Mai in Berlin ein. (Am 11. Mai hielt Andrássy den Vortrag beim Monarchen: „Die ganze diplomatische Welt ist von Panik erfaßt", hieß es darin, „trotzdem erlaube ich mir, meinen Standpunkt, daß für jetzt keine imminente Kriegsgefahr drohe, aufrechtzuerhalten." „Die einzige Gefahr [für die Monarchie im allgemeinen] heißt eine Allianz von Rußland mit Bismarck. Eine solche Gefahr", sagte er weiter, „ist jedoch heute jedenfalls entfernter als je. Ich glaube, daß nichts die Möglichkeit einer Verständigung [zwischen Deutschland und Rußland], an die ich nicht glaube, besser verhindern kann, als wenn wir das Verdienst, den von Deutschland aus bedrohten Frieden gerettet zu haben, dem Kaiser Alexander überlassen.")

Nein, ein Krieg brach nicht aus, zumal Bismarck selbst nie einen Krieg geplant hatte. Aber etwas trug sich zu, das das deutsch-russische Verhältnis, genauer: das Verhältnis zwischen Bismarck und Gortschakow, aufs schwerste belastete. Doch zunächst kamen die Engländer.

Der britische Botschafter Lord Russel bot Bismarck die „guten Dienste" seiner Regierung an; er war auch ermächtigt, die russischen Friedensverhandlungen zu unterstützen. Bismarck lehnte höflich, aber entschieden ab, bestritt jegliche Kriegsabsicht. Noch war der Brite bei Bismarck, da wurde schon Gortschakow gemeldet. Russel entfernte sich, doch im Vorraum trafen die beiden Herren einander. Gortschakow bat den Briten zu bleiben und eröffnete Bismarck, er hoffe, der Friede werde erhalten. Nun meinte Russel, der Augenblick sei günstig, um den zweiten Teil seiner Mission auszuführen, und erklärte, die Regierung Ihrer Majestät unterstütze die russischen Friedensbemühungen; dann ging er. Und nun passierte folgendes:

Gortschakow bat Bismarck um die Zusicherung, daß er nie wieder Krieg gegen Frankreich führen werde. (Man erinnere sich an den armen französischen Botschafter Benedetti, der 1870 auf der Lahnpromenade in Bad Ems König Wilhelm um die Zusicherung gebeten hatte, niemals der Kandidatur eines Hohenzollers für Spaniens Thron zuzustimmen.) Die Worte Gortschakows waren noch arroganter, verletzender, überheblicher. Es spricht für Bismarcks Größe, daß er volle Selbstbeherrschung bewahrte und daß er den Russen im Glauben ließ, „Europas“ Frieden gerettet zu haben (man denke an Andrássys soeben zitierte Worte) – alles spricht umso mehr für Bismarck, als damals die ganze Welt glaubte, er habe tatsächlich Krieg gewollt und sei davon nur durch den russischen Kanzler abgehalten worden. Aber er war zornig, verletzt, gereizt bis aufs Blut. Von nun an hielt er Gortschakow für seinen persönlichen Feind. Der Gleichschritt der drei Kaiser geriet endgültig in Unordnung.

Wie steht es nun aber um die „ganze Wahrheit“ in dieser Affäre? Wir können nur mutmaßen. Wollte Bismarck Druck auf den Deutschen Reichstag ausüben, damit dieser der Anhebung der Friedensstärke des Heeres auf 401.659 Mann zustimme? Doch die Vorlage war bereits ein Jahr alt. Hatte er wirklich den ominösen „Krieg in Sicht“-Artikel inspiriert? Dem war nicht so. Károlyi, langjähriger intimer Kenner des Berliner Hofes, meinte, Bismarck habe bloß – ohne ernsthaft an Krieg zu denken – die Revanchegedanken der französischen Regierung dämpfen wollen und dabei manch kraftvolle Ausdrücke gewählt, von welchen die Redakteure erfahren und die sie aufgebauscht hätten. Der Kanzler sei überzeugt gewesen, einen immerhin wahrscheinlichen Revanchekrieg durch die Demonstration deutscher Festigkeit für lange Zeit hinausgeschoben zu haben. Allerdings reagierten dann die europäischen Regierungen anders, als Bismarck erwartet haben mochte: Die Demarche der britischen und der russischen Regierung hatte den Franzosen den Rücken gestärkt, und diese traten dann keinen Bittgang nach Berlin an. Lauter Mutmaßungen.

„Das Resultat [der ganzen Affäre]“, schrieb Andrássy am 13. Mai Franz Joseph, „scheint mir für uns befriedigender als für Bismarck. Wir haben den Frieden, die Deutschen haben eine Lektion erhalten.“ So war Andrássy der eigentliche Nutznießer der Krise: Durch seine Zurückhaltung hatte er Bismarck bewiesen, daß dieser mit der Monarchie rechnen konnte – mehr als mit Rußland. Österreich-Ungarn war ein stabilisierender Faktor auf dem europäischen Kräftefeld – auch das hatte Andrássy durch seine Neutralität in dieser Krise demonstriert. Und so blieb Österreich-Ungarn auch das verläßliche Gegengewicht zu Rußlands erlösungswilligem Imperialismus.

Gerade darum ging es dann in den nächsten Monaten, um den Problemkomplex, den man die orientalische Frage nannte – sie umfaßte den Balkan, das Osmanenreich, Rußland, die Monarchie; in sie verstrickt waren alle Großmächte. Auch hier wollen wir uns kurz fassen. Die Verwicklungen bildeten einen großen, dichten Knäuel; die zahllosen Fäden darin wurzelten letztlich im Ethnischen und Religiösen. Glaubensmacht und nationales Eifern vermengten sich mit handfesten imperialen Bestrebungen. Und das Ganze drohte das sensible, mit viel Mühe, Einsicht, Klugheit zusammengeflickte europäische Gleichgewicht zu zerstören (1914 gelingt es ihm endlich).

Dieses Balkangeschehen war das Vorspiel zu dem spektakulärsten politischen und gesellschaftlichen Ereignis des Jahrzehnts: dem Berliner Kongreß.

Bei dieser Gelegenheit geriet übrigens Andrássy zum erstenmal in Gegensatz zu Franz Joseph. Die Wiener Militärpartei war einflußreich, der Monarch schenkte ihr oft das Ohr, doch meistens hielten ihn sein Gefahrenbewußtsein, sein Wirklichkeitssinn von gefährlichen Schritten zurück. In diesem Sommer nun, 1875, entwickelten die Militärs den Plan, oder vielleicht nur den dringenden Wunsch, die Herzegowina und Bosnien zu annektieren. Sie begründeten ihn damit, daß sie zur Verteidigung des langgedehnten dalmatinischen Küstengebietes Hinterland brauchten – auch zum Schutz der Handelsinteressen der Monarchie in Südosteuropa sei die Annexion vonnöten.

Andrássy hielt nichts, aber schon gar nichts von einer Besetzung der beiden Provinzen des Sultans, und schon gar nicht mit militärischen Mitteln. Er war sich der Gefahren, die sich hier auftaten, voll bewußt. Er riet Franz Joseph von einer Reise dorthin ab. Er befürchtete, die Gegenwart des Monarchen würde die ganze verknäulte orientalische Frage vorzeitig ins Rollen bringen und in den slawischen Völkern nicht zu befriedigende Hoffnungen wecken. Und meinte ferner, die Monarchie bedürfe in ihrer gegenwärtigen Gestalt keiner weiteren Gebietsvergrößerung; die Monarchie dürfe einen Aufstand der Christen gegen die osmanische Vorherrschaft nicht zum Anlaß nehmen, die beiden Provinzen zu besetzen. Andrássy schwebte eher eine Eventualität vor Augen, daß nämlich Österreich-Ungarn gezwungen sein könnte, diese Provinzen zu okkupieren, aber nur, um deren etwaiger Besetzung durch Serbien und Montenegro zuvorzukommen. Aber solange das Osmanenreich Ruhe hielt, bestand für ihn kein Anlaß, dort militärisch einzugreifen.

Allerdings durfte sich in jener Region, unmittelbar an der Grenze der Monarchie, auch kein ihr feindlich gesinnter südslawischer Staat bilden – etwa ein Groß-Serbien, ein Groß-Montenegro. Auch sollte Rußland und der Welt klargemacht werden, daß zur Regelung – zur friedlichen Regelung! – dieser Fragen in erster Linie die Monarchie als der unmittelbare Nachbarstaat berufen sei – und kein anderes Reich, etwa unter dem Vorwand der Sprach- oder Glaubensgemeinschaft. Alle Großmächte sollten also in Wien zur Regelung hinzugezogen werden. (Goldene Vorsätze. Letztlich bleiben sie aber nur Vorsätze. Denn 1914 kommt alles anders. Anfangs meinen alle, es lohne sich nicht, wegen der Schüsse von Sarajewo einen europäischen Krieg zu entfesseln. Der große Krieg kommt dennoch, und mit ihm das Ende einer Ordnung. In der Folge verdüstern dann Rassenwahn und Ideologiewahn die Welt.) So riet Andrássy von einer demonstrativen Reise des Herrschers ab.

Franz Joseph brach dennoch auf. Zunächst besuchte er Venedig, das neun Jahre zuvor noch ihm gehört hatte. Hier traf er auf seinen alten Feind Viktor Emanuel II., und man versöhnte sich vor aller Welt. Er fuhr weiter nach Ragusa, dem heutigen Dubrovnik. Hier begrüßten den Monarchen orthodoxe Christen, die aus der türkischen Herzegowina dorthin gepilgert waren. Weiter ging's nach Cattaro, heute Kotor, wo Fürst Nikita von Montenegro zu Franz Joseph kam und seinen und seines Volkes Beistand anbot, wenn nur die Monarchie Bosnien und die Herzegowina von der osmanischen Herrschaft befreien wollte.

Da brachen Unruhen aus. Kurze zwei Monate nach dem kaiserlich-königlichen Besuch in Süddalmatien standen die Herzegowina und Teile Bosniens in Flammen. Das kam der Militärpartei zupaß. Im Juli 1785 teilte Franz Joseph in Agram dem dortigen Garnisonskommandanten General Mollinary mit, er habe ihm das Kommando über das für Bosnien bestimmte Korps zugedacht.

Andrássy war entsetzt. Die orientalische Frage mußte gelöst werden, gewiß. Doch nicht von der Monarchie allein und schon gar nicht mit militärischen Mitteln: Die Monarchie sollte nicht der Pforte beistehen, um nicht dadurch das Protektorat über die dortigen Christen einer anderen Macht zu überlassen – aber auch den Aufständischen nicht, um nicht die Entstehung eines Groß-Serbiens zu ermöglichen, das die Slawen der Monarchie zur Abspaltung ermutigen könnte. Andrássy wollte eine internationale Lösung herbeiführen, eine, für die alle Großmächte die Verantwortung tragen sollten. Er trug seine Argumente Franz Joseph vor, und der Monarch stimmte ihnen zu. Die Militärpartei mußte zurückstecken.

Sie und auch Franz Joseph hatten nicht zu erkennen vermocht, daß eine so demonstrative Reise des Monarchen die auf dem ganzen Balkan schwelenden Leidenschaften nicht nur im Westen der Halbinsel entfachen würde. So kam es dann auch: Die Bulgaren standen bereit, sich gegen die osmanische Herrschaft zu erheben. Und in Bulgarien war Rußland am Zug.

Die „Große Orientkrise“ brach aus.

Königin Elisabeth am offenen Sarg Ferenc Deáks
(Gemälde von Mihály Graf Zichy aus dem Jahr 1906)

Krieg und Kongreß

Die orientalische Frage wetterleuchtet in den kommenden Jahrzehnten. An ihr kommt niemand mehr vorbei. An ihr scheitert Europa.

Hektik brach aus. Gortschakow versuchte Andrássy zu einer kombinierten Aktion Wiens, Berlins und St. Petersburgs zu bewegen, ehe noch die Türken mehr Greueln verüben könnten. Denn es hieß, sie mordeten die zivile Bevölkerung hin.

Andrássy mutmaßte, der russische Kanzler ziele mit seinem Vorschlag darauf ab, ein dauerhaftes Protektorat über die Türkei zu schaffen und in der Folge die Aktionsfreiheit der Monarchie im Orient „hinwegzueskamotieren" („wegzaubern"). Er lehnte jede kollektive Maßregel ab. Die Mächte sollten jede für sich, getrennt, aber gleichzeitig, der Pforte ihre „guten Dienste" zur Schlichtung anbieten. Gortschakow erkannte, daß er mit seinem Vorschlag nicht durchkam, und stimmte zu, daß Wien das „Zentrum der Verständigung" sein sollte.

In den ersten Augusttagen 1875 berieten sich der deutsche und der russische Botschafter mit Andrássy. Man einigte sich dahin, daß die Mächte auf die Aufständischen mäßigend einwirken und der Pforte nahelegen sollten, diese Friedensstiftung zu unterstützen. Aber man wollte die Autorität des Sultans schonen, schließlich brauchte man sie. (Rußland brauchte sie nicht, aber vorläufig konnte es gegen den Willen der anderen Mächte nichts unternehmen und verharrte weiter in Lauerstellung.) Den drei Mächten schlossen sich Italien, Frankreich und nach einigem Widerstreben auch Großbritannien an. Am 22. August nahm die Pforte die Vorschläge an.

Andrássy empfahl ihr, Reformen durchzuführen. Seine Note war vom 30. Dezember 1875 datiert, seine Reformanträge wurden von den Mächtigen gebilligt. Die Reformaktion scheiterte. Die orientalische Frage schwelte weiter.

Der deutsche Botschafter General Schweinitz sollte abgelöst werden. In den vergangenen hektischen Monaten hatte es sich gezeigt, daß Schweinitz, obwohl vom notwendigen Zusammengehen der beiden Mächte überzeugt, doch nicht die Fähigkeit besaß, mit diplomatischer Geschmeidigkeit zu agieren. Er verlor den Überblick. Er unterzog alles einer – so Andrássy – „mikroskopischen Untersuchung“ und erkannte die großen Zusammenhänge nicht. Taktvoll wies Károlyi Bismarck auf die Schwächen Schweinitz' hin. Bismarck nickte.

Es war so, daß der Stellenwert eines Diplomaten in der heimischen Hierarchie bei der Akkreditierung im Ausland maßgebend war. Wurde eine Persönlichkeit von hohem Stellenwert zum Botschafter bei einer fremden Regierung ernannt, dann erkannte man daran die Qualität der Beziehungen zwischen den beiden Mächten. Otto Graf zu Stolberg-Wernigerode, Präsident des preußischen Herrenhauses, war eine solche Persönlichkeit. Am 16. Februar 1876 teilte Bismarck Károlyi die Ernennung des Grafen zum deutschen Botschafter in Wien mit. Alle Welt nickte anerkennend. Am 28. Februar versicherte der junge deutsche Botschaftsrat August Karl Graf Dönhoff seinem Kanzler, Graf Stolberg werde in Wien mit größter Sympathie erwartet.

Reisediplomatie. Die gespannte Lage auf dem Balkan rechtfertigte die Hektik. Andrássy traf am 9. Mai 1876 in Berlin ein; Bismarck wollte mit ihm vor der Ankunft der Russen konferieren. Der Zar und sein Kanzler hatten den Wunsch geäußert, mit dem k. u. k. Außenminister in Berlin zusammenzutreffen. Andrássy mutmaßte, daß das nichts Gutes verhieß. Er behielt recht.

Denn Gortschakow verlangte, man solle sofort und an Ort und Stelle das weitere Schicksal des Osmanenreichs bestimmen, wenn dessen Auflösung unvermeidlich werden sollte. Und daß es unvermeidlich werde, dafür wollten schon die russischen Herren sorgen. Den Löwenanteil von der Beute sollte selbstredend Rußland einheimsen.

Aber es scheint, daß Gortschakow sich an Andrássy die Zähne ausbiß. Der Kanzler hatte ein vorbereitetes Memorandum zur Aufteilung des Osmanenreichs präsentiert. Andrássy nickte zustimmend: Ja, das Memorandum sei ein Gipfel der diplomatischen Kunst – dann zerfetzte er es in allen Punkten, doch so sachlich und mit soviel schmeichelnder Anerkennung für des Kanzlers unnachahmliche Fähigkeiten, daß Gortschakow zum Schluß nur staunte und den Änderungen zustimmte, wenn er auch halb ärgerlich, halb bewundernd ausrief: „Mais ce n'est plus mon œuvre!" („Das ist nicht mehr mein Werk!"). Bismarck assistierte. Er verbarg sein Schmunzeln hinter der Maske des weisen Staatsmannes. So entstand das Berliner Memorandum vom 12. Mai: Die drei Mächte strebten die Befriedung Bosniens und der Herzegowina an, um den Unruheherd zu ersticken.

Man hoffte, aber man war vorsichtig. Am 18. Mai sagte Andrássy im Ausschuß der Reichstagsdelegation, der europäische Friede sei gesichert, und fügte hinzu: soweit „menschliche Voraussicht reicht".

Frankreich und Italien schlossen sich an. Disraelis Tory-Regierung in London lehnte es am 19. Mai ab, sich in Istanbul für das Memorandum einzusetzen. Sie meinte, dadurch würde der Einfluß St. Petersburgs gestärkt, die Autorität des Sultans geschwächt. Durch die Weigerung aber ermutigte London die Osmanen, sich den drei Mächten zu widersetzen. (Die Interessen Großbritanniens und Rußlands prallten auf den Ozeanen aufeinander. London trachtete, die russischen Kräfte im östlichen Mittelmeerraum durch die Türkei zu binden. Letztlich ging es ihm – ein immerwährendes Anliegen britischer Politik – um die freie Seeverbindung mit Indien.)

Andrássy war verstimmt. Das ist verständlich. Denn gerade durch das gemeinsame Memorandum wollte er Rußland daran hindern, eigenmächtig vorzugehen. Er wollte Bosnien und die Herzegowina daran hindern, sich an der Erhebung gegen die Pforte zu beteiligen. Man sieht: Hier, auf dem Balkan und am Mittelmeer, wurden die gegensätzlichen Interessen der Großmächte sichtbar. Auf dem Festland selbst galt das Gesetz des Kräftegleichgewichts, wofür die Briten den Terminus „policy of balance" geschaffen hatten. Die Grenzen und Einflußsphären waren dort aufeinander abgestimmt. Auf dem Balkan, am Bosporus, am Schwarzen und am Mittelländischen Meer hingegen war alles im Fluß. Aber unter allen Großmächten gab es nur eine, deren weitere Existenz mit den dortigen Ereignissen schicksalhaft verknüpft war: Österreich-Ungarn. Darum das unermüdliche Trachten Andrássys nach Ruhe, Ordnung, gesicherten Grenzen – nach der Lösung der orientalischen Frage.

Die Lösung wurde durch den gewaltsamen Thronwechsel in Istanbul am 30. Mai nur noch erschwert. Gortschakow drängte auf eine schnelle gemeinsame Intervention der Mächte, Andrássy wollte abwarten, wie denn der neue Sultan, Murad V., zu der Frage der Reformen stand. Die Folge: Verstimmung zwischen der Monarchie und Rußland. Dadurch sah auch Bismarck sich in einer schwierigen Lage. Ein Vertrauter des deutschen Kanzlers umschrieb im April 1876 gegenüber Károlyi Bismarcks Politik so: „Ob Bosniaken oder Herzegowiner ein wenig besser oder schlechter regiert werden, ob die Türken dies oder jenes tun, ist uns im Grunde genommen ziemlich gleichgültig. Wir können uns nicht dafür echauffieren [erhitzen], diese Strohdächer zu löschen. Dagegen haben wir ein wesentliches Interesse, daß die daran und an uns stoßenden großen Gebäude nicht vom Brande erfaßt werden."

Gortschakow zürnte dem Deutschen darob. Er meinte, nicht durch London, sondern durch Berlin und Wien an der Durchführung seiner Balkanpläne gehindert zu werden. Er wollte durch gemeinsame Intervention der Mächte Istanbul in die Enge treiben, zugleich verlangte er von der Pforte Maßnahmen, die diese aus finanziellen Gründen nicht durchführen konnte. So oder so: Das Osmanenreich, meinte Gortschakow, würde zusammenbrechen; er hetzte auch noch Serbien und Montenegro gegen das Reich auf. Andrássy mühte sich ab, Tag für Tag, Stunde für Stunde, um das Einvernehmen zwischen den drei Kaiserhöfen aufrechtzuerhalten. Denn nur dadurch konnte Rußland, meinte er, daran gehindert werden, auf dem Balkan und gegen die Türkei einen Alleingang zu versuchen. Und ein solcher Alleingang Rußlands hätte unabsehbare Folgen – nicht nur für die Monarchie, sondern für ganz Europa.

Es schien, daß den Großmächten die Kontrolle über die Entwicklung entglitt. Die Welt lebte in permanenter Kriegsgefahr. Der britische Außenminister Lord Derby machte den Serben klar: Sollten sie die Türkei angreifen, dann gingen sie der 1856 gewährten Garantien des Pariser Friedens verlustig – das hieß: Kein dritter Staat würde sich einem türkischen Einmarsch in Serbien widersetzen. Großartig gedacht. Doch wer sollte überprüfen, von welcher Seite der so oft bemühte „erste Schuß" fiel? Dort unten, an der serbisch-türkischen Grenze, ließ sich das gewiß nicht entscheiden.

Gortschakow schlug für den Fall, daß die Vasallenstaaten das Osmanenreich angriffen, vor, nicht zu intervenieren; das sollte verlautbart werden. Andrássy nahm den Vorschlag unter der Bedingung der Geheimhaltung an: Er meinte, eine publizierte Nichteinmischung der Großmächte würde die Serben und die Montenegriner nur noch ermutigen. Und er erkannte, daß Gortschakow Österreich-Ungarn durch die Veröffentlichung der Nichtintervention von jedem selbständigen Eingreifen in Bosnien und der Herzegowina abhalten wollte.

Gortschakow und Andrássy verhandelten, unabhängig voneinander, mit Lord Derby. Der russische Kanzler machte London den Vorschlag, Bosnien und der Herzegowina eine Autonomie zu verleihen, die etwa dem Verhältnis Rumäniens und Serbiens zur Pforte entspräche. Andrássy wandte sich gegen eine solche Autonomie: Jene beiden Vasallenstaaten seien von homogenen Nationalitäten bevölkert – hingegen lebten in Bosnien und der Herzegowina Christen und Moslems „ortschafts- und häuserweise miteinander vermengt", und eine Autonomie könnte unter ihnen einen Vernichtungskampf auslösen. Dann aber blieben nur Verlierer, keine Sieger übrig. (Klang nicht im Frühjahr 1990 Zeitungslesern und TV-Sehern all das wohlvertraut?) Andrássy befürchtete auch, daß ein gegebenes Beispiel Bulgarien und andere Provinzen zum Aufstand reizen könnte. Lord Derby befürchtete nur eines: daß Rußland eingreifen und Konstantinopel bedrohen könnte. Also wandte Derby die altehrwürdige britische Schlichtungsmethode an: Er entsandte eine Flotte in die Besikabai, eine Bucht an der Westküste Kleinasiens.

Bulgarien. In den Bergdörfern bei Philippopel (Plowdiv), kaum dreihundert Kilometer von der osmanischen Hauptstadt entfernt, massakrierten im Frühling 1876 türkische Freischärler 12.000 bulgarische Männer, Frauen, Kinder. Die englische „Daily News" und die „New York Times" brachten leidenschaftliche Reportagen. Im Herbst des Jahres veröffentlichte Gladstone, damals in der Opposition gegen Disraeli, eine aufrüttelnde Broschüre: „The Bulgarian Horrors and the Question of the East" („Die bulgarischen Greuel und die Orientfrage"). In der ersten Woche wurden 40.000 Exemplare verkauft, sogar in Rußland wurde die Streitschrift publiziert – und die Kriegshetzer dort erhielten mächtigen Aufwind. Disraeli und Salisbury

Otto von Bismarck-Schönhausen,
Zeichnung von Anton von Werner, o. J.

predigten Russenhaß – Gladstone und der Großteil der Bevölkerung waren gegen die Türken aufgebracht. Man schlichtete, sogar Königin Victoria griff ein. Am 9. Juni schlug der Premier im Parlament einen versöhnlichen Ton an. Doch was nützte alle Schlichtung gegen die Leidenschaften, die aus der Vergangenheit resultierten!

Andrássy hielt, solange es nicht den Lebensinteressen der Monarchie zuwiderlief, am Dreikaiserbündnis fest und wollte dadurch den russischen Kanzler zwingen, die Erhaltung des Friedens auf dem Balkan mitzuverantworten. Gortschakow bediente sich des Bündnisses, um Rußlands Einfluß auf der Halbinsel, am Schwarzen Meer und im östlichen Mittelmeerraum zu mehren; seine Argumente waren der Sprachnationalismus und das allslawische Gedankengut. Welche Position nahm Bismarck, der Dritte im Bündnis, ein?

Die bereits zitierten Worte eines seiner Vertrauten umreißen Bismarcks Gedanken ziemlich genau. Man könnte noch so manch anderes Gesagte, Geschriebene anführen, etwa dies: Er wolle sich „strikt an die Rolle des Friedensstifters“ halten; er wolle verhindern, daß Österreich-Ungarn und Rußland sich um „das Erbe des kranken Mannes am Bosporus" (der Türkei) stritten. Er wollte vermitteln, den Frieden erhalten. Er wußte, daß das europäische Kräftegleichgewicht auf der Existenz, auf dem ungeschmälerten Fortbestehen des Vielvölkerstaates beruhte. Dieser sollte eine Großmacht bleiben. Aber das deutsche Element in ihm sollte nicht überborden, denn das würde dessen Nationalismus steigern, würde ein „großdeutsches", vielleicht revolutionäres Verlangen entfachen, so daß es für die übrige Welt nicht mehr ertragbar wäre – darum seine schroffe Absage an jeglichen „Anschluß"-Gedanken. Aber auch das slawische Element sollte nicht zu stark werden, denn ein in den Sog des Panslawismus geratenes Österreich-Ungarn würde sich dem Deutschen Reich entfremden. Das ungarische Element war nicht zu stark, so daß es nicht, herausbrechend aus dem Völkerkonglomerat, verselbständigt schalten und walten konnte – aber es war stark genug, um die Staatenkonstruktion der Habsburgermonarchie in ihrer gegebenen Gestalt, wie Bismarck sie am zweckmäßigsten sah, mitzutragen. Mit Schaudern dachte er an die durchaus mögliche Gefahr eines Krieges zwischen Österreich-Ungarn und Rußland um den Balkan, denn dann wäre das Reich gezwungen, Partei zu ergreifen. Er hielt nichts von einem Krieg um den Balkan, den er nicht eines Krieges wert befand – eines Krieges, der ganz Europa erfassen würde und dessen Ausgang kein Mensch voraussehen könne: „. . . Man würde am Ende nach dem Krieg kaum mehr wissen, warum man sich geschlagen hat." (1914 kommt der Krieg doch – wegen des Balkans, der dann allerdings mehr Vorwand als Ursache ist.)

Und so ist anzunehmen, daß Bismarck es war, der ein Treffen zwischen Franz Joseph und Alexander anregte. Es kam so dazu: Im Juni 1876 hielten sich Alexander und Gortschakow in Bad Ems auf. Wilhelm gesellte sich zu ihnen. Von hier aus telegrafierte Erzherzog Albrecht nach Wien, wie sehr der Zar sich freuen würde, mit dem Kaiser im Schloß Reichstadt in Böhmen die „großen Fragen" zu erörtern (ja, das ist die Domäne, nach welcher der Sohn Napoleons I. und Marie Louises den Herzogstitel geführt hatte). Also erwartete Franz Joseph am 8. Juli den Zaren in Bodenbach und geleitete ihn nach Reichstadt. Die denkwürdige Zusammenkunft Andrássys und Gortschakows fand nicht erst im Schloß statt. Schon während der Fahrt dorthin schlossen sich die beiden Herren in ihrem Abteil ein. Da nahm Gortschakow aus seiner Ledertasche ein Memorandum heraus. Andrássy erschrak, denn Gortschakow schickte sich an, es ihm vorzulesen. Später wußte Andrássy selbst nicht mehr, wie es dazu kam, aber aus einer plötzlichen Eingebung heraus legte er die Hand auf das Manuskript und sagte:

„Pardon, mein Fürst, ehe Sie sich die Mühe geben zu lesen, lassen Sie mich einige Fragen stellen, welche die Angelegenheit vielleicht kürzer erledigen lassen." Er blickte dem Russen scharf in die Augen: „Wollen Sie Konstantinopel?"

Gortschakow, verblüfft, da er auf die Frage nicht vorbereitet war: „Aber nein!"

„Gott sei dank!", rief Andrássy aus, „denn sonst hätten wir einen Krieg gehabt." Dann: „Wollen Sie bei günstiger Gelegenheit Bessarabien?"

Gortschakow: „Gewiß, denn man hat es uns [1856] weggenommen." Er freute sich offensichtlich sehr, hatte er doch einmal geäußert, das Wiedererlangen Bessarabiens sei für Rußland „eine Ehrensache und ein Herzenswunsch". Mit seiner Frage spielte Andrássy auf diese Äußerung Gortschakows an. Aber von dem Memorandum war nicht mehr die Rede.

Das Resultat der Zusammenkunft war ein „Resümee der geheimen Besprechungen von Reichstadt vom 8. Juli 1876" („Résumé des pourparlers secrets de Reichstadt de 8. juillet 1876"). Man nahm zwei Möglichkeiten an: Entweder siegt das Osmanenreich oder es unterliegt. Im ersten Fall sollten die Monarchie und Rußland gemeinsam verhindern, daß der Krieg in einen Vernichtungskampf der christlichen Slawen ausarte. Im zweiten Fall wollte man sogleich eine Aufteilung einzelner Gebiete des Osmanischen Reichs ins Auge fassen, um einem späteren Konflikt zwischen Rußland und der Monarchie vorzubeugen.

Die Fragestellung, welche Konsequenzen aus einem Sieg oder einer Niederlage der Osmanen zu ziehen sei, entsprang der Lage. Andrássy mußte die Interessen Österreich-Ungarns wahrnehmen. Er wollte nicht zur gewaltsamen Auflösung des Osmanenreichs die Hand bieten, aber ebensowenig wollte er für dessen Erhaltung oder Sicherheit einen Krieg riskieren. Daraus folgte, daß er mit Rußland einig werden mußte.

Man einigte sich darauf, daß Serbien und Montenegro, sollten sie besiegt werden, in ihrem Besitzstand vor dem Feldzug erhalten bleiben sollten. Gingen die beiden Länder als Sieger hervor, dann sollte Serbien keine Enklave zwischen Dalmatien, Kroatien und Slawonien, also kein Zugang zur Adria, zugesprochen werden; dafür aber sollte es eine Gebietserweiterung an der Drina und bei Novibazar erhalten. Montenegro würde durch einen Gebietsteil der Herzegowina erweitert. Der Rest von Bosnien und der Herzegowina würde von Österreich-Ungarn annektiert. Bulgarien, „Ostrumelien" und Albanien sollten sich als autonome Staaten konstituieren können. Konstantinopel (Istanbul) sollte mit einer noch näher zu bestimmenden Bannmeile zur freien Stadt erklärt werden. Man vereinbarte Geheimhaltung.

Das Osmanische Reich (vereinfachend „die Türkei" genannt) – einst ein Gegenstück zum spanisch-deutschen Weltreich Karls V. – befand sich in einem üblen Zustand: Seine früheren Herrschaftsstrukturen waren im Auflösen begriffen; die Nationalitäten – im Irak, auf der Arabischen Halbinsel, im nordöstlichen Afrika – strebten nach Selbständigkeit; die Zentralgewalt des Sultans war nur noch eine nominelle. Die Auflösung des Reichs schien unvermeidlich. Andrássy erkannte, daß er die Politik der Monarchie nicht auf die Erhaltung eines zerfallenden Staatswesens ausrichten durfte. Hätte er das getan, dann wäre Österreich-Ungarn sehr bald mit dem drohenden, auf dem Balkan sich in neuen Staatswesen manifestierenden Panslawismus konfrontiert. Dessen gedanklicher Urheber und Schutzmacht aber war das Zarenreich. Darum der Kompromiß mit ihm.

Andrássy hatte gesehen, wie Rußland Serbien und Montenegro in den Krieg gegen das Osmanenreich trieb, um dessen Auflösung herbeizuführen. Er durfte nicht zuwarten, bis die beiden Vasallenstaaten sich Bosniens und der Herzegowina bemächtigten. Hier mußte die Großmacht Österreich-Ungarn aus Gründen der Selbsterhaltung eingreifen – mußte sich mit Rußland über eine Annexion einigen und nicht sie ohne dessen Zustimmung durchführen. Darum der Kompromiß mit Rußland.

In Reichstadt sicherte Andrássy für die Monarchie eine eventuelle zukünftige Annexion – nicht Okkupation! – Bosniens und der Herzegowina. Zugleich band er – und gerade das war für das europäische Gleichgewicht von besonderer Bedeutung! – Rußland die Hände: Das Zarenreich konnte bei Einhaltung der Vereinbarungen nicht mehr eigenmächtig ins Geschick des Osmanenreichs eingreifen, bei seinem zukünftigen Vorgehen war es an die Mitverantwortung Österreich-Ungarns gebunden.

Den Mächten wurde mitgeteilt, man wolle am Prinzip der Nichteinmischung festhalten. Sollten es jedoch die Umstände erfordern, dann würde unter den christlichen Mächten ein vertrauliches Einvernehmen eingeleitet werden. Lord Derby meinte zu Beust: „Erst jetzt kann ich erklären, daß ein allgemeiner Krieg nicht zu befürchten ist; das hat hier [in London] sehr beunruhigt." Bismarck hatte in Bad Kissingen mit dem britischen Botschafter Odo Russel eine Unterredung geführt, der Botschafter informierte darüber Károlyi, und dieser telegrafierte am 22. Juli an Andrássy: Deutschland selbst habe kein Interesse im Orient, trotzdem drohten ihm von dort zwei Gefahren: die eine bestehe in der Möglichkeit eines Konfliktes zwischen Österreich-Ungarn und Rußland, die zweite in einer solchen Verständigung der beiden Staaten, welche eine Umwälzung der von Andrássy vertretenen äußeren und der damit verknüpften inneren Politik bewirken könnte. Daher sei es der Wunsch und das Interesse Deutschlands, eine Schädigung der österreichisch-ungarischen Monarchie im Orient hintanzuhalten und seinen ganzen Einfluß dahin aufzubieten, daß zwischen ihr und Rußland Einigung bestehe.

Die Vereinbarung von Reichstadt konnte nicht den Krieg zwischen Rußland und dem Osmanenreich verhindern. Aber sie verhinderte den Krieg zwischen Österreich-Ungarn und Rußland. Durch die Vereinbarung wurde die Machtstellung der Monarchie auf dem Balkan manifestiert. Sooft Rußland dort die ausschließliche Herrschaft an sich zu reißen versucht, stößt es an sie. Sie bleibt ein Beitrag zum europäischen Gleichgewicht.

Doch Ruhe kehrte nicht ein. Die Leidenschaften waren entflammt, nicht nur bildhaft, auch in Wirklichkeit. Am 2. Juli 1876 erklärte Serbiens Fürst Milan der Pforte den Krieg – und erlitt eine Niederlage nach der andern. Ein russischer General eilte ihm zu Hilfe, er wurde am 1. September in einer zwölfstündigen Schlacht geschlagen. Am 10. November zieh Alexander II. in der Moskauer Kathedrale die serbische Armee der Feigheit.

Der geisteskranke Sultan Murad V. wurde, ebenfalls am 1. September, abgesetzt, sein Bruder als Abdul Hamid II. zum Nachfolger erklärt. Die Großmächte setzten ihre hektische diplomatische Tätigkeit fort. Im „Berliner Memorandum" vom Mai war ein Waffenstillstand zwischen dem Osmanenreich und seinen Rebellen vorgesehen gewesen, nach welchem die konsularischen Vertreter der Großmächte Reformen hätten durchsetzen sollen. Aber Großbritannien hatte das Memorandum als ersten Schritt zur Auflösung des Osmanischen Reichs abgelehnt. Nun aber, gegen Ende des Jahres 1876, war die Lage so konfus, barg solche Gefahren, daß London einer Konferenz zustimmte.

Es war die „Konferenz von Konstantinopel", sie fand vom 12. Dezember 1876 bis 20. Januar 1877 statt. Kurz vor der Eröffnung hatte Zar Alexander II. öffentlich erklärt, er wünsche eine allgemeine Einigung, doch wenn eine solche nicht erzielt werden könne, werde er allein vorgehen und „mit Gottes Hilfe unsere heilige Mission erfüllen". Das verhieß nichts Gutes. Auch das nicht, daß die Pforte die Reformvorschläge der Mächte zurückwies.

Im November 1876 wurde Andrássy für einige Tage durch einen Trauerfall aus der täglichen Routine gerissen: Seine alte Mutter war gestorben. Graf Dönhoff berichtete nach Berlin, der Schmerz mache den Außenminister ganz unfähig, wichtige Staatsgeschäfte zu erledigen. Hinzu kam eine böse Grippe, so daß er tagelang das Bett hüten mußte. Da tröstete ihn Elisabeth, die „schöne Vorsehung", mit einem ihrer reizenden, auf ungarisch geschriebenen Briefe: „Niemand kann besser verstehen als ich, was Sie leiden. Trost spenden in solchen Augenblicken ist unmöglich, aber daß ein wirklich treues Freundesherz mit Ihnen fühlt, davon können Sie überzeugt sein." Und weiter: „Eine Bitte habe ich: Trauern Sie nicht übermäßig, denken Sie an Ihre Gesundheit, deren jetzt nicht nur unser Land, sondern die ganze Welt so sehr bedarf."

Konfus, Gefahren bergend war die Lage. In seiner Weisung vom 12. Dezember 1876 an Stolberg setzte Bismarck dem Botschafter die Haltung Deutschlands in der Orientfrage auseinander: Das entscheidende Stadium in der Entwicklung sei für das Reich der Augenblick, in welchem Österreich-Ungarn genötigt sein sollte, in Aktion zu treten. Bei den bestehenden guten Beziehungen der drei Kaisermächte, meinte Bismarck, sei es zwar nicht zu erwarten, aber man müsse auch diese Eventualität ins Auge fassen. Wenn also die Integrität Österreich-Ungarns gefährdet würde, ergäbe sich für Deutschland die Zwangslage, für die Monarchie einzutreten, da es deren „lebensgefährliche Verwundung" (so wörtlich!) nicht dulden könne. Die Integrität und der Bestand Österreich-Ungarns seien nicht nur für das europäische Gleichgewicht eine Notwendigkeit, sondern sie entsprächen auch den Sympathien und den historischen Traditionen der deutschen Nation. Ungarn allein könne der historisch notwendigen Stellung, welche die Monarchie in der europäischen Staatenfamilie einnimmt, nicht genügen. – Das war eine klare Sprache, nicht neu, aber sie bestätigte erneut die bisherige Linie.

Andrássy und Gortschakow vereinbarten am 15. Januar 1877 die „geheime Konvention von Budapest" – letztlich eine Bekräftigung der Beschlüsse von Reichstadt: Die Monarchie erhielt freie Hand in Bosnien, gleichsam als Gegenleistung für ihre wohlwollende Neutralität Rußland gegenüber; man stellte aber klar, daß die Gründung eines einheitlichen slawischen Staates auf dem Balkan nicht in Frage komme. Nun mochte also der Krieg beginnen.

Im April 1877 lehnte Sultan Abdul Hamid anglo-russische Pläne zur Überwachung der Reformen in seinem Reich ab. Dem Zaren riß die Geduld. Er ließ am 14. April der Pforte den Krieg erklären, seine Truppen „für die Sache der Orthodoxie und des Slawentums" südwärts marschieren. Diese errangen Anfangserfolge, überschritten das Balkangebirge, aber vor der türkischen Festung Plevna in Bulgarien saßen sie dann fest. St. Petersburg lehnte zunächst die Hilfe der rumänischen Armee ab, um ja keine politischen Ansprüche entstehen zu lassen, doch dann stellte man die russischen Armeen unter den Befehl des rumänischen Fürsten Karl. Die Festung kapitulierte am 10. Dezember. Die Autorität Rumäniens wuchs. In der Monarchie, besonders in Ungarn, machte sich eine sonderbare politische Schizophrenie bemerkbar: Man begeisterte sich für die

Befreiung der Völker aus dem „türkischen Joch", doch ebensosehr befürchtete man ein Anwachsen der russischen Macht. Schließlich nahm, im Gleichklang mit der europäischen liberalen öffentlichen Meinung, die Sympathie für die Türken überhand. Rumänien wurde selbständig. Eine unübersehbare Flut orgiastischer dako-rumänischer Propagandaschriften ergoß sich nach Siebenbürgen; Landkarten zeigten ein „Großrumänien", dessen westliche Grenze die Theiß bildete.

Ende Januar 1878 standen die Russen vor den Toren Istanbuls, am 31. Januar unterzeichnete die Pforte den Waffenstillstand. Ganz Europa stand jetzt am Rande eines Krieges.

Die öffentliche Meinung in Rußland war bis zur Siedehitze erregt, man griff nach dem „historischen Ziel": der Inbesitznahme Konstantinopels. Doch London machte deutlich, daß es eine auch nur vorübergehende Besetzung der osmanischen Hauptstadt als Casus belli ansehen würde. Österreich-Ungarn und Großbritannien protestierten. Am 18. Februar dampfte eine britische Flotte zu den Prinzeninseln in Sichtweite Konstantinopels. Alexander II. befahl die Eroberung der Stadt – angesichts der britischen Flotte, aber auch sonst, eine Unmöglichkeit. Denn Rußlands Siege konnten nicht darüber hinwegtäuschen, daß sein militärisches Potential seit dem Krimkrieg kaum größer geworden war. Doch Rußland sollte nicht zu tief gedemütigt werden: Man stimmte zu, daß es den Frieden in San Stefano, nur fünfzehn Kilometer von der Hauptstadt entfernt, also „beinahe in Konstantinopel", diktieren konnte (Großbritannien sah also keinen Grund zum Eingreifen). Der am 3. März abgeschlossene und von Rußland hastig schon am 17. März ratifizierte Friede war ein Werk des russischen Unterhändlers Ignatjew. Doch er übersah, daß sein Friede, mehr als zuvor der Krieg selbst, die ungeheure Gefahr eines europäischen Konflikts zwischen Großbritannien und Österreich-Ungarn einerseits und dem isolierten Rußland anderseits heraufbeschwor.

Was enthielt der ominöse Friede von San Stefano? Die Nachricht vom Abschluß des Waffenstillstandes war bereits am 3. Februar in Wien eingelangt, die Einzelheiten erfuhr man später. Ignatjew war ein Werkzeug der nationalistischen und panslawistischen Eiferer. Er hatte sich nicht einmal die Mühe genommen, die einzelnen Punkte des Friedensvertrages vom russischen Hauptquartier nach St. Petersburg zur Prüfung weiterzuleiten. Allerdings meinten er und seine Mitstreiter, weise und mit größter Zurückhaltung gehandelt zu haben. Denn schließlich hatten sie auf die Vernichtung des Osmanischen Reichs verzichtet! Auch auf die Besetzung Konstantinopels und der Meerengen! Sie hatten nur ganz bescheidene Gebietsgewinne erzielt: einen kleinen Streifen an der Kaukasusgrenze und das 1856 abgetretene Südbessarabien. Die Rumänen, loyale und opferbereite Bundesgenossen, die dort ebenfalls Ansprüche, ethnisch begründete Ansprüche, angemeldet hatten, wurden mit dem Donaudelta und der Dobrudscha abgespeist. Und doch war Europa aufgebracht! Besonders die „Erzfeinde“: Großbritannien und Österreich-Ungarn. In seiner nationalistischen Verblendung, die viele für Arroganz hielten, dachte Ignatjew gar nicht erst daran, daß die Großmächte die Neuordnung des Balkans durch Rußland vielleicht überprüfen würden. Doch sie taten es, sehr genau sogar. Und bei näherem Hinschauen ergab sich dieses Bild:

Es wurde ein „Großbulgarien“ geschaffen. Es erstreckte sich zwischen der Donau, dem Schwarzen und dem Ägäischen Meer, seine Ostgrenze verlief in verdächtiger Nähe zu Konstantinopel, seine Westgrenze war nur durch das schmale Albanien von der Adria getrennt. Und so entpuppte es sich als ein mächtiger militärischer und politischer russischer Stützpunkt. Die anderen Balkanvölker gingen beinahe leer aus: Serbien bekam ein kleines Gebiet rund um Nisch, Montenegro etwas von der Herzegowina und einen Zugang zum Meer, beide auch noch ein Stück vom Sandschak Novibazar, so daß Österreich-Ungarn keine gemeinsame Grenze mit dem Osmanenreich mehr hatte. Griechen und Albaner wurden gar nicht erst bedacht. Diese Neuordnung rief sogar bei den Anhängern der slawophil-orthodoxen Solidarität heftigen Widerspruch hervor, denn sie mißachtete das höchste Gut: die slawische Brüderlichkeit, indem sie die Bulgaren zum Nachteil der andern bevorzugte.

Diese Neuordnung weckte bei den Briten tiefes Mißtrauen: Sie sahen die Meerengen und die russisch-osmanische Grenze in Armenien bedroht. Und in Wien rief sie Empörung und Betroffenheit hervor, weil sie durch die Schaffung eines slawischen Großstaates dem Geist und den Buchstaben der Vereinbarungen von Reichstadt und Budapest kraß widersprach.

Also waren die Reaktionen aus Wien und London ablehnend, ja feindselig. Sie erfüllten Zar Alexander II. mit tiefer Sorge, zumal Gortschakow und der Kriegsminister ihm auseinandersetzten, daß Rußland weder militärisch noch finanziell in der Lage sei, einen europäischen Krieg zu führen. Sie schickten Ignatjew nach Wien, damit er bereinige, was er angestellt hatte.

Ein unglücklicher Schachzug. Denn Ignatjew erwies sich tatsächlich als unzugänglicher, arroganter Zeitgenosse. Er meinte, der russische Botschafter Nowikow in Wien habe alles falsch dargestellt – er, Ignatjew, werde es den Österreichern schon beibringen, wie die Dinge richtig lagen. Er verwies auf eine Karte mit den neuen Grenzen, die Nowikow Andrássy als stillschweigendes Übereinkommen zwischen den beiden Mächten präsentiert haben soll. Doch von der Karte war in Wien nichts bekannt, von einem stillschweigenden Übereinkommen schon gar nicht (auch Nowikow wußte nichts davon). In Wien galten nach wie vor die Vereinbarungen von Reichstadt und Budapest. Andrássy machte das Ignatjew klar.

Der Russe mußte am 31. März unverrichteter Dinge heimkehren. Doch er war aufgebracht, so aufgebracht, daß er ein paar Tage vor seiner Abreise zum preußischen Diplomaten Baron Ring sagte: „Wenn ich noch einige Zeit keinen Erfolg erzielen kann, werde ich Andrássy springen lassen.“ Der Diplomat war entsetzt und erwiderte aufgeregt: „Herr Botschafter, Sie vergessen, daß Andrássy kein Großwesir und seine k. u. k. Majestät nicht der Sultan ist. Wenn Sie es wagen sollten, auch nur ein Wort über die Entfernung des Außenministers zu sagen, würden Sie sich der Gefahr aussetzen – selbst wenn der Kaiser mit Andrássy unzufrieden wäre –, daß Sie Wien noch am selben Tag zwischen zwei Gendarmen verlassen müßten.“

Doch das war nur Großmannssucht, Intrige, Geplänkel. In Wahrheit schraken sie alle vor einem Krieg zurück. In Wahrheit neigten sie alle dazu, die Interessen aufeinander abzustimmen, einen Ausweg zu finden – durch klärende Worte auf einem schönen, glanzvollen Kongreß. Oder durch Geheimverträge. Kongresse waren im 19. Jahrhundert die Weltbühne, auf der man Selbstdarstellung durch Diplomatenkunst übte.

Am 19. Februar hielt Bismarck eine seiner weisesten, ausgewogensten Reichstagsreden. Hier fiel das berühmte, seitdem oft zitierte Wort vom „ehrlichen Makler“: Er wolle nicht der „Schulmeister Europas“ sein, sondern eben die Rolle des „ehrlichen Maklers“ zwischen Rußland und Österreich spielen. Das russische Volk dürfe nicht das Gefühl haben, Deutschland hätte hinter seinem Rücken den Dolch gezückt. Und im gleichen Atemzug sprach er vom gegenseitigen Vertrauen zwischen Deutschland und Österreich-Ungarn: Andrássy glaube ihm und er, Bismarck, schenke dem, was der k. u. k. Außenminister sage, vollen Glauben.

Aber die Briten erachteten ihre Differenzen mit Rußland als so gewichtig, daß sie an eine gütliche Regelung nicht glauben wollten. Lord Beaconsfield (Disraeli führte diesen Titel seit August 1876) hatte Lord Salisbury, der als entschiedener Gegner der Russen galt, zum Außenminister berufen. Aber Salisbury hatte in Konstantinopel, wo er Großbritannien vertreten hatte, die Überzeugung gewonnen, daß das Osmanenreich keine „wirklich zuverlässige Macht“ sei. Nach zweimonatigen zähen Gesprächen kam er mit St. Petersburg überein, daß der Friede von San Stefano neu ausgehandelt werden müsse. Am 30. Mai unterzeichneten er und der russische Botschafter ein Geheimabkommen: Man strich „Großbulgarien“ von der Landkarte und verlegte die russisch-türkische Grenze weiter nach Armenien.

Da Wien und London gemeinsam Front gegen Rußland gebildet hatten, verstand es sich von selbst, daß auch diese beiden Mächte Verhandlungen miteinander führten. Und so schloß Andrássy ebenfalls ein Geheimabkommen mit den Briten ab: Sie sagten Österreich-Ungarn ihre Unterstützung zu, wenn es seinen Anspruch auf Bosnien und die Herzegowina anmeldete. Die Briten holten sich auch noch einen kleinen Vorteil: Sie sicherten sich einen Stützpunkt auf dem Konstantinopel gehörenden Zypern, indem sie dafür der Hohen Pforte den Bestand der asiatischen Türkei gegen russische Angriffe garantierten. Man regelte hier, man regelte dort, alles im voraus, so daß man schließlich getrost zu einem Kongreß aufbrechen konnte.

Und die „kleinen“ Völker? Der unglückliche Friede von San Stefano trieb sonderbare Blüten: Die Rumänen waren von heftigem Haß gegen die Russen ergriffen, sie waren so erbittert, daß rumänische Delegierte nach Wien kamen und Andrássy anboten, im Fall eines Krieges mit Rußland 50.000 Mann zur Verfügung zu stellen und die Stadt Widdin durch die k. u k.

Armee besetzen zu lassen. Sogar unter den Bulgaren gab es Unzufriedene: Die Bulgaren waren Anhänger des Panslawismus, und Großfürst Nikolai hatte sie mit dem Ausspruch „Ce sont des brutes“ („Die sind Rohlinge“) vor den Kopf gestoßen. Selbst Montenegro, das Liebkind Rußlands, suchte Annäherung an die Monarchie.

Gortschakow lehnte Wien als Tagungsort ab. Bismarck blieb nichts anderes übrig, als die Großmächte nach Berlin einzuladen. Am 3. Juni erließ er die Einladung zum Kongreß von Berlin, der Geist und Glanz der europäischen Diplomatie ein letztes Mal aufschimmern ließ.

Der Kongreß. Und so kamen sie angereist, eine Delegation nach der andern: die Großen der Welt. Ja, der Welt, denn in jenen letzten Jahrzehnten des 19. Jahrhunderts erklomm Europa den Gipfel seiner weltgestaltenden Rolle und Aufgabe. Das konnte nur im Zeichen des funktionierenden Gleichgewichts geschehen, und auch nur so lange, als das Gleichgewicht der Kräfte funktionierte.

Lord Beaconsfield hatte am 3. Juni bekanntgegeben, er würde die britische Delegation persönlich leiten, Lord Salisbury und der britische Botschafter in Berlin, Lord Odo Russel, würden ihn unterstützen. Die britischen Zeitungen überboten sich an Verwunderung und nebulosen Prophezeiungen, denn bis dahin war es in der Geschichte Großbritanniens nicht vorgekommen, daß ein Premier und sein Außenminister das Land zusammen verlassen hätten. Welche weltumwälzenden Geheimverträge würden auf diesem Kongreß beschlossen werden!

Als Gortschakow, der kränkelnde Achtzigjährige, von Beaconfields’ Entschluß erfuhr, fühlte er sich bewogen, ebenfalls selbst nach Berlin zu reisen. Denn die Welt sollte wissen, daß nach dem Sturz Ignatjews er, der „Fürstkanzler“ Gortschakow, wieder alle Fäden der russischen Außenpolitik in Händen hielt. Er, der Dienstälteste, der schon ein halbes Jahrhundert zuvor an Kongressen teilgenommen hatte, werde seine Teilnahme an diesem Berliner Kongreß als seinen letzten, als einen Festauftritt gestalten. Er werde sich Bismarck in den Weg stellen, alle Welt blenden und entzücken! (Zu Beginn des Jahrhunderts war es Talleyrand gewesen, der seine Auftritte so theatralisch zu arrangieren gewußt hatte.) „Ich möchte nicht wie eine qualmende

Lampe ausgelöscht werden", ließ sich Gortschakow im Freundeskreis vernehmen, „ich will untergehen wie ein Stern." Sein Sonderzug aus Warschau rollte am Morgen des 13. Juni in Berlin ein . . .

Andrássy reiste am 11. Juni nach Berlin ab. Haymerle, Botschafter in Rom und besonderer Kenner der orientalischen Angelegenheiten, sollte ihn als Zweiter Kongreßdelegierter begleiten. Doch Károlyi meinte, seine Position wäre durch seinen Ausschluß vom Kongreß beeinträchtigt, er würde also lieber für die Dauer der Besprechungen in Urlaub gehen. Im letzten Augenblick nahm dann Andrássy eine Änderung vor, da er auf die lokalen Kenntnisse und die guten Beziehungen Károlyis nicht verzichten konnte. Dieser wurde Zweiter, Haymerle Dritter Bevollmächtigter (zwei Jahre später folgt er Andrássy als Außenminister).

Als Vertreter von Großmächten kamen noch Franzosen und Italiener, und es kamen auch Vertreter der „orientalischen" Regierungen, die zu den Gesprächen aber nur dann hinzugezogen werden sollten, wenn es um ihr Land ging. Und es kam noch eine Reihe bedeutender Diplomaten. – Wollen wir die Großen jener Welt näher betrachten?

Am Morgen des 13. Juni entstieg Gortschakow dem Sonderzug, fünf Stunden später betrat er das frühere Palais der Fürsten Radziwill, das nunmehrige Reichskanzlerpalais in der nördlichen Hälfte der Wilhelmstraße. Bismarck kam ihm gemessenen Schrittes entgegen und begrüßte ihn mit eisiger Höflichkeit. „Entstieg" und „betrat" sind höfliche Worte, um Gortschakows Fortbewegung zu umschreiben. Denn er war schon so gebrechlich, daß man ihn im Rollstuhl führte, ihn in den im ersten Stock befindlichen Konferenzsaal hinauftragen mußte. Das Gesicht glattrasiert, der Gesichtsausdruck beweglich, die Augen hinter den starken Gläsern blinzelten klug und blickten spöttisch in die Welt – so manchen Kongreßteilnehmern mutete er an wie ein Überbleibsel aus dem 18. Jahrhundert, in dem er geboren war. Und jeder Kongreßteilnehmer mußte jeden Augenblick gewärtig sein, von ihm mit einem sarkastischen Bonmot bedacht zu werden . . .

Dem Greis stand der sechzigjährige Graf Pjotr Schuwalow zur Seite, der russische Botschafter in London, mit dem Salisbury die Geheimverträge ausgehandelt hatte. Eine auffallend schöne Gestalt, besonders wenn man ihn neben dem gebrechlichen Gortschakow sah; ein Mann von Welt, vornehm, gebildet, von vollendeten Umgangsformen, freundlich auch, und ein Verehrer schöner Frauen. In Wirklichkeit war er, mehr als Gortschakow, der verlängerte Arm des Zaren, der wahre Repräsentant der russischen Friedenspartei.

Vom Dritten russischen Delegierten, dem Botschafter Ubril, sagte man nur, daß er von Europa diesseits der Donau kaum etwas wußte – aber was tat's! Beim geselligen Beisammensein nahm er jeden für sich ein – durch seine hervorragende Küche.

Und da kam auch schon der gefeierte Romancier, verkleidet als Staatsmann – oder war es die romantische Attitüde des Dichters, in welche der Staatsmann manchmal schlüpfte? Es kam Benjamin Disraeli, Earl of Beaconsfield, nur sechs Jahre jünger als Gortschakow; er kam langsam, greisenhaft, den Körper nach vorne geneigt, sich auf der einen Seite auf den Stock, auf der andern auf seinen getreuen Sekretär stützend – nein, er „kam“ nicht, eher schob er sich mühsam vorwärts. Man blickte mit Ehrfurcht auf die sonderbare hagere Gestalt, unter deren Leitung Großbritanniens weltgeschichtlicher Ruhm in solchem Glanz erstrahlte wie noch niemals zuvor (erst zwei Jahre war es her, daß Königin Victoria den Titel einer Kaiserin von Indien angenommen hatte). Man meinte, Disraelis Gesicht müsse einst schön gewesen sein. Nun schimmerte es, von Furchen durchzogen, gelblich. Aber das runzlige, unbewegliche Gesicht offenbarte Unbeugsamkeit. Und noch etwas – doch man wußte nicht recht, was es war. Stolz vielleicht? Verachtung? Arroganz? Oder einfach nur das selbstverständliche Bewußtsein, Repräsentant des mächtigsten Staates der Erde zu sein. (Seine Romane „Coningsby“ und „Tancred“ liest heute niemand mehr.) Bismarck verstand sich gut mit ihm. „In einer Viertelstunde“, sagte er später, „wußte man genau, woran man mit ihm war.“

Nicht so mit Salisbury. Sein unerschütterliches, fast schon stures Selbstvertrauen, seine Sonderlichkeiten irritierten. Sein größtes Vergnügen in Berlin, erklärte er später in privatem Kreis, seien die Diskussionen mit dem Professor für Physik Hermann von Helmholtz gewesen. Und am Wochenende, wenn andere diversen Vergnügungen nachgingen und dem Salonleben frönten, fuhr er mit der Eisenbahn nach Dresden, um in einer anglikanischen Kirche zu beten. Beaconsfield überließ ihm und Russel den täglichen Kleinkram.

Da kam auch William Henry Waddington – nein, kein Engländer, wenn er auch einer englischen Familie entstammte und im Internat von Rugby erzogen worden war, sondern der französische Außenminister. Die ihm angetragene Ehre, den Kongreß in Paris abzuhalten und ihm somit vorzusitzen, hatte er dankend abgelehnt. Er war loyal, höflich und freute sich, daß man Frankreich ermutigte, sich Tunesien zu holen.

Der erste Eindruck, den der italienische Außenminister Luigi Conte Corti machte, war ungut: Stechende Augen und eine gebrochene Nase verunstalteten sein Äußeres. Aber er war Realist, er kannte seine Grenzen, auch die seines Landes, er war jedem Abenteuertum abhold, er trat für die Freundschaft mit Deutschland und Österreich-Ungarn ein. Zudem war er geistvoll, gebildet und machte jederzeit genußreich Konversation.

Auch die Hohe Pforte hatte, natürlich, einen Bevollmächtigten entsenden dürfen: den Hellenisten Alexander Karatheodóry, einen Fanarioten, also einen Griechen aus dem Fanar, einem Stadtteil in der Altstadt Istanbuls – vielleicht wollte die Pforte mit der Akkreditierung eines Nichttürken die andren Mächte milde stimmen. Karatheodóry war auch ein schöner Mann, das Gesicht „edel geschnitten", von einem Vollbart umrahmt. Im Flug erwarb er sich das Wohlwollen der Delegierten – und mußte bald die Erfahrung machen, daß Wohlwollen nicht viel nützte, wenn es um eine besiegte Macht ging.

„Böse und mager, mit schütterem Haar und gräßlichen Händen, die er immer vor sich verschränkte" – so charakterisierte ein russischer Diplomat Andrássy. Aber die Russen liebten ihn nicht (gewiß, warum auch hätten sie ihn lieben sollen?). „Exotisch anmutende Persönlichkeit, doch er wünscht offenbar Ruhe", meinte Disraeli später zu Königin Victoria. Von Berlin aus schrieb er: „Graf Andrássy ist ein sehr malerisch wirkender Gentleman. Ich habe ihn ganz für mich gewonnen, und er unterstützt mich in jeder Hinsicht." Die Berliner Gesellschaft „weidete sich" an seiner Erscheinung: Er trug eine goldverzierte scharlachrote Uniform, die eher einen draufgängerischen Reitergeneral denn einen Diplomaten vermuten ließ. Die Augen dunkel, das Gesicht „von Kämpfen durchwühlt", die Stirn von einer „tiefschwarzen Locke beschattet" – der Verdacht liegt nahe, daß er das exotische Magyarentum, das modisch war und gut aufgenommen wurde, absichtlich betonte (wie etwa Franz Liszt, wenn er, obwohl er kein Wort Ungarisch konnte, sich den Damen der Pariser Salons als den Magyaren schlechthin präsentierte). Aber in Andrássys Reden vor dem Plenum des Kongresses war nichts von einem magyarischen Exotikum zu spüren.

Und der Hausherr? Der Sohn eines märkischen Adligen und einer bürgerlichen Mutter? So ein richtiger „Junker", wie die nichtdeutsche Welt sich diesen preußischen Urtyp vorzustellen pflegt, ist er nie gewesen. Er hob sich ab von ihm: durch eine elementare, präzise, trockene Klugheit, durch Witz, durch seine gepflegte Sprache. Er war groß, einst schlank – nun, weil er gerne und viel aß und trank, schon beleibt. Aber seine Stimme war eher hoch, klang weich, überraschend in ihrem Gegensatz zu seiner Körperfülle. Er liebte es, sich mit geistvollen Menschen, Bürgern, zu unterhalten, gleichsam als Erholung, denn er mußte tagtäglich von Amts wegen mit vielen Mittelmäßigen seines Berufs reden. Französisch sprach er wie seine Muttersprache, Englisch gut, später auch Russisch. Es war die hohe Zeit des Bildungsbürgertums: Das Humboldtsche Gymnasium vermittelte – und verlangte – ein ungeheures Bündel an Wissen. Bismarck war sehr gebildet. Noch mehr wußte er instinktiv. Die von buschigen Brauen beschatteten Augen nahmen alles wahr. Sie konnten – bleiben wir für einen Augenblick in der Sprache des Bildungsbürgertums – Blitze schleudern wie Zeus. Doch nun, als Hausherr eines europäischen Kongresses – eine Rolle, die er nicht angestrebt hatte! – bezauberte er jeden mit den feinsten Umgangsformen. Er lud seine Gäste zur Tagung.

Der Kongreß verlief im großen und ganzen reibungslos, sogar erfolgreich. Das nicht vorab geregelte, also zu lösende Problem war die Festlegung der Grenzen Bulgariens und Rumäniens, und da einigte man sich auf folgendes:

„Großbulgarien" wurde auf etwa die Hälfte beschränkt: Die Pforte erhielt Thrazien und Mazedonien zurück; ihre europäische Position wurde dadurch gestärkt, und das entsprach den britischen wie auch den österreich-ungarischen Interessen. Das autonome Fürstentum Bulgarien erstreckte sich nun über ein Gebiet zwischen der Donau und dem Kamm des Hohen Balkans. „Ostrumelien" verblieb als eine halbautonome Region mit einem Sonderstatus beim Osmanenreich. Aber der russische Einfluß wirkte auch im verkleinerten Bulgarien fort.

Die Rumänen erhielten, gleichsam als Entschädigung für Bessarabien, das bei Rußland bleiben sollte, die nördliche Dobrudscha zugesprochen. Sehr glücklich waren sie nicht. Sie hatten, besonders von ihren Verbündeten im türkischen Krieg, den Russen, mehr erhofft.

Die Fürstentümer Serbien, Montenegro und Rumänien sollten völkerrechtlich unter der Bedingung anerkannt werden, daß sie den Anhängern aller Glaubensrichtungen gleiche Rechte gewährten.

Und am 28. Juni stand die im voraus geregelte Frage „Bosnien und Herzegowina“ auf der Tagesordnung. Der erste Redner war Andrássy. Die Geschehnisse in Bosnien und der Herzegowina hätten, sagte er, zum Krieg im Orient geführt. Etwa 200.000 Menschen seien gezwungen gewesen, ihre Heimat zu verlassen. Die k. u. k. Regierung habe für sie gesorgt und bereits zehn Millionen Gulden aufgewendet. Dann wörtlich: „Die Aufgabe der ottomanischen Regierung wäre gewesen, diese widerstreitenden Elemente unter einem selbständigen Regierungssystem zu einen, die in Österreich-Ungarn verstreuten Flüchtlinge zurückzuholen, die Kosten ihrer Erhaltung tragen zu helfen und die Rückkehr zu ihrer Arbeit zu erleichtern. . . . Die Aufgabe der ottomanischen Regierung war, mit der Regelung der Agrarfrage, der Hauptursache für die periodischen Unruhen in diesen Ländern, zu beginnen. Ein Problem, das besonders wegen der von religiösem Haß und gesellschaftlicher Feindseligkeit zerrissenen Bevölkerung von Schwierigkeiten strotzt, ein Problem, das in einem Land, in dem aller Grundbesitz mohammedanisch ist, während die Christen entweder als Arbeiter oder als Pächter die Mehrheit der Bevölkerung ausmachen, nur von einer starken und unparteiischen Kraft gelöst werden kann.“

Es war natürlich jedem klar, wen Andrássy mit „einer starken und unparteiischen Kraft“ meinte:

„Die kaiserlich-königliche Regierung müßte ihre ganze Aufmerksamkeit der geographischen Situation widmen, in der sich Bosnien und die Herzegowina auf Grund territorialer Änderungen durch neue Grenzziehungen Serbiens und Montenegros befänden. Die Wirkung der dichten Nähe der Grenzen der Fürstentümer zu den Verkehrslinien nach dem Orient würde den wirtschaftlichen Interessen der Monarchie von Nachteil sein." (Hier schnell eine kurze Information: Die beiden Provinzen waren das natürliche Hinterland Dalmatiens, bewohnt von einer serbokroatisch sprechenden, aber konfessionell uneinheitlichen Bevölkerung. Die orthodoxen Serben waren mit mehr als 40 Prozent die zahlenmäßig stärkste Gruppe; aber die politische und vor allem die wirtschaftliche Macht besaßen die Moslems, die mehr als 30 Prozent der Gesamtbevölkerung bildeten. Die katholische kroatische Minderheit, etwa 25 Prozent, wünschte den Anschluß an die Monarchie, die Moslems strebten den Fortbestand der osmanischen Herrschaft an, und die Serben eine Vereinigung mit Serbien.)

Nun meldete sich Lord Salisbury zu Wort und schlug dem Kongreß vor, daß Österreich-Ungarn Bosnien und die Herzegowina besetzen und verwalten solle. (Gortschakow hatte bereits am 12. Juni Andrássy mitteilen lassen, daß Rußland, eingedenk der Vereinbarungen von Reichstadt und Budapest, für den Vorschlag stimmen werde.)

Nach Salisbury trat Bismarck vor und begründete den deutschen Vorschlag so:

„Obwohl Deutschland an den Angelegenheiten des Orients nicht unmittelbar interessiert ist, so teilt es doch den Wunsch, den Zustand zu beenden, der, falls er andauerte, neue Schwierigkeiten zwischen den europäischen Ministerien verursachen würde. Es ist gefährlich, die Illusionen zu hegen, die Lage in Bosnien und der Herzegowina durch Reformierung der derzeit bestehenden Institutionen verbessern zu können. Nur eine starke Macht, die genügend Truppen zur Verfügung hat, könnte die Ordnung wiederherstellen und die Zukunft der Bevölkerung sichern."

Der Vorschlag wurde angenommen.

Und dann ging der Kongreß zu Ende. Nur einen Monat hat er gedauert. Letztlich tat er dem russischen Einfluß auf dem Balkan kaum Abbruch. Enttäuschend für die Russen war er nur deswegen, weil er das Prestige Rußlands, mit dem Ignatjew so leichtfertig umgesprungen war, verletzte. Er kränkte auch die Eitelkeit Gortschakows, doch der war, wie er selber gesagt hatte, nur noch ein sinkender Stern. Alexander II. wollte in der Folge weitere europäische Verwicklungen vermeiden: Am 8. Februar 1879 unterzeichnet St. Petersburg mit dem Osmanen-

Zeitgenössische Karikatur gegen Andrássy und die Okkupation Bosniens und der Herzegowina im Jahr 1878

reich einen modifizierten Friedensvertrag und nähert sich später wieder Deutschland und Österreich-Ungarn.

Die Monarchie besetzte die beiden ihr zugewiesenen Provinzen. Die anfänglichen Schwierigkeiten riefen bei den Oppositionen in Wien beziehungsweise in Budapest heftige Proteste hervor. Dann, im Laufe der Jahre und Jahrzehnte, ermöglicht

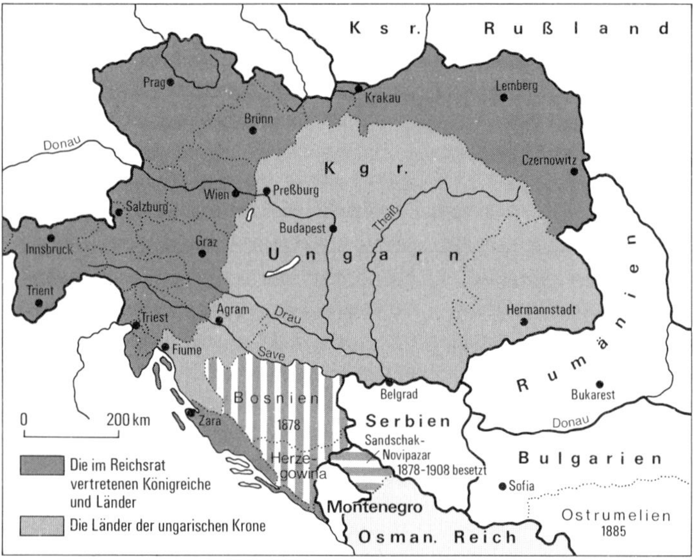

Österreich-Ungarn nach der Okkupation Bosniens und der Herzegowina im Jahr 1878

die k. u. k. Verwaltung in den beiden Ländern einen zuvor nicht geahnten, nicht erhofften wirtschaftlichen Aufschwung. Sie schafft ein leistungsfähiges Schul- und Sanitätswesen. (Diese Kulturleistung wird nach dem Ersten Weltkrieg in der südslawischen und der westeuropäischen Publizistik spöttisch bagatellisiert, ja geleugnet. Doch was tut's? Sie kam doch mehreren Generationen von Bosniern und Herzegowinern zugute.)

Dann das unvermeidliche Gruppenbild. Der berühmte Historienmaler Anton von Werner verewigte die hohen Herren: Bismarck, wie er Schuwalow die Hand schüttelt, während Andrássy über Bismarcks rechte Schulter hinweg zuschaut. Die Dreiergruppe im Vordergrund hat Symbolkraft: Sie symbolisiert das Bündnis zwischen Deutschland, Österreich-Ungarn und – mit einem neuen Kanzler Schuwalow? – Rußland. Auf der linken Seite, weit hinter Bismarck und Andrássy, unterhält sich sitzend Gortschakow mit Beaconsfield und Károlyi.

Am 13. Juli unterzeichneten die Bevollmächtigten den aus 64 Artikeln bestehenden „Berliner Frieden". Er war ein „konzertierter" Friede, ein harmonischer – ein Ausdruck des Kräfte-

Anton von Werners Gruppenbild vom Berliner Kongreß, 1878; in der Mitte Bismarck, links von ihm Andrássy, rechts Schuwalow; links, sitzend: Gortschakow, stehend: Disraeli mit Stock und Károlyi

gleichgewichts, daher in so manchen Punkten ein erzwungener: erzwungen durch das europäische Konzert der Großmächte. Er enthielt auch einen konzeptionellen Fehler, und zwar in der Lösung der Orientfrage: Er zog nicht ins Kalkül, daß das Osmanenreich politisch nicht mehr zu retten war. Doch auch die Gegenfrage ist berechtigt: Wie anders, wie ohne das Osmanenreich, wie bei dessen etwaiger gewaltsamer Auflösung hätte man die orientalische Frage lösen können?

Und so bewahrte der „Berliner Friede" von 1878, ungeachtet seiner Fehler und Irrtümer, doch sechsunddreißig Jahre lang den Balkan und mit ihm Europa vor einem allgemeinen Krieg. Ein tiefer Friede bot allerlei Ideen und Postulaten freien Spielraum: dem nationalen, dem liberalen, dem sozialistischen Gedankengut. Er bestätigte den Glauben an die junge Rechtsstaatlichkeit. Er frönte dem Fortschritt. Mit einem Wort: Er forderte den schöpferischen Zweifel, dieses unabdingbare Mittel zur Entwicklung, geradezu heraus. Was man den Pariser Friedensdiktaten von 1919 und 1920 – die anstelle von Gleichgewicht Rache und Vorherrschaft walten lassen – wahrlich nicht nachrühmen kann.

Der Zweibund

Andrássy kehrte zurück nach Wien und reichte seinen Abschied ein. Seine Gründe dafür waren mannigfach, sie sind bis heute nicht restlos geklärt. Einigen Motiven wollen wir nachgehen.

Er kehrte zurück und durfte sicher sein, gute Ergebnisse mitgebracht zu haben: Er hatte die Monarchie durch die Klippen der orientalischen Frage, die ganz Europa bis an den Rand eines allgemeinen Krieges gebracht hatte, heil in die ruhigen Gewässer eines für absehbare Zeiten dauerhaften Friedens geführt. Und er hatte für die Monarchie ein so hohes Ansehen erkämpft, wie sie es seit den glanzvollen Tagen des Wiener Kongresses nicht mehr genossen hatte. Warum also der Gedanke an Rücktritt?

Er hatte sich bereits in Berlin mit ihm getragen. Am 6. August 1879 schrieb er von Wien aus an Károlyi: „Schon in Berlin habe ich Dir und Dir allein mitgeteilt, daß ich die Absicht habe, nach Abschluß des Kongresses zurückzutreten . . . Die Gründe habe ich Dir damals gesagt, Du hast sie gutgeheißen, ich will sie hier nicht wiederholen“, und so kennen wir die Gründe nicht genau.

Bereits Ende Dezember 1878 hatte er dem Monarchen angedeutet, daß er die Absicht habe, sich zurückzuziehen. Die beiden parlamentarischen Oppositionen, die österreichische und die ungarische, hatten wegen der Anfangsschwierigkeiten, die sich bei der Annexion Bosniens und der Herzegowina zwangsläufig ergeben hatten, ein Geschrei der Entrüstung angestimmt. Aber Andrássy war nicht der Mann, der kleinlicher Angriffe wegen gleich das Handtuch warf. Es ist auch nicht wahr, daß ihm Franz Joseph das Vertrauen entzogen und ihm, etwa wie einst Beust, den Laufpaß gegeben hätte. Dieses Gerücht verbreiteten die Oppositionellen. Das gerade Gegenteil trifft zu: Franz Joseph und erst recht Elisabeth hätten es gerne gesehen, wenn

Andrássy bereit gewesen wäre, die Geschäfte weiterzuführen.

Er war es nicht. Zu denken gab ihm die „tschechische Frage". Der Monarch hätte gerne eine volle Aussöhnung mit Böhmen erreicht, doch das war unter der Mitwirkung der Wiener Verfassungspartei nicht möglich. Die feudal–klerikalen Kreise boten ihre guten Dienste an, sie sahen darin eine Gelegenheit, ihren Einfluß in der gesamten Monarchie zu stärken. Aber Andrássy, seit jeher ein Liberaler, ein Verfechter der Verfassungsmäßigkeit, wollte nicht die Hand dazu reichen. Dies mag ein Motiv für seinen Rücktritt gewesen sein.

Ein anderes war wohl seine Unzufriedenheit mit den militärischen Kreisen. Er meinte, selbst die beste Außenpolitik müsse erfolglos bleiben, wenn das Heer seiner Aufgabe nicht voll gewachsen sei, und er war nicht geneigt, die Last eventueller weiterer Verantwortlichkeiten zu tragen.

Selbst Bismarck hat es nicht einleuchten wollen, wieso ein Mann von der Bedeutung Andrássys auf dem Höhepunkt der Macht freiwillig die Weltbühne verlassen wollte. Aber hier zeigte sich ein besonderer Wesenszug Andrássys. Er hatte das Amt des Ministerpräsidenten und dann das des Außenministers niemals angestrebt, nein: Daß er sich, seine Person und seine Talente, seinem Herrscher und seinem Land zur Verfügung gestellt hatte, hatte er als vornehme Pflicht angesehen, ein Verhalten, das heute kaum noch nachempfunden werden kann. Zumal er auf eine „Berufsausübung" gar nicht angewiesen war: Er war begütert. Und er besaß Stolz. Lieber wollte er sich mit einer vornehmen Geste empfehlen, als sich, wie etwa Gortschakow, mühsam bis zum letzten mitleidheischenden Augenblick an die Macht zu klammern. Es ist überliefert, daß er des öfteren schmunzelnd gemeint habe, Schauspielerinnen, Tänzerinnen, schöne Frauen sowie Staatsmänner und Diplomaten blieben zu lange auf dem Podium der Öffentlichkeit und verstünden es nicht, sich im richtigen Augenblick zurückzuziehen.

Er fühlte sich müde. Vielleicht nagte schon die Krankheit an ihm, die seine letzten Lebensjahre mit so vielem Leiden verdüsterte. Im schon zitierten Brief an den Freund schrieb er: „Nach dreizehnjähriger angestrengter Tätigkeit schien es mir an der Zeit, mich nicht vom politischen Leben, wohl aber von der Stellung und Verantwortlichkeit eines Ministers zurückzuziehen."

Den letzten, den entscheidenden Anstoß aber hatte wohl die Bildung eines neuen Ministeriums gegeben, nachdem Auerspergs Regierung wegen der ständigen Opposition im Wiener Parlament zurückgetreten war. Am 12. August 1879 stellte Eduard Graf Taaffe ein neues Ministerium auf die Beine, das sich auf den Hohenwartklub stützte, so benannt nach seinem Gründer, dem Chef des kurzlebigen Ministeriums im Jahr 1871. Feudalkonservative, klerikale, slawische Kreise wurden in der österreichischen Reichshälfte tonangebend. Diese neue Richtung der österreichischen Innenpolitik mußte Andrássy verärgern. Denn er wußte, daß die Außenpolitik nur dann erfolgreich sein konnte, wenn sie von der Innenpolitik, die wiederum die Mehrheit repräsentieren mußte, gestützt wurde. Er sah dies unumgängliche Hand-in-Hand-Gehen der Innen- und der Außenpolitik nicht mehr gewährleistet. Darum trat er zurück.

„Slawenfeindlich", sagte man, sei Andrássy gewesen, und „slawenfreundlich" die neue Regierung, das hieß: „deutschfeindlich". Diese Eigenschaftswörter sind nicht nur primitiv in ihrer Eindeutigkeit, sondern sie treffen auch nicht das Wesentliche. Andrássy war überzeugt von dem Gebot, im europäischen Konzert Österreich-Ungarn als Großmacht zu erhalten; überzeugt, daß dies nur in der gegebenen Staatenkonstruktion möglich sei, welche wiederum nur durch die vorherrschende Zusammenarbeit der Deutschösterreicher und der Ungarn und im Bündnis mit Deutschland funktionieren könne. Er wußte um die verführerische Anziehungskraft der nachbarlichen russischen Großmacht, auch um deren imperiales, erlösungsideologisches Streben, um ihren Griff nach den slawischen Nationalitäten der Monarchie; auch darum, wie willfährig, wie heftig gewisse slawische Kreise sich dem allslawischen Gedankengut hingaben, das wiederum die Auflösung der Monarchie zur letzten Konsequenz haben mußte. Andrássys „Slawenfeindlichkeit" war ganz einfach Abwehrfunktion. Ihr war der rassistisch hassende Inhalt, mit dem unser Jahrhundert diese Worthülse auffüllt, fremd.

Im Juni 1879 hatte sich Andrássy eine Lungen- und Rippenfellentzündung zugezogen, er hustete, spuckte Blut, war nervös, gereizt, lustlos. Es gab einen Augenblick, da seine Krankheit Anlaß zur Beunruhigung in ganz Europa gab. Franz Joseph und Elisabeth besuchten ihn in seinem Krankenzimmer und luden ihn ein, sich zur Erholung nicht, wie er beabsichtigte, in die von Überschwemmungen heimgesuchte Theißgegend zu begeben, sondern nach Ischl, dem beliebten Sommeraufenthaltsort des Monarchen im Salzkammergut.

Andrássy genas. Doch am 10. August verbreitete sich die Nachricht – in Wien und Budapest, in Berlin, Paris, London, Rom, St. Petersburg –, Andrássy scheide aus dem Amt. Franz Joseph hatte ein halbes Jahr lang versucht, ihn zum Verbleiben im Amt zu bewegen. Vergeblich. Dann beugte er sich Andrássys Entschluß. Aus dem Brief an Károlyi: „Da die Russen den Balkan geräumt haben und der Berliner Friede im großen und ganzen verwirklicht ist; da die Ergebnisse unserer politischen Aktion nach außen vorliegen und von innen keine Anfechtung mehr erfahren können, durfte ich endlich, ohne den geringsten Schein, irgendeiner Gefahr oder Schwierigkeiten ausweichen zu wollen, wieder an mich selbst denken und Seiner Majestät meine Bitte vortragen. Der Allergnädigste Herr, Allerhöchstdessen Unterstützung mir in schweren Zeiten nie gefehlt hat, hat mir auch diese Huld nicht versagt und mir die Erfüllung meiner Bitte zu versprechen die Gnade gehabt." Auf der Kopie des Briefes steht die eigenhändige Bemerkung Andrássys: „Wurde erst abgesendet, nachdem Eure Majestät Einsicht genommen haben." Darunter von Franz Joseph eigenhändig geschrieben: „Gesehen".

Dann trat Andrássy zurück. Doch am 21. September empfing er noch Bismarck in Wien.

Sonderbar: Die Russen gaben Bismarck die Schuld – nicht Andrássy und Disraeli. Sie warfen dem deutschen Kanzler vor, auf dem Berliner Kongreß die russischen Interessen „verraten", Rußland um die Früchte seines siegreichen Krieges gegen das Osmanenreich gebracht zu haben. Eine wüste Pressekampagne hetzte gegen Bismarck. Man sprach von einem „Zweikanzlerkrieg", einem „Krieg" zwischen dem deutschen und dem russischen Kanzler. Doch Gortschakow war zu dieser Zeit nur noch ein Scheinkanzler, hatte keinen entscheidenden Einfluß mehr auf die Geschäfte. Zar Alexander II. bestimmte die Linie der Außenpolitik selbst, und er hörte dabei nicht, wie Bismarck noch in Berlin gehofft hatte, auf Schuwalow, sondern auf die Panslawisten.

Der frühere deutsche Botschafter in Wien, General Schweinitz, wirkte nun in St. Petersburg, er berichtete Bismarck über alles, auch über Kleinigkeiten wie Kleinlichkeiten. Und so bekam Bismarck ein detailgetreues Bild vom Zarenhof, von dessen antideutschen, besser: antibismarckschen Strömungen. Im Hintergrund stand der Kriegsminister Miljutin als Einflüsterer des Zaren. Am 8. August verfaßte Schweinitz einen Bericht, der Bismarck erschütterte:

Der Zar sei um seine Beliebtheit in der Öffentlichkeit besorgt, die durch den ergebnislosen Krieg sehr beeinträchtigt sei; er gebe dafür dem Ausland, sprich: Deutschland, die Schuld. Er habe sich Schweinitz gegenüber beklagt, daß Rußland „leer ausgegangen" sei, während Österreich-Ungarn „zwei Provinzen gewonnen" habe. Deutschland nehme überall Partei für Österreich-Ungarn, indem es bei der Liquidation auf dem Balkan in den Kommissionen immer gegen Rußland stimme. Am Ende der Audienz habe der Zar auf deutsch gesagt: „Wenn Sie wollen, daß die Freundschaft, die uns hundert Jahre lang verbunden hat, weiter bestehe, so sollten Sie dies ändern."

Bismarck ließ Schweinitz' Petersburger Bericht Andrássy vorlegen. Am 12. August erhielt er die Nachricht von dessen bevorstehendem Rücktritt. Am 13. August telegrafierte Bismarck von seinem Kuraufenthalt in Kissingen aus dem deutschen Botschafter Reuß in Wien (Prinz Reuß hatte im Juli 1878 Stolberg, der in Berlin das Amt des Vizekanzlers übernahm, abgelöst) er habe den Wunsch, sich mit Andrássy auszusprechen und frage an, ob es dem Grafen angenehm wäre, den Kanzler etwa Mitte September im salzburgischen Gastein aufzusuchen. Am 15. August gab Reuß dem Kanzler die telegrafische Antwort: Andrássy wolle seinen deutschen Kollegen in Gastein treffen; seine Ansichten deckten sich mit denen Bismarcks.

Am 21. August kam Andrássy von seinem Landsitz nach Wien und hatte eine mehrstündige Audienz beim Herrscher. Danach sagte er dem deutschen Botschafter, er wolle erst nach Gastein kommen, wenn die Frage seiner Nachfolge geklärt sei.

In der russischen Presse ging die Hetze gegen Deutschland und Bismarck weiter. Am 15. August richtete der Zar einen Brief an seinen Onkel, Kaiser Wilhelm I. Er klagte über die deutschen Vertreter bei den zur Regelung der Balkanfrage eingesetzten Kommissionen. „Ist es denn“, fragte er pathetisch, „eines wahrhaften Staatsmannes [Bismarck] würdig, sich von persönlichen Momenten beeinflussen zu lassen, wenn es sich um das Interesse zweier großer Staaten handelt, die wie geschaffen füreinander sind, und von denen der eine [Rußland] dem andern [Deutschland] im Jahre 1870 derartige Dienste leistete, die Kaiser Wilhelm selbst als solche bezeichnete, die ihm stets unvergeßlich bleiben werden?“ Und zum Schluß: „Möge uns Gott davor [vor einem Zerwürfnis] bewahren und Sie erleuchten.“

Sogar Wilhelm I. fand, der Brief, den man dann die „Brief–Ohrfeige“ nennt, sei zu stark. Dieses „sogar“ mag die Vorliebe andeuten, die der bereits an Altersstarrsinn leidende Einundachtzigjährige für seinen Neffen empfand. Der alte Herr, der schon einen Schlaganfall erlitten hatte und auf den kurz vor Eröffnung des Berliner Kongresses ein Attentat verübt worden war, wollte sogar die Mühen einer Reise nach Alexandrovo nicht scheuen, einer kleinen Stadt knapp jenseits der deutsch–russischen Grenze, um sich mit Alexander auszusprechen. Auf den Rat Bismarcks aber wollte und konnte er nicht verzichten.

Er erhielt ihn. Bismarck war bereits in Gastein eingetroffen. Er hatte im Frühjahr 1879 Berichte über russische Truppenkonzentrationen an der ostpreußischen Grenze in Polen erhalten; auch über französisch–russische Kontakte. Da war er alarmiert. Hinter den Berichten wähnte er den Kriegsminister und dessen Kreis. Also führte er seinem Kaiser vor Augen: Deutschland könne in einem Krieg zwischen Rußland und Österreich–Ungarn nicht neutral bleiben; es sei denkbar, daß Rußland nach Überwindung der k. u. k. Monarchie im Bund mit Frankreich, das Elsaß’ und Lothringens wegen Revanchegedanken hege, eventuell auch mit einer geschwächten Monarchie, über Deutschland herfallen würde. Doch welche Motive auch Miljutin habe, das Dreikaiserbündnis sei ihm ein Hindernis für seine Pläne, zu deren Verwirklichung ihm ein allgemeiner Krieg bessere Aussichten biete. Der Hinweis auf die Dankbarkeit, die Deutschland Rußland schulde, sei wenig delikat; in Wirklichkeit habe Rußland in den letzten fünfzig Jahren mehr Nutzen aus der Freundschaft gezogen als Deutschland. Wie dem auch sei: Die Dankbarkeit Deutschlands könne nicht so weit gehen, daß es seine Politik für immer der russischen unterordne und ihr zuliebe die Aussicht auf bessere Beziehungen zu Österreich-Ungarn opfere. Mit der Monarchie habe Deutschland „mehr Momente der Gemeinsamkeit“ als mit Rußland. Seine Gedanken darüber, welcher Art die Beziehungen zur Monarchie sein sollten, wolle er erst nach seiner Zusammenkunft mit Andrássy darlegen. Er schlug Wilhelm vor, in seinem Antwortschreiben an den Zaren kein Nachgeben erkennen zu lassen, doch Entgegenkommen zu signalisieren, die Beschuldigungen zurückzuweisen, zu betonen, daß Bismarck stets ein Anwalt russischer Interessen gewesen sei. Er, Wilhelm, sollte der Kaiser schreiben, wolle in seinem hohen Alter keine Änderung der bisherigen Richtung herbeiführen, die für ihn ein „heiliges Vermächtnis“ („legs sacré“) sei. Mit dieser diplomatischen Floskel wollte Bismarck bloß Eindruck auf den bigotten Alexander machen. Mit dem Brief wollte er „die russische Tür“ so lange offenhalten, bis die österreichische Rückendeckung – „Assekuranz“ („Versicherung“) hieß es im damaligen Sprachgebrauch – gewährleistet sei. Und damit fiel das wesentliche Wort für einen Bund, der dann neununddreißig Jahre lang währt.

Andrássy kam am 26. August zur späten Abendstunde in Gastein an. (Wilhelm I. hatte den Bericht Bismarcks bereits in Händen.) Die beiden Herren unterhielten sich so freimütig, wie es in der Diplomatie der Zeit nicht immer üblich war. Bismarck wollte sofort wissen, ob der Verdacht, die Monarchie und Rußland verständigten sich im geheimen, begründet sei, oder anders, ob denn für die Monarchie ihr alter Kurs der freundschaftlichen Beziehungen zu Deutschland noch gelte. Andrássy versicherte ihm, die Monarchie halte nach wie vor fest zum Deutschen Reich. Daraufhin vertraute ihm Bismarck an, die Russen drängten ihn, in den noch schwelenden orientalischen Fragen mit Rußland und gegen Österreich-Ungarn zu stimmen; käme er dem nicht nach, dann beschwöre er die Gefahr herauf, sich mit Rußland zu überwerfen. Da aber das Deutsche Reich an der ganzen Sache desinteressiert sei, mache die Haltung der russischen Regierung die Frage für ihn, Bismarck, zu einer Sache von höchster Bedeutung, die erfordere, daß es zwischen Deutschland und Österreich-Ungarn zu einer Verständigung komme.

Andrássy gab zu, daß in Wien wegen der russischen Rüstungen und der Wankelmütigkeit der zaristischen Politik Besorgnis herrsche; die russische Politik sei anmaßend, Wien habe jedes Vertrauen zu ihr verloren. In Rußland, sagte er, regiere der Zufall (vielleicht prägte er hier das später als Bonmot kolportierte Wort von einer „Politik von Fall zu Fall“). Er gab auch zu, daß Wien sich mit Paris und London geeinigt habe, in allen Fragen des Orients geschlossen gegen Rußland zu stimmen.

Bismarck folgerte daraus, daß es bei dieser Konstellation zu einer engeren Verbindung der Monarchie mit Frankreich kommen werde; darauf deute auch die Wahl Haymerles zum Nachfolger Andrássys hin.

Ja, warf Andrássy ein, im Hinblick auf die unberechenbare Haltung Rußlands müsse sich die Monarchie die Sympathien der Westmächte „warm halten“, besonders, solange sie nicht die Gewißheit habe, bei „ungerechten russischen Zumutungen“ auf den Beistand Deutschlands rechnen zu können.

Bismarck antwortete mit einer Gegenfrage: Wie würde sich denn Österreich-Ungarn verhalten, wenn Rußland Deutschland nur deswegen angriffe, weil es sich nicht als Instrument gegen die Monarchie mißbrauchen ließe?

Da fiel ihm Andrássy ins Wort: Lebhaft und wiederholt versicherte er, in einem solchen Fall würde die Monarchie ihre ganze Macht an der Seite Deutschlands aufbieten.

Bismarck nickte, er zweifle nicht an der Aufrichtigkeit dieser Worte, zumal sie vom offenkundigen Interesse der Monarchie diktiert seien, wäre doch Österreich-Ungarn in seiner ganzen Stellung gefährdet, wenn es Rußland gelänge, allein oder im Bund mit Frankreich (!) Deutschland zu überrennen. Er zweifle aber, ob die Parlamente in Wien und in Budapest rasch handeln würden; vielleicht zögen sie die Neutralität vor. Er erinnerte an den alten Deutschen Bund, der eine Art „gegenseitige Assekuranz“ gewesen sei, zu der man allerdings nicht mehr zurückkehren könne. Aber, und nun kam die Wende zum Entscheidenden, zum Konkreten, es kam (so würde man wohl heute sagen) der „Durchbruch“, er, Bismarck, wolle als „Privatmann“, sozusagen zur eigenen Information, wissen, ob Andrássy eine ähnliche „Friedensliga“, wie der Deutsche Bund eine gewesen sei, zwischen den beiden mitteleuropäischen Mächten für eine nützliche Institution hielte; ob er meine, daß sein Monarch solchen Gedankengängen zugänglich wäre. Wenn ja, würde er, Bismarck, die gleiche Frage geheim an Kaiser Wilhelm richten.

Die Antwort Andrássys war sehr präzis: Österreich-Ungarn befinde sich in der gleichen Lage wie Deutschland. Sein Herrscher habe für alle Zukunft auf jegliche Rolle im Deutschen Reich verzichtet (damit unterstrich Andrássy die Bemerkung Bismarcks, man könne nicht zum früheren Deutschen Bund zurückkehren; er wiederholte auch seine alte Überzeugung, das Haus Österreich habe in Deutschland nichts mehr zu suchen).

Die Beziehung der Monarchie zu Großbritannien, erläuterte Andrássy im weiteren, lasse eine gegen Frankreich gerichtete Abmachung wenig sinnvoll erscheinen (das britische Kabinett würde auch einer solchen gar nicht zustimmen), weil Großbritannien Frankreichs bedarf, und zwar so lange, als es nicht wisse, was es in Zukunft von Deutschland zu erwarten habe. Sollte aber Frankreich Deutschland im Alleingang angreifen, dann wäre Deutschlands Rücken durch Österreich-Ungarn gedeckt und seine militärische Macht ausreichend, einen französischen Angriff abzuwehren. Sollte dann Rußland den Franzosen durch einen Angriff auf Deutschland zu Hilfe eilen, so wäre Österreich-Ungarn, mit oder ohne Großbritannien, bereit, alle seine Kräfte gegen die beiden Angreifer aufzubieten. Ja, die Monarchie würde dafür auch eine vertragsmäßige Verpflichtung eingehen. Denn, und das war das Wesentliche in Andrássys Ausführungen, denn, meinte er, gerade ein solches Bündnis zwischen Österreich-Ungarn und dem Deutschen Reich würde den europäischen Frieden verbürgen.

Dann meinte Andrássy noch, die Völker verlangten nach Frieden, in Frankreich ebenso wie in Rußland, wo nur eine kleine machtlüsterne Clique in der Umgebung des Zaren die Friedensordnung bedrohe. Es sei die Pflicht aller friedliebenden Regierungen, die Länder gegen solche Cliquen zu schützen. Wenn also auch Deutschland zu einer vertraglichen Abmachung geneigt sei, dann wolle er seinen Rücktritt verschieben, um dem Frieden Europas einen Dienst zu erweisen, zumal seinem Nachfolger, dem die Geschäfte neu wären, die Routine und die Sicherheit fehlten, wie eine solche Verständigung sie erforderte.

Bismarck war vom Entgegenkommen seines Gastes angenehm berührt. Doch er konnte nur erwidern, daß er zur Zeit keine Ermächtigung zum Abschluß habe, wolle aber sogleich die Befehle Kaiser Wilhelms einholen und Andrássy von dessen Entscheidung durch „Expreßboten“ benachrichtigen. Doch eines könne er auf jeden Fall sagen: Wie immer auch die Befehle seines Herrschers lauten mögen, es sei für ihn ein dringendes Gebot, Andrássy den Besuch in Wien zu erwidern, schon um sich dafür erkenntlich zu zeigen, daß Andrássy „ungeachtet seiner erschütterten Gesundheit“ die anstrengende Fahrt nach Gastein auf sich genommen habe. Andrássy dankte und erinnerte daran, daß der Zeitunterschied zwischen der direkten Route Salzburg–Berlin und der über Wien nur eine Stunde ausmache.

Zwischenbemerkung. Die Nachwelt weiß von diesem Gespräch aus dem zweiundsechzig Seiten starken Bericht Bismarcks an Kaiser Wilhelm vom 31. August. Im Brief vom 3. September informierte der Kanzler den k. u. k. Außenminister über diesen seinen Bericht. Andrássy selbst brachte erst viel später, schon abseits der Weltpolitik, im Jahr 1886, seine Erinnerungen und Gedanken zur orientalischen Frage zu Papier. Seine Schlußfolgerung aus dem Gedankenaustausch vom 26. August 1879 lautet: „Bismarck war veranlaßt, es [das Bündnis] anzubieten.“ Andrássy hatte bereits zweimal eine Art Defensivbündnis angeboten, doch war er bei Bismarck stets auf taube Ohren gestoßen. Er mußte warten. Er behielt insofern recht, als seine Annahme, die russische Politik würde den Kanzler früher oder später zum Abschluß eines Defensivbündnisses mit der Monarchie drängen, nun voll und ganz bestätigt wurde.

Aber eine unmittelbare Information über das Gespräch von Gastein hat uns Andrássy nicht hinterlassen. Aus seinem Brief vom 1. September 1879 von Schönbrunn an Bismarck geht hervor, daß er die Gasteiner Vereinbarung als eine Art „Assekuranz“ so verstand: „. . . Jeden Angriff auf eines der beiden Reiche mit ganzer Macht gemeinsam abzuweisen, wenn eines der beiden Reiche von einer dritten Macht angegriffen und Rußland mit dieser kooperieren würde.“ Einen mittelbaren Hinweis auf die Atmosphäre, die zwischen den beiden Staatsmännern geherrscht haben mochte, liefert der Sektionschef im Außenministerium, Orczy, im Brief an seine Mutter vom 29. August 1879: „Gyula [Andrássy] ist sehr kontent [zufrieden] von Gastein zurückgekehrt. Er hat sich mit Bismarck à fond [gründlich] ausdiskutiert, und sie scheinen sich sehr gut verstanden zu haben."

Es war ein improvisiertes Abkommen, dieser „Zweibund". Er wurde zunächst als Geheimabkommen für fünf Jahre geschlossen; in modifizierter Form behält er bis zum Zusammenbruch der beiden Mächte im Jahr 1918 seine Gültigkeit. Er war Andrássys letzter politischer Akt, eine letzte große Geste, ein spektakulärer Abgang von der Weltbühne. Doch nicht nur deswegen sprechen wir etwas ausführlicher davon.

Gewiß, den unmittelbaren Anlaß dazu gab die panslawistisch–nationalistisch aufgescheuchte russische Politik des Augenblicks. Andrássy aber war seit jeher von der Notwendigkeit eines Zusammengehens der beiden Mächte überzeugt. War es nicht letztlich auch Bismarck? Nachdem er Preußen zu Deutschland erweitert und Habsburgs Ansprüche in diesem Deutschland zunichte gemacht hatte? Denn seitdem, seit den „Einigungskriegen" von 1866 und 1870, galt sein ganzes Mühen dem Frieden in Europa, dem Zusammenhalten dessen, was konstruiert worden war. Auch Andrássys ganzes Mühen galt dem Zusammenhalt der 1867 errungenen Staatsstruktur. Wie oft, wie eindringlich, ja leidenschaftlich hat er jedwede Gebietserweiterung abgelehnt! (In der Annexion Bosniens und der Herzegowina sah er einen durch die russische Balkanpolitik erzwungenen notwendigen Gegenzug.) Und so haftet diesem aus dem Augenblick heraus geborenen Zweibund doch das Merkmal der historischen Zwangsläufigkeit an. Wollen wir schnell einige Aspekte abtasten?

„Rußland", sagten in Gastein die beiden Herren, und „England", „Frankreich". Alles schon dagewesen! Im 18. Jahrhundert Österreich und England auf der einen und Frankreich und Preußen auf der anderen Seite (im Hintergrund drohend das Osmanenreich, seit dem 16. Jahrhundert ein Verbündeter Frankreichs), bis Kaunitz erkannte, daß London in seinem Ringen um die Vorherrschaft in Amerika und auf den Ozeanen Österreich bloß als kontinentales Gegengewicht gegen Frankreich brauchte, aber der in den Reflexen der habsburgischen Staatsmänner zum Ausdruck kommenden jahrhundertealten Angst vor den Osmanen auf dem Balkan nicht Rechnung tragen wollte. Dann begann er in Paris mit seiner Aussöhnungsdiplomatie. Als Friedrich II. davon erfuhr, schloß er, damit er gegenüber einer europäischen Koalition nicht allein bleibe, mit London die Konvention von Westminster. Damit ergab sich diese Bündniskonstellation: Österreich und Frankreich, Rußland hinzugezogen, auf der einen und Preußen und England auf der anderen Seite. Und wie es in diesem Krieg, dem „Siebenjährigen“, England und Frankreich um die Vormacht auf fernen Kontinenten ging, so ging es Österreich und Preußen um die Vormacht im Reich. Der eine Kampf wurde sehr bald zugunsten Englands entschieden, der andere endgültig erst 1866. Zwischendurch gab es ein Interregnum.

Napoleon I. hatte die absolute Herrschaft eines einzigen Staates errichtet; dieses Umstoßen des Gleichgewichts zwang alle anderen Regierungen in ein gemeinsames Lager. Auf dem Wiener Kongreß brachten sie dann das europäische Kräftefeld wieder in Ordnung.

Bei zeitweise bestem Einvernehmen zwischen Rußland (das 1762 Preußen vor dem Zusammenbruch gerettet hatte) und Preußen, etwa zur Zeit der Heiligen Allianz, dann während des Krimkriegs und auch danach, schwelte doch manch Gegensatz zwischen den beiden Mächten weiter: die Odermündung, Ostpreußen, Polen. Hingegen gab es seit 1866 zwischen Österreich-Ungarn und dem Deutschen Reich keine Reibungsfläche mehr. Manch gemeinsames Interesse verband sie. Beide sahen sie die wachsende und wenig berechenbare Macht im Osten mit Mißtrauen und Unbehagen. Der Zweibund war tatsächlich ein Defensivbund. 1881 (Andrássy war nicht mehr im Amt) ließ der neue Zar, Alexander III., das Dreikaiserbündnis wiederbeleben. Ein Gleichgewicht zwischen Österreich-Ungarn und Rußland zeichnete sich dort ab, wo Rußlands imperiales Interesse am heftigsten auf Österreich-Ungarns defensives Interesse prallte: auf dem Balkan. Bis sechs Jahre später das Dreikaiserbündnis Bulgariens wegen zerfiel. Da schuf Bismarck 1887 den „Rückversicherungsvertrag“ mit Rußland und unterstützte den Orient-Dreibund zwischen Österreich-Ungarn, Großbritannien und Italien, der den Fortbestand des Osmanenreichs gegen russische Angriffe garantierte. Seit 1882 war der Zweibund durch Italiens Beitritt ein Dreibund. Diese verknäulten Verträge, Gegen-Verträge und Gegen-Gegen-Verträge gewährleisteten den Frieden. Gleichsam als Fortführung des Berliner Vertrags von 1878. Frankreich blieb dadurch als möglicher Partner einer

Allianz gegen Deutschland isoliert, bis . . ., nun, bis Bismarck 1890 abtreten mußte, bis der Rückversicherungsvertrag nicht mehr erneuert wurde, bis Franzosen und Russen 1894 endlich zueinanderfanden, bis 1904 zwischen Frankreich und Großbritannien eine Entente entstand, der sich Rußland 1907 zugesellte. In der Mitte Deutschland und Österreich-Ungarn, gefahrvolle Gruppierungen an deren Flanken. Und so erhielt der aus einer augenblicklichen Situation heraus improvisierte Zweibund plötzlich den Charakter eines geopolitisch zwangsläufigen Bündnisses. Denn nun sahen sich die „Mittelmächte" mehr denn je aufeinander angewiesen. Die traditionelle Bündnisstrategie funktionierte wieder – das ist keine Schuldzuweisung, sondern eine Feststellung –, wie einst im 16., 17. und 18. Jahrhundert, als Frankreich sich mit den Osmanen verbündet hatte: gegen ein Übergewicht Habsburgs; gegen die ungarisch-deutsche Mitte. Daß Frankreich (und mit ihm später Großbritannien) sich diesmal gegen die Mitte nicht mit dem Osmanenreich, sondern mit Rußland verbündete, macht, objektiv betrachtet, keinen Unterschied.

War der Zweibund ein „Schicksalsbündnis"? Und wem wurde es zum „Schicksal"? Es war ein zwangsläufiges Bündnis, nicht mehr und nicht weniger. Es schreckte ab, es forderte heraus. Und, wie gesagt, es währte vierzig Jahre.

Es konnte nur geschlossen werden, nachdem 1867 durch den Ausgleich die Doppelmonarchie begründet worden war – diese Doppelmonarchie, von der man sagte, sie sei der Anfang vom Ende gewesen. Das klingt gut, ganz wie ein Bonmot. Doch ist nicht jede Geburt zugleich ein Anfang vom Ende?

War die Doppelmonarchie schlecht und unrichtig? Aber ja! Sie ist schlecht und unrichtig gewesen. Sie hatte bloß einen Vorteil, den nämlich, daß es – dies in Abwandlung eines berühmten Churchill-Wortes – nichts Besseres gab, nichts Richtigeres. Zu sagen also, es sei falsch gewesen, 1867 die Doppelmonarchie zu schaffen, weil sie ja 1918 ohnehin zerfiel, ist ungefähr so, wie wenn man sagen wollte, es lohnt nicht zu leben, ist doch der Tod ohnehin gewiß.

Der greise Kaiser Wilhelm legte sich quer. In Alexandrovo hatte er sich mit Zar Alexander II. wunderbar verstanden. Der Zar hatte seinen „lieben Onkel" auf die russenfeindliche Haltung Bismarcks hingewiesen. Also meinte Wilhelm, ein Vertrag, gegen Rußland gerichtet, „sei gegen meine politische Überzeugung und mein Gewissen". Bismarck sah, daß er seinen Kaiser nicht mit politischen Argumenten überzeugen konnte, also setzte er eine andere Waffe ein: Er deutete an, lieber zusammen mit der ganzen Regierung zurückzutreten, als auf den Vertrag zu verzichten. Das wirkte. Widerwillig gab Wilhelm seine Einwilligung.

Am 9. September 1879 schrieb Andrássy von Schönbrunn an seine Frau: „Bismarck, mit dem wir uns trotz der Küsserei von Alexandrovo besser verstanden haben als je, kommt am 20. hierher. Ich zweifle nicht, daß wir die gegenseitige Assekuranz abschließen, und dann kann ich mit dem Bewußtsein gehen, daß ich für das Wohl der Monarchie erreicht habe, was ein Mensch nur erreichen konnte."

Am 20. September erhielt Andrássy ein Schreiben Bismarcks aus Gastein: Es sei ihm, dem Kanzler, gelungen, „alle entgegengesetzten Wirkungen" (Kaiser Wilhelms) zu überwinden. „Ich bin hiernach", schrieb Bismarck, „von meinem allergnädigsten Herrn ermächtigt, eine Defensiv-Allianz zwischen Österreich-Ungarn und dem deutschen Reich bedingungslos und mit oder ohne bestimmte Zeitdauer vorzuschlagen. Ich bitte Eure Excellenz ergebenst, über diesen Vorschlag in mündlicher Besprechung mit mir eintreten zu wollen. Das Ergebniß unserer Verhandlungen würde ich meinem allergnädigsten Herrn zur Genehmigung zu unterbreiten haben. An dieser Genehmigung besteht für mich kein Zweifel, wenn Eure Excellenz in der Lage sind, dem diesseitigen Vorschlage in der Einfachheit und Allgemeinheit, wie er gemacht wird, im Namen Seiner Majestät des Kaisers Franz Joseph zuzustimmen. Jedenfalls werde ich mich glücklich schätzen, wenn unsere Besprechungen dieses oder jedes andere, den übereinstimmenden Interessen beider Reiche und dem Frieden Europas förderliche Resultat herbeiführen. In freundlicher Verehrung verbliebe ich vom Herzen Ihr ergebenster v. Bismarck."

Also sollten die beiden Mächte sich verpflichten, auf die Erhaltung des Friedens und der friedlichen Beziehungen zu Rußland hinzuarbeiten. Nur im Fall, daß Deutschland oder Österreich-Ungarn von einer oder mehreren Mächten angegriffen würde, träte der Casus foederis (Vertragsfall) ein, den

Wiener

Nr. 28. Samstag

Nichtamtlicher Theil.

Oesterreich.

Wien, 3. Februar.

Die Regierungen der Oesterreichisch-Ungarischen Monarchie und Deutschlands haben die Veröffentlichung ihres am 7. October 1879 abgeschlossenen Bündnisses angemessen befunden, um den Zweifeln ein Ende zu machen, welche an den rein defensiven Intentionen desselben auf verschiedenen Seiten gehegt und zu verschiedenen Zwecken verwerthet werden. Beide verbündete Regierungen sind in ihrer Politik von dem Bestreben geleitet, den Frieden zu erhalten und Störungen desselben nach Möglichkeit abzuwehren; sie sind überzeugt, daß die Bekanntgabe des Inhaltes ihres Bündnißvertrages jeden Zweifel hierüber ausschließen wird, und haben deßhalb beschlossen, denselben zu veröffentlichen.

Der Text lautet:

In Erwägung, daß Ihre Majestäten der Kaiser von Oesterreich, König von Ungarn, und der deutsche Kaiser, König von Preußen, es als Ihre unabweisliche Monarchenpflicht erachten müssen, für die Sicherheit Ihrer Reiche und die Ruhe Ihrer Völker unter allen Umständen Sorge zu tragen;

In Erwägung, daß beide Monarchen ähnlich wie

Wortlaut des Defensivvertrags („Zweibund“) vom 7. Oktober 1879,

Zeitung.

...en 4. Februar 1888.

in dem früher bestandenen Bundesverhältnisse durch festes Zusammenhalten beider Reiche im Stande sein werden, diese Pflicht leichter und wirksamer zu erfüllen;

In Erwägung schließlich, daß ein inniges Zusammengehen von Oesterreich-Ungarn und Deutschland Niemanden bedrohen kann, wohl aber geeignet ist, den durch die Berliner Stipulationen geschaffenen europäischen Frieden zu consolidiren, haben Ihre Majestäten der Kaiser von Oesterreich, König von Ungarn,

und

der Kaiser von Deutschland,

indem Sie Einander feierlich versprechen, daß Sie Ihrem rein defensiven Abkommen eine aggressive Tendenz nach keiner Richtung jemals beilegen wollen, einen Bund des Friedens und der gegenseitigen Vertheidigung zu knüpfen beschlossen.

Zu diesem Zwecke haben Allerhöchstdieselben zu Ihren Bevollmächtigten ernannt:

Seine Majestät der Kaiser von Oesterreich, König von Ungarn,

Allerhöchst Ihren wirklich Geheimen Rath, Minister des Kaiserlichen Hauses und des Aeußern,

veröffentlicht in der „Wiener Zeitung" vom 4. Februar 1888

Feldmarschall-Lieutenant Julius Grafen Andrássy von Csik-Szent-Király und Kraszna-Horka &c. &c.,

Seine Majestät der deutsche Kaiser

Allerhöchst Ihren außerordentlichen und bevollmächtigten Botschafter, General-Lieutenant Prinzen Heinrich VII. Reuß &c. &c., welche sich zu Wien am heutigen Tage vereinigt haben und nach Austausch ihrer gut und genügend befundenen Vollmachten übereingekommen sind, wie folgt:

Artikel I.

Sollte wider Verhoffen und gegen den aufrichtigen Wunsch der beiden hohen Contrahenten Eines der beiden Reiche von Seite Rußlands angegriffen werden, so sind die hohen Contrahenten verpflichtet, Einander mit der gesammten Kriegsmacht Ihrer Reiche beizustehen und demgemäß den Frieden nur gemeinsam und übereinstimmend zu schließen.

Artikel II.

Würde Einer der hohen contrahirenden Theile von einer anderen Macht angegriffen werden, so verpflichtet sich hiemit der andere hohe Contrahent, dem Angreifer gegen seinen hohen Verbündeten nicht nur nicht beizustehen, sondern mindestens eine wohlwollende neutrale Haltung gegen den Mitcontrahenten zu beobachten.

Wenn jedoch in solchem Falle die angreifende Macht von Seite Rußlands, sei es in Form einer activen Cooperation, sei es durch militärische Maßnahmen, welche den Angegriffenen bedrohen, unterstützt werden sollte, so tritt die im Artikel I dieses Vertrages stipulirte Verpflichtung des gegenseitigen Beistandes mit voller Heeresmacht auch in diesem

Falle sofort in Kraft, und die Kriegführung der beiden hohen Contrahenten wird auch dann eine gemeinsame bis zum gemeinsamen Friedensschlusse.

Artikel III.

Dieser Vertrag soll in Gemäßheit seines friedlichen Charakters und um jede Mißdeutung auszuschließen von beiden hohen Contrahenten geheimgehalten und einer dritten Macht nur im Einverständnisse beider Theile und nach Maßgabe specieller Einigung mitgetheilt werden.

Beide hohe Contrahenten geben sich nach den bei der Begegnung in Alexandrowo ausgesprochenen Gesinnungen des Kaisers Alexander der Hoffnung hin, daß die Rüstungen Rußlands sich als bedrohlich für Sie in Wirklichkeit nicht erweisen werden, und haben aus diesem Grunde zu einer Mittheilung für jetzt keinen Anlaß; sollte sich aber diese Hoffnung wider Erwarten als eine irrthümliche erweisen, so würden die beiden hohen Contrahenten es als eine Pflicht der Loyalität erkennen, den Kaiser Alexander mindestens vertraulich darüber zu verständigen, daß Sie einen Angriff auf Einen von Ihnen als gegen Beide gerichtet betrachten müßten.

Urkund dessen haben die Bevollmächtigten diesen Vertrag eigenhändig unterschrieben und ihre Wappen beigedrückt.

Geschehen zu Wien, am 7. October 1879.

(LS) gez.: Andrássy.

(LS) gez.: Heinrich VII. Reuß.

Gegner gemeinsam zu bekämpfen. Das Defensivbündnis solle „bedingungslos und mit oder ohne Zeitdauer" abgeschlossen werden.

Am späten Abend des 21. September traf Bismarck in Wien ein. Am nächsten Tag gab Franz Joseph ihm zu Ehren ein Hofdiner. Auch Andrássy lud ihn ein, und da gab es etwas zum Schmunzeln: Bismarck hatte keinen Frack (nur die feierliche Diplomatenuniform) mitgebracht und bat, beim Diner in „Stadttoilette" erscheinen zu dürfen. Somit verlor die Festlichkeit ihre übliche Steifheit und gewann an Herzlichkeit, so daß Orczy an seine Mutter berichten konnte: „Bismarck war sehr heiter, wie überhaupt seine Art jovial ist, beinahe [!] gemütlich."

Weniger gemütlich verlief die Unterredung zwischen den beiden Staatsmännern am 24. September. Richtiger gesagt: Sie verlief mit spektakulärer Dramatik. Offensichtlich hatten beide Herren Sinn für das Spektakuläre. Es dürfte darum gegangen sein, daß Andrássy den Fall eines russischen Angriffs im Vertrag genau angesprochen wissen wollte, aber die Erwähnung einer wechselseitigen Hilfeleistung gegen Frankreich ablehnte. Er schlug vor, den „Grundgedanken eines rein defensiven Übereinkommens in anderer Form" zu präzisieren. Aus dem Protokoll geht nicht hervor, welche Gründe Andrássy dafür nannte. Anscheinend wollte Bismarck Zeit zum Überlegen gewinnen, denn er verschanzte sich hinter seinen mitbekommenen Instruktionen, die ihm, so sagte er, nicht erlaubten, auf dieser Grundlage ein bindendes Abkommen einzugehen (Kaiser Wilhelm wollte dem Vertrag jede Spitze gegen Rußland nehmen).

Man verhandelte weiter. Endlich einigte man sich über den „Entwurf eines Übereinkommens", das beide Herren „gemäß ihrer Überzeugung" ihren Souveränen zur „Gutheißung" vorlegen sollten. Dieser „Entwurf" war dann auch der Wortlaut des Defensivvertrags, wie er 1888 veröffentlicht wird. Der letzte Akt der Begegnung soll nach gleichlautender Schilderung mehrerer Zeitgenossen dann recht „dramatisch" verlaufen sein – etwa so:

Den redigierten Wortlaut des „Entwurfs" in der Hand, sprang Bismarck plötzlich auf und ging auf Andrássy zu. Dieser schnellte auch vom Stuhl hoch. So standen sie nun einander gegenüber, jeder hörte den andern atmen. Bismarck zerknitterte beinahe das Papier in der Hand und stieß hervor: „Ich kann Ihnen nichts mehr sagen, nur eines: bedenken Sie, was Sie tun. Zum letztenmal rate ich Ihnen, lassen Sie Ihren Widerstand sein. Nehmen Sie", rief der Kanzler drohend aus, „nehmen Sie meinen Vorschlag an, sonst . . ., sonst . . .", die Spannung in seinen Zügen wich plötzlich einem Lächeln, „. . . sonst muß ich den Ihren annehmen". Dann fügte er noch hinzu: „Aber es wird verflucht viel Mühe kosten" – er spielte auf den zu erwartenden Widerstand Kaiser Wilhelms an.

Aus dem Defensivvertrag selbst und aus dem Memorandum Bismarcks an Kaiser Wilhelm vom 24. September wird so manches klar. Hier das Wesentliche aus dem Vertrag: Die beiden Mächte versprachen einander Hilfeleistung für den Fall, daß eine von ihnen von Rußland angegriffen würde; sollte eine andere Macht einen der Vertragspartner angreifen, so nimmt der andere Alliierte eine wohlwollend neutrale Haltung ein, es sei denn, Rußland unterstütze den Angreifer.

Nach der Vorstellung und der Instruktion Kaiser Wilhelms hätte jeder der Vertragspartner sich verpflichten sollen, dem anderen auch dann beizustehen, wenn dieser von irgendeiner Macht (so etwa Deutschland von Frankreich) angegriffen würde. Das hatte Andrássy abgelehnt, und Bismarck schien, wie dies auch aus der kleinen Szene vorhin hervorgeht, eher den Standpunkt seines k. u. k. Kollegen eingenommen zu haben. Denn in seinem Memorandum argumentiert er so: Österreich-Ungarn müsse sich am ehesten eines italienischen Angriffs gewärtigen, wenn dort die Irredenta die staatsmännische Vernunft verdrängen sollte. Bei einer „generellen Bestimmung" – wenn nämlich, wie vom Kaiser gewünscht, jeder Vertragspartner dem andern im Fall jedweden Angriffs beistehen sollte – müßte Deutschland sich an einem Krieg Österreich-Ungarns gegen Italien beteiligen – und wenn die Italiener im Bund mit Frankreich angriffen, dann erst recht, und das würde zu einem europäischen Krieg führen; oder wenn Österreich-Ungarn Zwistigkeiten auf dem Balkan bekäme. Hingegen träte der Casus foederis im Sinn des Vertragsentwurfs erst dann ein, wenn Rußland angriffe, denn das würde auch Deutschlands Sicherheit gefährden. (Bismarck skizzierte hier so ziemlich genau die Konstellation, wie sie dann 1914 eintritt.) Somit folgte er, entgegen den Instruktionen Wilhelms, dem Vorschlag Andrássys, weil er dadurch die Sicherheit Deutschlands besser gewährleistet sah. Und doch bedurfte es wochenlanger Argumentationen, mühevoller Überredungskunst, bis der greise Kaiser endlich zustimmend nickte.

Am 7. Oktober unterzeichneten Andrássy und der deutsche Botschafter Prinz Reuß in Wien das Defensivbündnis, das unter dem Namen „Zweibund“ in den allgemeinen Sprachgebrauch einging. Das Kuriosum der Geschichte – „Geschichte“ im doppeltem Sinn des Wortes –: Der Vertreter der einen Macht war ein bereits demissionierter Minister.

Jahre des Abschieds. Es sind schmerzensreiche Jahre, Jahre geprägt von körperlichen Schmerzen. Doch davon später. Vorerst, wie es sich ziemt, das Feierliche.

Man nahm von Andrássy Abschied – am Wiener Ballhausplatz Abschied vom Chef, in den Kanzleien der Hauptstädte Abschied vom Staatsmann und Kollegen. Fast ein Jahrzehnt lang Außenminister und vier Jahre lang davor ungarischer Ministerpräsident, war er ein machtvolles Glied im Bund der Diplomaten gewesen; der Bund war klein, exklusiv, fein wie ein englischer Klub. Er drückte der Welt seinen Stempel auf, knüpfte, löste, ordnete die Beziehungen zwischen den Staaten. (Es gibt diesen „Bund“ nicht mehr, auch er geht in den Katastrophen des Ersten Weltkriegs und der Zeit danach unter.) Man nahm von Andrássy Abschied, wie man Abschied nimmt von einem der Seinen.

Zwei der vielen Zeugnisse mögen die Verbundenheit, den Dank, die Anerkennung zeigen, die man dem Scheidenden gezollt hat; zwei Briefe von Persönlichkeiten an der Spitze zweier Länder mit divergierenden Interessen.

Der erste Brief, französisch geschrieben, ist vom 29. September 1879 datiert. Fürst Karl von Rumänien schrieb ihn, er schrieb ihn in Erinnerung daran, daß Österreich-Ungarn die erste Großmacht gewesen war, die mit dem Handelsvertrag von 1875 dem türkischen Vasallenstaat das Recht zuerkannt hatte, auf internationalem Gebiet selbständig handelspolitische Verträge abzuschließen – der erste Schritt zur Unabhängigkeit. Also schrieb der Fürst (ab 1881 König Carol I.):

„Mein Land und ich, wir haben Gelegenheit gehabt, Herr Graf, uns von der wunderbaren Freundschaft und der herzlichen

Sympathie zu überzeugen, welche Eure Exzellenz uns gegenüber beseelen. Ich betrachte es daher wirklich als eine Verpflichtung, im Namen von Rumänien und in meinem eigenen Namen, den Gefühlen von Dankbarkeit und Erkenntlichkeit Ausdruck zu verleihen, die wir Eurer Exzellenz gegenüber empfinden."

Das nächste Zeugnis, ein Zeugnis echter Kollegialität, vielleicht sogar freundschaftlicher Verbundenheit, kam – wie anders hätte es sein können? – von Bismarck. Von seinem Rittergut im pommerschen Varzin aus, wo er seit zwei Monaten kränkelnd „zwischen Bett und Sofa" lebte, schrieb er am 18. Dezember einige schöne, aufrichtige Worte als Antwort auf Andrássys „Abschiedsgruß" vom 10. Oktober:

„Ich hatte meinen Dank für Ihren freundlichen ‚Abschiedsgruß' aufschieben wollen, bis ich gesund wäre; aber es dauert zu lange; zwei Monate schon, welche ich zwischen Bett und Sopha, ohne die verbrauchten Kräfte ersetzen zu können, verbracht, um mir die Möglichkeit zu erkämpfen, das im Dienste meines Herrn und meines Landes Nothwendige tun zu können! Wenn ich auf unsre gemeinsame Arbeit zurückblicke, so ist die einzige wohltuende Erinnerung, die sich für mich daran knüpft, die an den persönlichen und geschäftlichen Verkehr mit Ihnen, verehrter Graf. Für das schließliche Ergebniß unsrer Anstrengungen steht uns allerdings die Genugtuung zur Seite, daß zwischen Aachen und Mehadia [an der unteren Donau] die Mehrheit der ehrlichen Leute uns dankbar für den Dienst ist, der beiden großen Reichen erwiesen ist. Die Sorge vor Krieg ist überall dem Vertrauen zum Frieden gewichen; aber si vis pacem para bellum, nicht unsre guten Absichten, nur unsre verbündeten Streitkräfte sind die Bürgen des Friedens. Ihre Herbst-Zeitlosen in Wien [Anspielung auf den Oppositionellen Eduard Herbst und dessen Freunde, die „Verfassungstreuen", im Reichsrat] wissen das so gut wie unsre Fortschrittler in Berlin, aber die Fraction steht ihnen höher als das Vaterland und die eigene Person noch höher als die Fraction . . . Diese Zeilen sind die ersten, die ich seit zwei Monaten schreibe. Gibt mir Gott doch wieder Gesundheit, so wird mir auch die Freude nicht versagt bleiben, Sie, verehrter Freund, wiederzusehen und mit Ihnen gemeinsam im Sinne Ihres letzten Werkes beiden befreundeten Nachbarreichen ferner nützliche Dienste zu leisten. – Mit der Bitte, der Frau Gräfin den Ausdruck meiner Verehrung zu Füßen zu legen, bin ich in unwandelbarer Freundschaft und Verehrung der Ihrige – v. Bismarck."

Spinnen wir doch die Fäden nach dem Ausland noch etwas weiter und wenden wir uns dann dem Familiären, Freundschaftlichen zu. Im Jahr 1882 heiratete Andrássys Tochter Ilona – Zeitgenossen schworen, sie sei eine außergewöhnliche Schönheit gewesen – den Grafen Lajos Batthyány, den nachmaligen Gouverneur von Fiume. Die Hochzeit fand am 23. Juni statt, und just an diesem Tag traf auch Bismarcks Gratulationsschreiben bei Andrássy ein. Er nehme, schrieb Bismarck, das freudige Ereignis zum Anlaß, „an unsere langjährigen Beziehungen anzuknüpfen", und übermittelte seine Glückwünsche. „Ich richte diese", schrieb er weiters, „gleichzeitig an Sie und die Frau Gräfin, der ich mich zu Gnaden empfehle, und bitte Sie, der Braut meinen Wunsch und meine Überzeugung auszudrücken, daß sie in der Wahl des Gemahls ebenso glücklich gewesen ist wie in der Wahl ihrer Eltern. Ich bin dessen sicher, nachdem ich den Grafen Ludwig Batthyány im vergangenen Jahr hier kennen gelernt und ihm mit den Meinigen ein gutes Andenken bewahrt habe."

Andrássy dankte am 26. Juni: „. . . Obwohl in ländlicher Ruhe, folge ich doch jedem Ihrer Schritte mit Spannung und Teilnahme und hege nicht nur die Hoffnung, sondern auch die feste Überzeugung, daß Sie auf dem Gebiete, auf dem Sie jetzt im heißen Kampfe stehen [Anspielung auf die „Tabakvorlage" im Reichstag], auch diesmal Sieger bleiben werden, daher ich Ihnen nichts zu wünschen habe als Gesundheit und Geduld."

„Ländliche Ruhe" eines Rentners? Andrássy baute Wein an. Der Weinbau war ihm das, was man heute „Hobby" nennen würde, doch auch mehr: Ihm galt die ganze Liebe des Gutsherrn, und der Erfolg rechtfertigte sie. Sooft er einen freien Augenblick hatte, floh er aus der Stadt nach Tőketerebes, wo sein Stammschloß stand, oder nach Tiszadob, nach Szöllőske, wo seine besten Rebstöcke auf ihn warteten. „Kein Schulkind", schrieb er einmal an seine Frau, „kann sich über die Ferien mehr freuen als ich." Er baute einen besonderen Wein an, den „Szamorodni", einen Tokajer – man läßt die Trauben ohne Nachlese der Trockenbeeren gären und erhält einen feurigen, wenig süßen, schwermütigen Wein von eigentümlichem Geschmack. Bismarck wurde zu jedem Weihnachtsfest ein Korb voll dieses Andrássyschen Produkts zugeeignet, und der Kanzler dankte Andrássy einmal mit den Worten: „Schweninger [Bismarcks Leibarzt] meint, Ihr Samo [Szamorodni] sei eine treffliche Medizin, er ist mit entschieden die angenehmste."

Noch etwas verband Andrássy mit Bismarck, nicht bloß die Vorliebe zum Szamorodni, nicht nur der Berliner Friede, der Zweibund, der politische Gleichklang. Ihnen beiden war ein gleiches Unvermögen gemeinsam: Beide verfaßten sie großartige Reden, aber der Vortrag war mittelmäßig. Beide liebten sie es nicht, in der Öffentlichkeit, im Berliner Reichstag oder im Budapester Parlament, Reden zu halten. Die Stimme wollte nicht so richtig mitmachen. Und vielleicht war es gerade dieses angeborene Unvermögen, das sie beide zu Hochleistungen antrieb, wenn der innere Zwang, zu überzeugen, den einen oder den andern einmal ergriff. Dann „überspielte" die Folgerichtigkeit der Argumente den Mangel an Redekunst; dann wirkte die Überzeugungskraft mehr als die unrhetorische Stimme, als die ungeeignete Intonation. Dann, in solchen seltenen Augenblikken, wuchsen sie beide über ihre Möglichkeiten hinaus. Und überzeugten.

Ein Spiel des Schicksals. „K. u. K. Ministerium des Kaiserlichen Hauses und des Äußern" hieß seit dem 29. Jänner 1869 das Außenamt, gewöhnlich „der Ballhausplatz" genannt – so wie man für Frankreich „Quai d'Orsay" sagte, oder für Großbritannien „Whitehall" und „die Wilhelmstraße" für Deutschland. Mit „Allerhöchster Entschließung" vom 4. Oktober 1895 nannte man es fortan „K. u. K. Ministerium des Kaiserlichen und Königlichen Hauses und des Äußern". Nun, Andrássys 1860 geborener Sohn, Graf Julius der Jüngere, sollte der vorletzte Chef dieses Ministeriums werden – für ganze zehn Tage. Kaiser Karl I. (König Karl IV. von Ungarn) ernannte ihn am 24. Oktober 1918 zum Außenminister. Andrássy d. J. bot am 28. Oktober der Entente den Sonderfrieden an – ohne Erfolg. Gleichzeitig kündigte er den von seinem Vater abgeschlossenen Zweibund auf. Er nahm an, daß sein Schwiegersohn, der „rote" Graf Mihály Károlyi, seit dem 31. Oktober Ministerpräsident, in die Ermordung des Grafen István Tisza durch den aufgebrachten Mob am selben 31. Oktober verwickelt sei. Daher trat er am 2. November zurück. Sein Nachfolger, Ludwig von Flotow, vom 2. November 1918 bis zum 8. November 1920 im Amt, wird der Konkursverwalter vom „Ballhausplatz".

Doch vorläufig lebte die Doppelmonarchie noch. Als die Niederreißung der Basteien um Wien beschlossen wurde, liefen dagegen die Künstler Sturm: Der Maler Friedrich Amerling protestierte sogar in einer Audienz beim Kaiser; Johann Strauß ging wieder, wie schon 1848, auf die Barrikaden – und komponierte die „Demolierpolka"; und Grillparzer reimte boshaft:

„Wiens Wälle fallen in den Sand,
Wer wird in engen Mauern leben!
Auch ist ja schon das ganze Land
Mit einer chinesischen umgeben."

Nichts half, die Basteien verschwanden. An ihre Stelle trat die Ringstraße, Zeuge und Mittäter an jenen hektisch „gründenden" Jahren eines „Wien mit all seinen Holden und Häßlichen" (ein Wort Josef Weinhebers). Beinahe in der gleichen Zeitspanne wurden die beiden Parlamentsgebäude errichtet: das Wiener Reichstagsgebäude (seit 1918 Parlament genannt) von 1874 bis 1883 an der Ringstraße, das Budapester von 1880 bis 1902 am Donaukai – im antiken griechischen Stil das eine, das andre im neugotischen (zum Vergleich: Das Gebäude der beiden Houses of Parliament am Londoner Themsekai entstand, ebenfalls neugotisch, von 1840 bis 1867). Ein Glaube wurde hier wie dort in Stein gehauen: der etwas überhebliche Glaube an ein immerwährendes Fortbestehen.

Andrássys Lieblingsmaler, der Sohn eines Tischlers, hieß Mihály Munkácsy – er war einer der Großen seiner Zeit. Größe, Todesnähe, melancholisch-düstere Ausdrucksweise, tiefgestimmte Farben kennzeichnen sein Werk. An der Decke des Stiegenhauses im Kunsthistorischen Museum an der Wiener Ringstraße schuf er das Kolossalgemälde „Apotheose der Kunst", im Budapester Parlamentsgebäude das Monumentalbild „Landnahme der Ungarn unter Árpád". Doch ehe die Salons in Wien, Paris, Berlin, Budapest dem Tischlersohn schließlich huldigten, mißfiel seine niedere Abstammung manch Hochwohlgeborenen, mißfiel ihnen besonders, daß Andrássy sich des Künstlers so einfach, so selbstverständlich, so ohne jegliche aristokratische Herablassung annahm, und einer beschwerte sich sogar darüber bei dem Herrn Minister.

„Apotheose der Kunst", Deckengemälde von Mihály Munkácsy im Kunsthistorischen Museum zu Wien, 1881

„Weißt du", fragte ihn Andrássy, „wer Raffael war?"

„Natürlich", meinte der Nörgler indigniert.

„Weißt du auch, wie zu Raffaels Zeit der Außenminister hieß?"

Farbtupfen. Die Zeitgenossen haben sie der Gestalt, die uns aus der Tiefe eines Jahrhunderts schemenhaft entgegentritt, aufgetragen. Vielleicht erhält sie dadurch einige schärfere Züge.

Zu Andrássys Geschichte gehören noch die beiden letzten großen Auftritte im Budapester Parlament und eine Denkschrift. Er schrieb sie, vermutlich im Jahr 1886, auf zweiundvierzig Folioseiten für Franz Joseph nieder.

Die Vorgeschichte: Der erste, 1879 gewählte Fürst von Bulgarien, Alexander von Battenberg (aus alter hessischer

„Landnahme durch Árpád", Kolossalgemälde von Mihály

Adelsfamilie, deren Nachkommen in Großbritannien Mountbatten heißen), geriet in Konflikt mit Rußland. St. Petersburg wollte ein selbständiges Agieren des kleinen Landes nicht hinnehmen, es wollte seinen Einfluß noch verstärken. Der k. u. k. Außenminister Kálnoky (Haymerle war 1881 verstorben) hielt sich zaghaft aus der Sache heraus, um St. Petersburg ja nicht zu verärgern. Am 18. September 1885 wurde Ostrumelien durch einen Staatsstreich mit Bulgarien vereint. Rußland, das sieben Jahre zuvor noch ein „Großbulgarien" hatte schaffen wollen, reagierte nun anders. 1886 wies die bulgarische Armee die angreifende serbische siegreich ab, die Stellung des Fürsten Alexander war gestärkt. Da griff die russische Regierung mit brutaler Gewalt ein: Am 20. August 1886 ließ sie den Fürsten durch eine ihr hörige Offiziersgruppe verhaften, zur Abdankung zwingen und auf russisches Territorium verschleppen. Aber das kleine Bulgarien demütigte das Riesenreich: Es erhob sich, es erzwang die Rückkehr seines Fürsten. Battenberg jedoch, wan-

Munkácsy im Sitzungssaal des Budapester Parlaments

kelmütig und die russische Feindschaft fürchtend, verzichtete endgültig auf seinen Fürstenthron. Die Bulgaren vereitelten alle weiteren russischen Einmischungsversuche. Nur eine militärische Besetzung des Landes hätte dort die russische Vorherrschaft gesichert. Doch davor schrak sogar Alexander III., Urheber dieses außenpolitischen Mißerfolgs, wegen des allgemeinen Kriegsrisikos zurück. Als dann die Bulgaren im Juli 1887 Ferdinand von Sachsen-Coburg-Gotha zu ihrem neuen Fürsten wählten, sprach man nicht mehr von einem „erblichen russischen Statthalter". Auch die gemeinsame Ideologie, der Panslawismus, litt unter diesem Abenteuer St. Petersburgs: Viel zu groß war die Kluft zwischen dem nackten russischen Imperialismus und dem nationalen Aufbruch der Bulgaren.

Andrássy brachte seine Gedanken dazu zu Papier, da er sah, wie ungeschickt Kálnoky gehandelt hatte. Hier einige prägnante Aussagen:

„Rußland allein steht dem Bestreben der Monarchie [auf

dem Balkan die Ruhe zu bewahren] entgegen.“ Weder ein russischer Fürst noch das russische Volk wollten je auf den Gedanken verzichten, daß es ihnen einmal gelingen würde, alle slawischen Elemente, wenn auch nicht in das russische Reich einzuverleiben, so doch unter die russische Oberhoheit zu bringen: „Diese Idee ist eine wesentlich nationale, und kein russischer Monarch hat bis jetzt die Absicht oder den Mut gehabt, sie zu desavouieren. Dieser nationalen Tendenz ist es zuzuschreiben, daß selbst trotz der sorgsamen Pflege unseres guten Einvernehmens mit Rußland während des sogenannten Drei-Kaiser-Bündnisses zwischen Rußland und unserer Monarchie Gegensätze der Interessen bald latent sich fühlbar machten, bald offen zutage traten.“

Andrássy sah nur einen möglichen Weg: die seit 1875 gültige Politik – unter Vermeidung selbst des kleinsten Fehlers – fortzuführen und so der Monarchie die Führerrolle im Orient zu sichern. Daher müsse man am Defensivbündnis mit Deutschland festhalten – und Rußland davon fernhalten. (Kálnoky hatte den 1881 mit Rußland geschlossenen Vertrag – Erneuerung des Dreikaiserbündnisses – 1884 für weitere drei Jahre verlängert.) Das aber schließe nicht aus, daß man in Fragen des monarchischen Prinzips und bei etwaigen Revanchegelüsten Frankreichs im Einvernehmen mit Deutschland und Rußland handle – dann müßte man nur im voraus und ausdrücklich jede Beschränkung der Entschlußfreiheit der Monarchie in neu auftauchenden Fragen des Orients ablehnen.

Wäre das möglich gewesen? Dazu Andrássy:

„Für diejenigen, die in dem Freundschaftsbündnis mit Deutschland nur eine Kondeszendenz [etwa: Gefälligkeit] des Kaisers Wilhelm oder einen Herzensdrang Bismarcks erblicken, mag die Beantwortung dieser Frage zweifelhaft sein. Für diejenigen aber, die wissen, wie die Dinge sich gestaltet haben, kann es in dieser Richtung keine Ungewißheit geben.“ An einer anderen Stelle meinte er: War es leicht, „Bismarck zu einem Vertrage zu bringen, der uns Deutschlands Kooperation sicherte, ohne daß Deutschland die volle Reziprozität [Gegenseitigkeit] gegen Frankreich von uns erreichen konnte, so war es zehnmal leichter, ihn nach Unterschrift des Vertrages in dem Bündnisse festzuhalten. Anstatt dies zu tun, sind wir tatsächlich in ein dem Drei-Kaiser-Bündnisse ähnliches Verhältnis eingetreten, welches weder dessen seinerzeitige Notwendigkeit noch dessen Vorteile für sich hatte". – „Hat der Berliner Kongreß Rußland aus der Balkanhalbinsel herausgeleitet, so haben meine Nachfolger es wieder dahin zurückgeführt."

„Ich befürchtete", dringt Andrássy in Franz Joseph, wohl auch in dessen Ratgeber, „und befürchte noch, daß uns diese unnatürliche Kooperation [mit Rußland] in ihren Konsequenzen früher oder später, aber sicher vor folgende Alternative stellen wird: entweder Verzichtleistung auf unsere natürliche Machtsphäre oder Zweiteilung der Macht auf der Balkanhalbinsel und als Folge davon: Krieg."

In seinem natürlichen Streben, meinte Andrássy, zwischen seinen beiden Verbündeten (Österreich-Ungarn und Rußland) jede Kollision zu vermeiden, konnte das Deutsche Reich nicht mehr der am Orient desinteressierte Verbündete bleiben, sondern mußte (nach der nur scheinbaren, weil inhaltlos gewordenen Erneuerung des Dreikaiserbündnisses) zum „Zünglein an der Waage der Entscheidung" werden. „Es konnte nicht mehr wie früher hauptsächlich die österreichischen, sondern müßte nunmehr in gleicher Linie auch die russischen Interessen im Auge behalten. Auf solchem Wege nun hat unsere Politik ihr Recht auf Selbstbestimmung gänzlich verloren, indem sie sich faktisch dem vorherigen Einverständnisse mit Rußland untergeordnet findet."

Wie seinerzeit (vor dem Abschluß des Zweibundes) Bismarck seinem Kaiser gegenüber, so zeichnete jetzt Andrássy Franz Joseph gegenüber so ziemlich genau die Konstellation vor, wie sie dann 1914 tatsächlich eintritt.

Die Genugtuung erlebte Andrássy gerade in dem Augenblick, in dem sein Werk durch die Ungeschicklichkeit andrer an Bedeutung verloren zu haben schien: Am 3. Februar 1888 wurde in der amtlichen Zeitung das am 7. Oktober 1879 zwischen Österreich-Ungarn und dem Deutschen Reich geschlossene Bündnis im Wortlaut veröffentlicht (nur die Bestimmung über die Dauer wurde weggelassen). Bismarck und endlich auch Kálnoky wollten mit der Veröffentlichung der panslawistischen Propaganda entgegenwirken – daß nämlich die Monarchie das Bündnis nur zum Zweck aggressiver Pläne geschlossen habe. Man wollte das Defensivbündnis – das in St. Petersburg seit November 1877 allerdings kein Geheimnis mehr war – als Entgegnung auf die fortwährende Rüstung Rußlands verstanden wissen, gleichsam als Abschreckung. Das Bündnis war Andrássys Vermächtnis.

Im Budapester Reichstag. Am 30. November 1883 wurde im Unterhaus in dritter Lesung das „Notzivilehegesetz" über die Eheschließung zwischen Juden und Christen angenommen. Der Zeitpunkt war besonders heikel:

Ein Sturm vulgärsten Antisemitismus war über das Land gefegt. Am 1. April 1882 hatte man in Tiszaeszlár, einem kleinen Dorf an der Theiß, das Christenmädchen Eszter Solymossy tot aufgefunden; man hatte die jüdischen Bürger des Ritualmordes beschuldigt. Am 3. August 1883 fällte der zuständige Gerichtshof in Nyiregyháza das richtungweisende, auch im Ausland mit Spannung erwartete Urteil: Die Angeklagten wurden freigesprochen; einen „Ritualmord" gebe es nicht (1892 erscheint in Berlin ein Buch über den Prozeß.)

Das ganze liberale Europa blickte nach Budapest – eine Kraftprobe zwischen dem Liberalismus und dem Klerikalfeudalismus zeichnete sich im Reichstag ab. Denn der Klerus verband sich „mit hochmögenden Damen, feudalen Besitzern von Rennställen und, als Novum, mit jungen aristokratischen Sportsmen", um die Gesetzesvorlage im Oberhaus zu Fall zu bringen. Andrássy verteidigte sie mit einer seiner glänzendsten Reden: Die Masse, sagte er, habe Nero applaudiert, als er im Zirkus die Anhänger des Christentums wilden Tieren hatte vorwerfen lassen, und die Masse habe ebenso Beifall geklatscht, als das später allmächtig gewordene Christentum „die Verächter seiner Lehren" auf den Scheiterhaufen geschickt hatte. Das Ehegesetz werde nicht, wie es die Konservativen befürchteten, „die Absorption der christlichen Gesellschaft durch das Judentum" bewirken, noch werde es Wasser auf der Revolution Mühlen sein.

Doch die feudalen Kräfte waren stärker. Das Oberhaus lehnte die Gesetzesvorlage ab. Ein zweites Mal, am 12. Januar 1884, lehnte es sie mit Hilfe der elf österreichischen Aristokraten ab, den „ungarischen Indigenen" („Einheimischen", die kraft ihrer Güter in Ungarn Anspruch auf einen Sitz in der Magnatentafel hatten). Andrássy sagte eine für die Kirche viel schlimmere Folge als die wenigen zu erwartenden „Mischehen" voraus. Die Folge ist die obligatorische Zivilehe.

Andrássy war schon vom Tode gezeichnet, als er im Ausschuß der Magnatentafel seinen letzten großen Auftritt hatte: am 5. April 1889. Es ging um die Einheit der k. u. k. Armee, darum, ob eine selbständige, unter eigenem Kommando stehende ungarische Armee geschaffen werden solle. Schon die Wehrvorlage hatte Aufregung hervorgerufen, erst recht dann die Kunde, daß der ehemalige Außenminister – und ehemalige Honvédoberst! – sich zu Wort melden werde. Eine knisternde Spannung verbreitete sich, wiewohl – oder gerade weil – der Standpunkt Andrássys jedem bekannt sein mußte: der Standpunkt des Mannes, der, manchmal sogar im Widerspruch zum „Weisen des Vaterlandes“ (so der Beiname Deáks), stets für die Großmachtstellung Österreich-Ungarns eingetreten war. So auch diesmal. Er sah die Frage von einer höheren Warte aus. Nicht bloß von der ungarischen. Sei denn, so die entscheidende Frage, mit dem Bestand Österreich-Ungarns eine andere als eine einheitliche Armee vereinbar?

„In den großen internationalen Fragen“, sagte er, „in den Fragen des europäischen Gleichgewichts, von denen heute die Sicherheit eines jeden Staates abhängt, entscheiden ausschließlich die Großmächte, und zwar nicht vom rechtlichen Standpunkte, sondern als militärische Großmächte.“ Es sei notwendig, „daß jeder Angehörige des Heeres, Offizier wie Soldat, in der Armee das Bollwerk all dessen erblicke, was er zu Hause lieben gelernt, was in der Monarchie zu Recht besteht. Die gemeinsame Armee kann nicht etwas Fremdes, Drittes im Staate sein, sondern nur die gemeinsame Schutzwehr und das gemeinsame Eigentum beider Teile der Monarchie.“ Die in der Monarchie einander widerstrebenden Kräfte seien in dem neuen Wehrsystem unter dem Befehl des gemeinsamen Monarchen vereint. „Und ich bin“, schließt er mit letzter Kraft die Rede, „vollkommen durchdrungen davon, daß – die geeignete Führung vorausgesetzt – auch wir ohne jede Ruhmredigkeit und frei von allem Chauvinismus mit aller Beruhigung sagen können, was der große Kanzler von Deutschland gesagt hat, daß nämlich die österreichisch-ungarische Armee niemand fürchtet als Gott [Anspielung auf die Worte Bismarcks: „Wir Deutschen fürchten Gott, aber sonst nichts auf der Welt“]. Den [Gott] aber hat eine Monarchie, die nichts von fremdem Gut verlangt, sondern nur behalten will, was ihr gehört, nicht zu fürchten.“

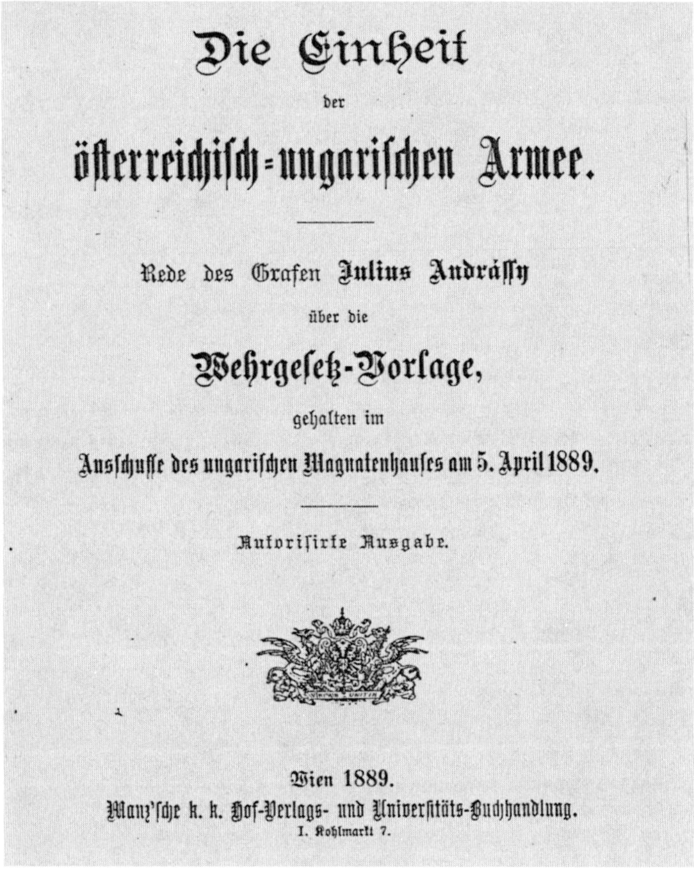

Die Einheit

der

österreichisch-ungarischen Armee.

Rede des Grafen Julius Andrássy

über die

Wehrgesetz-Vorlage,

gehalten im

Ausschusse des ungarischen Magnatenhauses am 5. April 1889.

Autorisirte Ausgabe.

Wien 1889.

Manz'sche k. k. Hof-Verlags- und Universitäts-Buchhandlung.

I. Kohlmarkt 7.

Titelseite der deutschen Ausgabe der letzten Rede Andrássys im ungarischen Magnatenhaus über „Die Einheit der österreichisch-ungarischen Armee“

Sogar die Gegner waren ergriffen. Man sah einen Mann über die eigenen Kräfte hinauswachsen; einen Mann, der sich angesichts des Todes bedingungslos zu dem bekannte, dem er sein Leben geweiht hatte. (Noch im selben Jahr, 1889, erschien diese Rede Andrássys in der „Manzschen k. k. Hof-, Verlags- und Universitätsbuchhandlung“ in deutscher Sprache. – Die k. u. k. Armee bleibt unter einheitlicher Führung bis Ende 1918 bestehen.)

Das Ende. Die Krankheit war verheerend. Sie zerstörte, langsam, schmerzensreich, die inneren Organe. Man hatte zunächst Nierensteine, Blasenkatarrh diagonistiziert, dann Papillom, eine gutartige Wucherung der Schleimhaut in der Harnblase. Andrássy litt unter andauernden Blutungen. Einmal mußte er eine Zystoskopie (Blasenspiegelung) über sich ergehen lassen, zwei Stunden lang, ohne Narkose, weil er nicht narkotisiert werden durfte. Sie bereitete ihm, so das Bulletin, „alle Begriffe übersteigende Qualen". Die bekanntesten Budapester und Wiener Ärzte behandelten ihn. Anfang Januar 1889 verschlechterte sich Andrássys Zustand. Den größten Teil des Tages verbrachte er im Bett, gehen konnte er nur noch auf einen Stock gestützt. Doch gegen Ende des Monats fühlte er sich etwas besser. So viel besser, daß er sich auf seine im April an der Magnatentafel zu haltenden Rede über die gemeinsame Armee vorbereiten konnte. An jenem denkwürdigen 5. April war er so schwach, daß er den Präsidenten des Oberhauses bitten mußte, die Rede – solches war noch nicht vorgekommen – sitzend halten zu dürfen.

Die Familie mühte sich ab, um dem Kranken wenigstens seelisch beizustehen: Gräfin Katinka, die Kinder. Und noch jemand: die „schöne Vorsehung". Sie ließ sich regelmäßig über seinen Zustand berichten. Andrássy war voller Dankbarkeit. Am 6. August 1889 schrieb er an den Obersthofmeister Elisabeths, einen alten Freund: „Du weißt, welch hohe Meinung ich immer von ihrem Geist und Herzen hatte, aber seitdem ich einige ihrer Gedichte gelesen habe, ist diese Meinung bis zur höchsten Bewunderung gestiegen. Ich kann nur sagen, daß es eine zweite Frau, die so viel Verstand, der dem größten Mann zur Ehre gereichen würde, mit so viel Gemüt vereint, auf der Erde nicht gibt . . ."

Im Herbst 1889 reiste er auf Anraten der Ärzte nach Volosca bei Abbazia, einem Kurort am Abhang des Monte Maggiore. Sein Zustand verschlechterte sich. Der dortige Arzt meinte, die Erschütterungen der Eisenbahnfahrt seien daran schuld. Am 27. Dezember ließ Andrássy den in Abbazia eingetroffenen Billroth zu sich bitten. Wollte der berühmte Wiener Chirurg den Kranken nur über dessen wahren Zustand hinwegtäuschen? Denn er sagte ihm, vom Papillon sei keine Spur mehr vorhanden, er leide an Blasenkatarrh, die Schmerzen kämen von den

Andrássy zur Zeit des Berliner Kongresses, Zeichnung von Anton von Werner: „II/VII 1878“

Medikamenten, die ihm seine beiden Ärzte, der Wiener Ultzmann und der Budapester Antal, verschrieben hatten.

Am 2. Februar 1890 nahm Professor Dittel an Ort und Stelle eine mikroskopische Untersuchung vor und diagnostizierte „das bedrohliche Fortschreiten krebsartiger Neubildungen in der Blase“. Der behandelnde Arzt schrieb an seinen berühmten Budapester Kollegen, Professor Korányi: „Die Schmerzen des Grafen sind groß, Opiate [opiumhaltige Mittel] verträgt er nicht, wir kämpfen mühsam gegen die schweren Symptome an.“

Am 17. Februar, gegen Mitternacht, verfiel er in Agonie. Gräfin Katinka und die Kinder waren um ihn. Am 18. Februar, etwa um drei Uhr morgens, verschied er, schmerzfrei, in den Armen seiner Frau.

Die führenden Zeitungen aller Länder brachten die üblichen Nekrologe. Ungarn verlor mit ihm – nach Deák, der 1876 verstorben war – seinen fähigsten Staatsmann, die Doppelmonarchie ihren überzeugtesten Vorkämpfer, Franz Joseph einen treuen, verläßlichen Ratgeber. Elisabeth verlor einen ergebenen Freund, dem auch sie stets aufrichtig zugetan gewesen war. In seinem Kondolenztelegramm an die Witwe schrieb Bismarck, der Verstorbene sei ihm stets „ein persönlicher und politischer Freund“ gewesen.

(Einen Monat nach Andrássys Tod, am 18. März, reicht Bismarck auf wiederholtes Verlangen des neuen Kaisers, Wilhelms II., sein Entlassungsgesuch ein.)

Die Einsegnung fand in der Vorhalle der ungarischen Akademie der Wissenschaften in Anwesenheit des Herrschers statt. Der Leichnam wurde nach Tőketerebes überführt und im Schloß bestattet.

Die zweieinhalb Kilometer lange Prachtstraße, die von der Pester Innenstadt bis ins Stadtwäldchen führt und unter der die 1896 in Betrieb genommene erste Untergrundbahn der Hauptstadt und auf dem europäischen Kontinent fuhr, wurde nach ihm benannt: „Andrássy-út“. In den Jahrzehnten des praktizierenden Bolschewismus gaben die Machthaber der Straße die Bezeichnung „Straße der Volksrepublik“.

Nachklang

Gegen Ende seines schillernden Buches „Deutsche Geschichte des 19. und 20. Jahrhunderts“ erinnert Golo Mann an den Selbstmord von Bismarcks Schwiegertochter „in ihrem Schloß Varzin, einige Stunden, bevor Soldaten der Roten Armee heranrückten“, als an den symbolhaften Niedergang Preußens und seiner Junkerklasse.

Das Schloß der Andrássy mußte nicht so lange warten. Bereits im Dezember 1918, als die Waffen schon schwiegen, setzten heranrückende tschechische Legionäre das Schloß Tőketerebes in Brand. Die Flammen wüteten so heftig, daß man sie sogar vom nahen Kassa (Kaschau) aus sehen konnte; sie vernichteten alles bis auf die Grundmauern.

„Der deutsche Obrigkeitsstaat“, schreibt Golo Mann, „dessen herrschende Schichten – Beamtentum, Justiz, Kirche, Heer, Adel – den Sturz der Hohenzollern überlebten, und der die Weimarer Republik ruinieren half, ist in den Jahren Adolf Hitlers zugrunde gegangen; den Jahren einer sehr stark aus dem Untersten kommenden, die Klassen durcheinander wirbelnden, wurzellosen und entwurzelnden, vulgären und totalitären Diktatur, die mit der alten Autorität nichts, mit der alten Hierarchie wenig mehr zu tun hatte.“

Der österreichische Obrigkeitsstaat überlebte den Sturz der Habsburger nicht; er mutierte schließlich zum wenig rühmenswerten Ständestaat. Dieser fiel dann – nach einem zwar kraftlosen, aber doch zu verzeichnenden Widerstand – ebenfalls der „vulgären und totalitären Diktatur“ des Adolf Hitler zum Opfer.

Hingegen überlebte der ungarische Obrigkeitsstaat, wenn auch eingeschränkt, samt seinen herrschenden Schichten den Sturz der Habsburger und spielte das tausendjährige Königreich weiter. Zwar übernahm er von dem versunkenen Stephansreich manch liberale Inhalte, aber seine großmagyarischen Träumereien mutierten in den Verhaltens- und Denkformen zum Karikaturesken. Auch ihm setzte die „vulgäre und totalitäre Diktatur“ ein Ende. Der Bolschewismus beerbte diese.

In unserem Jahrhundert wurden – ob man 1918 oder 1945 als Zäsur nimmt, macht, vom Resultat her betrachtet, keinen Unterschied – manche Vaterländer von der Landkarte getilgt. Quer durch andere Vaterländer wurden neue Staatsgrenzen und todbringende ideologische Grenzen gezogen – entgegen den historischen, ethnischen, geographischen, wirtschaftlichen, kultur- und religionsgeschichtlichen Gegebenheiten; nicht zu vergessen: auch entgegen dem „Selbstbestimmungsrecht der Völker“. Zurück blieben Millionen und Abermillionen Menschen – als Bürger fremder Staaten, als Fremde im eigenen Land, als Vertriebene, als Flüchtlinge. Sie alle suchen auf der Landkarte vergebens nach ihren Vaterländern. Vielleicht gereicht ihnen die Erkenntnis zum stillen Trost, daß das „Vaterland“ nur vordergründig ein geographischer Begriff ist. In Wahrheit ist es Erlebniskreis und Bewußtseinsinhalt.

Zeittafel

1823 3. März: Geburt des Grafen Gyula (Julius) Andrássy
1824 Thronbesteigung Karls X., des letzten Bourbonenkönigs in Frankreich (bis 1830)
1825 Nikolaus I. wird Zar von Rußland (bis 1855). Dekabristenaufstand in St. Petersburg im Dezember für eine Verfassung niedergeschlagen; fünf Anführer im Juli 1826 gehängt
Ungarischer Reichstag in Pozsony (Preßburg): Auftakt des „Reformzeitalters"
1826 Britisch-russische Verständigung in St. Petersburg über die griechische Frage
1827 Vertrag von London über die Autonomie Griechenlands zwischen Großbritannien, Frankreich und Rußland; Sieg der Alliierten über die türkische Flotte
1828 Deutschland: Zollvereine zwischen Preußen und Hessen-Darmstadt, Bayern und Württemberg; Handelsverein mitteldeutscher Staaten gegen Preußen. Russisch-türkischer Krieg (bis 1829), Rußland besetzt die Donaufürstentümer Moldau und Walachei
1829 Russisch-türkischer Friede von Adrianopel; Griechenland vom Osmanenreich unabhängig; Rußland erhält das Donaudelta und den persischen Anteil an Armenien
1830 Griechenlands Unabhängigkeit im Londoner Protokoll von Großbritannien, Frankreich und Rußland anerkannt; Juli-Revolution in Paris: „Bürgerkönig" Louis Philippe; Belgien proklamiert Unabhängigkeit; polnische Revolution beginnt mit Aufstand in Warschau am 29. September; Frankreich beginnt mit der Eroberung Algeriens (abgeschlossen 1847)
1831 Niederschlagung der polnischen Revolution, Russifizierung; liberale Verfassung in Belgien, Leopold I. von

Sachsen-Coburg erster König der Belgier, die Großmächte anerkennen und verbürgen Belgiens Neutralität; Aufstände in Italien von Österreich niedergeschlagen

1832 Der Bundestag hebt nach dem „Hambacher Fest" Presse- und Versammlungsfreiheit auf; Otto I. von Wittelsbach König von Griechenland (bis 1862)

1833 Preußen gründet ohne Österreich den Deutschen Zollverein: Zollvereinigungsvertrag vom 22. März, es schließen sich an: Königreich Sachsen, die thüringischen Staaten

1834 1. Januar: Deutscher Zoll- und Handelsverein; „Junges Europa" wird in Bern von Giuseppe Mazzini gegründet

1835 Thronbesteigung von Kaiser Ferdinand I., dem Gütigen, von Österreich – König Ferdinand V. von Ungarn

1836 Kaiser Ferdinands-Nord-Bahn Wien-Bochnia/Galizien; Tod Ferdinand Raimunds; Johann Josef Wenzel Graf Radetzky von Radetz 72jährig zum Feldmarschall ernannt

1837 Kossuth und andere Oppositionelle verhaftet; Victoria wird Königin des Vereinigten Königreichs (bis 1901)

1838 Tod von Ferenc Kölcsey, dem Dichter des ungarischen „Hymnus"

1839 Londoner Protokoll: Großmächte verbürgen Belgiens Neutralität und Unabhängigkeit; Luxemburg tritt den wallonischen Teil an Belgien ab

1840 Thronbesteigung von Friedrich Wilhelm IV. König von Preußen (bis 1861); Louis Napoléon, Napoleons I. Neffe, zu lebenslänglichem Gefängnis verurteilt, entkommt 1846 nach England; Napoleon I. im Pariser Invalidendom beigesetzt; Vertrag zwischen Österreich, Frankreich, Großbritannien, Preußen einerseits und dem Osmanenreich andererseits zwecks Befriedung der Levante; „Der Talisman" von Nestroy im Leopoldstädter Theater in Wien uraufgeführt

1841 Meerengen-Vertrag von London: allen nichttürkischen Kriegsschiffen wird die Durchfahrt durch Bosporus und Dardanellen verboten

1842 Der Physiker Christian Doppler begründet das nach ihm benannte Gesetz der Wellenlehre: „Dopplereffekt"

1843 Im ungarischen Reichstag wird fortan nur noch ungarisch verhandelt

1844 Aufstand der Weber in Schlesien (Gerhart Hauptmann: Die Weber, 1892)
1845 Wiener Schriftsteller beklagen die Willkür der Zensur
1846 Österreichische Truppen besetzen Krakau und schlagen den Aufstand in Galizien nieder, der „Freistaat Krakau" wird mit Einverständnis Preußens und Rußlands und trotz der Proteste Frankreichs und Großbritanniens Österreich einverleibt; nationale Aufregung in Deutschland und Dänemark infolge des „Offenen Briefes" Christians VIII. von Dänemark, der die Sonderstellung Schleswigs und Holsteins bedroht; Pius IX. tritt sein Pontifikat an (bis 1878)
1847 Oktober: Andrássy zum Reichstagsdelegierten gewählt; Wirtschaftskrise in Wien, Unruhen in den Vorstädten; Gründung der „Akademie der Wissenschaften"
1848 13. März: Revolution in Wien; 15. März: Revolution in Pest; 21. März: Revolution in Prag; 25. März: „Kroatische Nationale Bewegung"; 11. April: liberales Gesetzwerk fur Ungarn; Juli: Übergabe der Kettenbrücke in Pest Buda dem Verkehr; Oktober/November: Schlacht bei Schwechat; 2. Dezember: Thronbesteigung Franz Josephs; 10. Dezember: Louis Napoléon wird zum Präsidenten gewählt; deutsche Nationalversammlung arbeitet in der Frankfurter Paulskirche Verfassung aus, wählt Erzherzog Johann von Österreich zum Reichsverweser
1849 Windisch-Grätz zieht in Pest ein; Rückeroberung von Buda durch die Honvéd; 14. April: „Rebellen-Convent" in Debrecen erklärt die Dethronisierung des Hauses Habsburg-Lothringen; Mai: Ernennung Andrássys zum Botschafter in Istanbul; 13. August: Görgey kapituliert bei Világos vor dem russischen Oberbefehlshaber Paskjewitsch; Bach wird zum Innenminister ernannt
1850 Verfassung Ungarns außer Kraft gesetzt; Andrássy zieht über Marseille nach London, dann nach Paris; November: Andrássys Aufsatz in der Londoner „Eclectic Review"; Preußen verzichtet in Olmütz auf die Unionspläne
1851 Andrássys Hinrichtung in effigie in Pest; Louis Napoléon wird durch Volksabstimmung zum Präsidenten auf zehn Jahre gewählt; erste Weltausstellung in London
1852 Zar Nikolaus I. von Rußland zu Besuch in Wien; Franz

Joseph bereist Ungarn ; Tod von Felix Fürst Schwarzenberg; Louis Napoléon wird durch erneuerte Volksabstimmung Kaiser der Franzosen: Napoleon III.

1853 Rußland besetzt die Donaufürstentümer, nachdem Großbritannien die Aufteilung des Osmanenreichs abgelehnt hat; osmanische Kriegserklärung an Rußland: Beginn des Krimkrieges

1854 Großbritannien und Frankreich treten an Seite des Osmanenreichs in den Krimkrieg ein; Sewastopol wird belagert; Österreich erzwingt von Rußland Räumung der Donaufürstentümer, verharrt aber in „bewaffneter Neutralität"; Vermählung Franz Josephs mit Herzogin Elisabeth in Bayern; österreichische Truppenkonzentration an der russischen Grenze

1855 Konkordat zwischen Österreich und dem Heiligen Stuhl; Sardinien-Piemont tritt an der Seite des Osmanenreichs in den Krimkrieg ein; Fall von Sewastopol; Alexander II. Zar von Rußland; Weltausstellung in Paris

1856 30. März: Friede von Paris, Ende des Krimkrieges; Österreich beginnt Räumung der Donaufürstentümer (1857 abgeschlossen); Schwarzes Meer wird neutralisiert, die Donauschiffahrt frei

1857 27. Juni: Begnadigung Andrássys; Wilhelm von Preußen übernimmt die Stellvertretung, 1858 die Regentschaft für den geistig erkrankten Friedrich Wilhelm IV.; Franz Joseph verfügt die Schleifung der Wiener Stadtbefestigung

1858 Konferenz von Paris: Gründung der Vereinten Fürstentümer (Rumänien); Napoleon III. sichert Cavour Hilfe bei Einigung Italiens zu

1859 Krieg zwischen Sardinien-Piemont und Frankreich einerseits und Österreich andererseits, im Frieden von Zürich tritt Österreich die Lombardei an Frankreich ab, dieses gibt sie an Italien weiter

1860 20. Oktober: Das „Oktoberdiplom"; Garibaldi landet auf Sizilien und in Neapel, Volksabstimmungen für den Anschluß an Sardinien-Piemont

1861 26. Februar: Das „Februarpatent"; Viktor Emanuel II. König von Italien; Wilhelm I. König von Preußen

1862 Otto von Bismarck-Schönhausen wird Staatsminister

1863 Fürstentag in Frankfurt am Main ohne Teilnahme Preußens; Rußland schlägt Polenaufstand mit Wohlwollen Preußens nieder

1864 Treffen Franz Josephs und Wilhelms I. in Schönbrunn; Enzyklika „Syllabus errorum“ Pius’ IX.; Österreich und Preußen führen Krieg gegen Dänemark wegen Schleswig und Holstein: Friede von Wien; Karl Marx gründet in London die „Internationale Arbeiterassoziation“

1865 Vertrag von Gastein zwischen Österreich und Preußen zwecks Verwaltung von Schleswig, Holstein und Lauenburg; 16. April: „Osterartikel“ von Ferenc Deák; 29. Juli: Ministerium Belcredi; 11. Dezember: Reichstag in Pest

1866 8. April: preußisch-italienisches Bündnis; 24. Juni: Schlacht von Custozza; 3. Juli: Schlacht bei Königgrätz; 19. Juli: Deák bei Franz Joseph; 20. Juli: Schlacht von Lissa; 26. Juli: Waffenstillstand von Nikolsburg; 29. Juli: Andrássy bei Franz Joseph; 24. August: Venetien kommt an Italien; 25. August: Friede von Prag; 30. Oktober: Beust wird Außenminister

1867 18. April: Ernennung eines verantwortlichen ungarischen Ministeriums; 8. Juni: Krönung Franz Josephs zum apostolischen König von Ungarn; 12. Juni: Gesetzesartikel XII. 1867 über den „Ausgleich“; August: Treffen Franz Josephs und Napoleons III. in Salzburg; Norddeutscher Bund erhält Verfassung, Otto von Bismarck wird Kanzler des Norddeutschen Bundes

1868 14. November: „Allerhöchstes Handschreiben“ über den Namen „Österreichisch-Ungarische Monarchie“; 5. Dezember: Einigung über die k. u. k. Armee; 28. Dezember: Andrássy bei Franz Joseph; Einschränkung des Konkordats von 1855 durch neue Kirchengesetze

1869 17. November: Franz Joseph nimmt an der Eröffnung des Suezkanals durch Kaiserin Eugénie teil; 8. Dezember: Eröffnung des I. Vatikanischen Konzils

1870 Kandidatur eines Hohenzollers für den spanischen Thron führt zur deutsch-französischen Krise; 18. Juli: Ministerratssitzung in Wien; 19. Juli: französische Kriegserklärung an Deutschland; Kapitulation Napoleons III., Belagerung von Paris, Frankreich wird zur Republik erklärt; Abzug der französischen Besatzungstruppen aus Rom, das Hauptstadt Italiens wird

1871 18. Januar: Gründung des Deutschen Reiches in Versailles, Wilhelm I. von Preußen wird Deutscher Kaiser, Bismarck Reichskanzler; Adolphe Thiers wird französischer Ministerpräsident, ab 31. August Präsident der Republik; 14. November: Andrássy wird zum Außenminister ernannt; Treffen Franz Josephs und Wilhelms in Gastein; Februar-Oktober: Ministerium Hohenwart-Schäffle; Ministerium Auersperg, Ministerium Lónyay

1872 Reise Erzherzog Albrechts nach St. Petersburg; Dreikaisertreffen von Franz Joseph, Zar Alexander II. und Wilhelm I. in Berlin

1873 6.Juni: Schönbrunner Konvention; Besuch Wilhelms I. und Bismarcks in St. Petersburg; Oktober: Wilhelm I. und Bismarck in Wien; Weltausstellung in Wien; Österreich-Ungarn, Deutschland und Rußland schließen „Dreikaiserbündnis“; Ó-Buda, Buda und Pest per Gesetz zu Budapest vereint

1874 Durch neue Kirchengesetze werden die Rechtsverhältnisse der katholischen Kirche geregelt; Besuch Franz Josephs und Andrássys in St. Petersburg

1875 „Kulturkampf“ und „Krieg in Sicht“-Krise zwischen Deutschland und Frankreich; Österreich-Ungarn schließt Handelsabkommen mit Rumänien; Reise Franz Josephs nach Venedig und Dalmatien; 30. Dezember: Andrássys „Reformnote“ an die Hohe Pforte

1876 12. Mai: „Berliner Memorandum“; Türkische Freischärler massakrieren Bulgaren – Gladstone veröffentlicht seine Streitschrift darüber; 8. Juli: Treffen Franz Josephs und Alexanders II., Andrássys und Gortschakows in Reichstadt

1877 Vom 12. Dezember 1876 bis 20. Januar 1877 Konferenz von Konstantinopel; 15. Januar: Geheime Konvention von Budapest; 14. April: russische Kriegserklärung an das Osmanische Reich

1878 31. Januar: russisch-osmanisches Waffenstillstandsabkommen; 17. März: Friedensvertrag von San Stefano; 15. Juni – 14. Juli: Berliner Kongreß; Bosnien und die Herzegowina werden unter österreichisch-ungarische Verwaltung gestellt

1879 12. August: Ministerium Taaffe; Rücktritt Andrássys;

7. Oktober: Unterzeichnung des Zweibundes, eines Defensivbündnisses, zwischen Österreich-Ungarn und dem Deutschen Reich

1880 „Sprachenverordnung für Böhmen und Mähren" verordnet Anwendung der Landessprache bei behördlichen Eingaben, starke Opposition in Österreich

1881 Erneuerung des „Dreikaiserbündnisses" für weitere drei Jahre

1882 20. Mai: Bündnisvertrag zwischen Österreich-Ungarn, Deutschland und Italien: „Dreibund"

1883 30. Oktober: geheimes Defensivbündnis zwischen Österreich-Ungarn und Rumänien, dem sich Deutschland anschließt; 30. November: Annahme des „Notzivilehegesetzes" durch das Budapester Parlament

1884 Verlängerung des „Dreikaiserbündnisses" um weitere drei Jahre

1885 Vereinigung „Ostrumeliens" mit Bulgarien, serbisch-bulgarischer Krieg, Österreich-Ungarn fordert sofortige Waffenruhe

1886 Verschleppung des Fürsten Alexander von Battenberg von Bulgarien nach Rußland; Denkschrift Andrássys an Franz Joseph; durch österreichisch-ungarische Vermittlung Friede zwischen Serbien und Bulgarien

1887 Wegen österreichisch-ungarischer und russischer Spannungen wird das „Dreikaiserbündnis" nicht verlängert; „geheimer Rückversicherungsvertrag" zwischen Deutschland und Rußland; Bismarck unterstützt den Orient-Dreibund zwischen Österreich-Ungarn, Italien und Großbritannien; Ferdinand von Sachsen-Coburg-Gotha wird Fürst von Bulgarien

1888 3. Februar: Veröffentlichung des Wortlauts des Bündnisses zwischen Österreich-Ungarn und dem Deutschen Reich vom 7. Oktober 1879; Tod Wilhelms I. und Thronbesteigung Wilhelms II., Königs von Preußen und deutschen Kaisers

1889 5. April: letzte Rede Andrássys im Budapester Magnatenhaus über die gemeinsame Armee

1890 18. Februar: Tod Andrássys in Volosca bei Abbazia

Ausgewählte Literatur und Quellen

Ehe das Gräflich Andrássysche Archiv im Schloß der Familie in Flammen aufging (siehe Seite 267), hatte Ede Wertheimer von Monor es als letzter zu wissenschaftlichen Zwecken einsehen können. Viele eigenhändige Aufzeichnungen Andrássys, Mitteilungen und Briefe von ihm und an ihn und sonstige Schriftstücke sind der Nachwelt also nur noch aus Wertheimers großem Werk „Graf Julius Andrássy" bekannt. – Auch das Archiv des Innenministers Alexander von Bach (1849–1859) in seinem Schloß Schöngrabern in Niederösterreich ist nicht mehr vorhanden: Heranrückende Soldaten der Roten Armee haben es 1945 in eine nahe Kiesgrube gebracht und angezündet.

Allmayer-Beck, Johann Christoph, Der Ausgleich von 1867 und die k. u. k. bewaffnete Macht; in: Der österreichisch-ungarische Ausgleich von 1867. Vorgeschichte und Wirkungen, hg. von P. Berger, Wien–München 1967

Andrássy, Julius Graf, Die Einheit der österreichisch-ungarischen Armee. Rede über die Wehrgesetz-Vorlage, gehalten im Ausschusse des ungarischen Magnatenhauses am 5. April 1889, Wien 1889

Beer, Adolf, Die orientalische Politik Österreichs seit 1774, Prag 1883

Belcredi, Fragmente aus dem Nachlaß des ehemaligen Staatsministers Grafen, hg. von L. Belcredi, in: Die Kultur, 1905

Berzeviczy, Albert, Régi emlékek (Alte Erinnerungen) 1853 bis 1870, Budapest 1907

Beust, Friedrich Ferdinand Graf von, Aus drei Viertel-Jahrhunderten. Erinnerungen und Aufzeichnungen, 2 Bde., Stuttgart 1887

Bridge, F(rancis) R(oy), From Sadowa to Sarajevo, London 1972
Correspondenzen des kaiserlich-königlichen Ministeriums des Äußern vom November 1866 bis 1872, 6 Bde., Wien 1868 bis 1872
Dedijer, Vladimir, The Road to Sarajevo, New York 1966 (deutsch von Tibor Simányi, Die Zeitbombe – Sarajewo 1914, Wien 1967)
Diószegi, István, Österreich-Ungarn und der französisch-preußische Krieg 1870–1871; in: Études historique, Budapest 1974
Engel-Janosi, Friedrich, Der „Ballhausplatz" 1848–1948, und: Österreich-Ungarn im Sommer 1870, in: Geschichte auf dem Ballhausplatz, Graz 1963
Eötvös, József báró (Josef Freiherr von Eötvös), Die Garantien der Macht und Einheit Österreichs, Leipzig 1859
–, Die Sonderstellung Ungarns vom Standpunkte der Einheit Deutschlands, Leipzig 1860
Erdély története (Geschichte Siebenbürgens), Geschichtswissenschaftliches Institut der Ungarischen Akademie der Wissenschaften, 3 Bde., 2. Auflage, Budapest 1987
Eisenmann, Louis, Le compromis Austro-Hongrois de 1867. Étude sur le Dualisme, Paris 1904
Friedjung, Heinrich, Der Kampf um die Vorherrschaft in Deutschland 1859–1866, Stuttgart 1912/13
–, Der Ausgleich mit Ungarn. Politische Studie über das Verhältnis Österreichs zu Ungarn und Deutschland, Leipzig 1877
Gall, Lothar, Bismarck, der weiße Revolutionär, Frankfurt 1980
Hamann, Brigitte, Elisabeth. Kaiserin wider Willen, Wien–München 1981
Hanák, Péter, Der österreichisch-ungarische Ausgleich von 1867, außen-, innen- und wirtschaftspolitisch gesehen, in: Donauraum gestern, heute, morgen, Wien 1967
Die Habsburgermonarchie 1848–1918, Band VI., Die Habsburgermonarchie im System der internationalen Beziehungen, Verlag der Österreichischen Akademie der Wissenschaften, Wien 1989
Kann, Robert, A History of the Habsburg Empire 1526–1918, Berkeley 1974

Kennan, George F., The Decline of Bismarck's European Order. Franco-Prussian Relations 1875–1890, Princeton 1979
Kónyi, Manó (Hg.), Deák Ferencz beszédei (Reden von Franz Deák), Budapest 1882
Lederer, Béla (Hg.), Gróf Andrássy Gyula beszédei (Reden von Graf Julius Andrássy), 2 Bde., Budapest 1893
Lutz, Heinrich, Österreich-Ungarn und die Gründung des Deutschen Reiches – Europäische Entscheidungen 1867–1871, Frankfurt am Main–Berlin–Wien 1979
Mann, Golo, Deutsche Geschichte des 19. und 20. Jahrhunderts, Frankfurt am Main 1966
Nathan, Paul, Der rituale Mordprozeß von Tisza-Eszlár, Berlin 1890
Palmer, Alan, The Chancelleries of Europe, London 1983 (deutsch von Jürgen Abel, Glanz und Niedergang der Diplomatie, Düsseldorf 1986)
Die Protokolle des österreichischen Ministerrates (1848–1867) Abteilung VI, Ministerium Belcredi, Band 1 und 2, Wien 1973
Przibram, Ludwig Ritter von, Erinnerungen eines alten Österreichers, Stuttgart o. J.
Pulszky, Ferenc, Életem és korom (Mein Leben und meine Zeit), Budapest 1880
Redlich, Joseph, Das österreichische Staats- und Reichsproblem. Geschichtliche Darstellung der inneren Politik der habsburgischen Monarchie von 1848 bis zum Untergang des Reiches, Leipzig 1920
Regele, Oskar, Feldzeugmeister Benedek. Der Weg nach Königgrätz, Wien–München 1960
Schieder, Theodor, Das deutsche Kaiserreich von 1871 als Nationalstaat (Wissenschaftliche Abhandlungen der Arbeitsgemeinschaft des Landes Nordrhein-Westfalen), Köln 1961
Šidak, Jaroslav, Die jugoslawische Idee in der kroatischen Politik bis zum Ersten Weltkrieg, in: Donauraum gestern, heute, morgen, Wien 1967
Silagi, Denis, Der größte Ungar. Graf Stephan Széchenyi, Wien–München 1967
Simányi, Tibor, Kaunitz oder Die diplomatische Revolution, Wien–München 1984

–, Er schuf das Reich – Ferdinand von Habsburg, Wien–München 1987
Srbik, Heinrich Ritter von, Deutsche Einheit. Idee und Wirklichkeit vom Heiligen Reich bis Königgrätz, München 1942
Stern, A., Geschichte Europas von den Verträgen von 1815 bis zum Frankfurter Frieden von 1871, Stuttgart/Berlin 1923
Stökl, Günther, Russische Geschichte, Stuttgart 1983
Stourzh, Gerald, Die politischen Ideen Josef von Eötvös' und das österreichische Staatsproblem, in: Der Donauraum, Bd. XI., 1966
Taylor, A. J. P., The Struggle for Mastery in Europe 1848 bis 1918, Oxford 1954
Tessier, Jules, Le plan de l'archiduc Albert, Caln 1903
Tóth, Béla (Hg.), Thesaurus Anecdoton Hungarorum (Ungarischer Anekdotenschatz), Budapest o. J.
Wandruszka, Adam, Schicksalsjahr 1866, Graz–Wien–Köln 1966
Weber, Johann, Eötvös und die ungarische Nationalitätenfrage, München 1966
Wertheimer, Ede, monori, Gróf Andrássy Gyula élete és kora, 3 Bde., Budapest 1910 (deutsch: Wertheimer, Eduard von, Graf Julius Andrássy. Sein Leben und seine Zeit, 3 Bde., Stuttgart 1910–1913
–, Zur Vorgeschichte des Krieges von 1870/71; in: Deutsche Rundschau, 1920
Zöllner, Erich, Geschichte Österreichs, Wien 1984

Ungedruckte Quellen

HHStA, PA III, Berliner Kongreß, 115, 116, Protokoll 8

Zeitungen und Zeitschriften

Budapesti Hirlap, 19. Februar 1980, „Andrássy megkegyelmezése (Begnadigung Andrássys)
Eclectic Review, London, November 1850, The Present Position and Policy of Austria (The Legitimate Right of Hungary and her Kings), S. 604–629
Magyar Nemzet, 4. April, 1941

Neue Freie Presse, 31. März 1895, Briefe Bismarck's an Andrássy / Zur Geschichte des deutsch-österreichischen Bündnisses, S. 1–3
Neue Militärische Zeitung, Nr. 25, Wien, 26. März 1870: Zur Rückkehr Seiner Kaiserlichen Hoheit des Armeeinspektors Erzherzog Albrecht
Pester Lloyd, 30. Mai 1897
Pesti Napló, 16. April 1865; 6. August 1865; 10. September 1865; 19. Februar 1890
Wiener Zeitung, 25. September 1851; 15. November 1871

Die zitierten ungarischen Gedichte sind, bis auf die „Barden von Wales“ von János Arany, dem Band „Ungarische Dichtung aus fünf Jahrhunderten“, Budapest 1970, entnommen; die Übersetzer: Annemarie Bostroem, Hans Leicht, Günther Deicke, Martin Remané. „Die Barden von Wales“ sind in der Übersetzung von Tibor Simányi aufgenommen.

Dankeswort

Ein Buch wie das vorliegende hat naturgemäß viele Väter, und der Schriftsteller, der es unternimmt, der Denkungsart und der Verhaltensweise, den Ängsten und den Sehnsüchten früherer Generationen nachzuspüren, hat allen jenen zu danken, die ihm bei seinem bescheidenen Versuch mit guten Hinweisen beigestanden sind. Das geschieht, indem er die Namen der Autoren und die Titel ihrer benutzten Werke anführt.

Zu danken hat er auch Frau Dr. Annie Haberkalt fürs Mitlesen der Korrektur.

Er hat den Mitarbeitern der Archive zu danken; auch den Mitarbeitern der Leihstelle der Österreichischen Nationalbibliothek, die ihm das Studium von Büchern auch über den starren Buchstaben der Vorschriften hinaus ermöglicht haben. Und so wiederholt er hier den bereits mündlich gezollten Dank: Ihr seid das netteste Amt in ganz Österreich.

Wien, im April 1990 T. S.

Personenregister

Orts- und Sachregister

Bildnachweis

Bildarchiv der Österreichischen Nationalbibliothek: 7, 23, 69, 85, 99, 124 f., 127, 143, 188 f., 203, 209, 227, 229, 255 ff., 264.

Alle übrigen Bilder stammen aus dem Archiv des Österreichischen Bundesverlags.